新时代大学生劳动教育研究

基于00后大学生的实证分析

庄季乔 著

中国社会科学出版社

图书在版编目(CIP)数据

新时代大学生劳动教育研究：基于00后大学生的实证分析／庄季乔著. －－北京：中国社会科学出版社，2024.7. －－ISBN 978-7-5227-3793-5

Ⅰ. G40-015

中国国家版本馆CIP数据核字第2024U3R399号

出 版 人	赵剑英
责任编辑	刘亚楠
责任校对	张爱华
责任印制	张雪娇

出　　　版	中国社会科学出版社
社　　　址	北京鼓楼西大街甲158号
邮　　　编	100720
网　　　址	http://www.csspw.cn
发 行 部	010-84083685
门 市 部	010-84029450
经　　　销	新华书店及其他书店

印　　　刷	北京君升印刷有限公司
装　　　订	廊坊市广阳区广增装订厂
版　　　次	2024年7月第1版
印　　　次	2024年7月第1次印刷

开　　　本	710×1000　1/16
印　　　张	16.75
插　　　页	2
字　　　数	258千字
定　　　价	98.00元

凡购买中国社会科学出版社图书，如有质量问题请与本社营销中心联系调换
电话：010-84083683
版权所有　侵权必究

前　言

纵观古今中外的教育历程，不论劳动的内容与形式如何变化，都不能缺少劳动教育的参与。之所以无论身处怎样的社会体制与历史进程中都无法避开劳动教育，是因为劳动是人类的本质活动，劳动创造了人本身。如今，中国特色社会主义进入新时代，为了落实立德树人的根本任务，劳动教育已经成为不可或缺的一部分。当前，在教育与生产劳动和社会实践相结合基本方针的指导下，劳动教育的育人目标逐渐走向平衡，既注重培养学生的劳动技能和劳动习惯，也注重培育学生的劳动精神并引导学生形成正确的劳动价值观。这就要求当下的劳动教育应继续坚持破解脑力劳动与体力劳动的分化，不能局限于单一性的劳动实践或理论学习本身，而是要通过理论学习正确认识劳动，并以劳动实践深化理论学习，最终激发出内在的认同感。大学生作为已经成年但还未完全步入社会的一个庞大群体，由于在基础教育阶段并没有接受系统化的劳动教育，因此可能存在劳动能力和劳动习惯缺失，而内在的劳动观和劳动精神更是还未完全形成。这就要求大学生在学习文化知识的基础上，还需要进一步形成良好的劳动习惯、训练出过硬的实践能力、树立起优秀的劳动价值观、培育出高尚的劳动精神。如何更加系统地对大学生进行劳动教育、提升大学生的综合劳动素质是目前亟须解决的一个问题。这个问题不能仅仅从理论层面去诠释和剖析，最终必须落脚于现实与实践。

本书以马克思主义劳动观与劳动教育思想为理论基础，以习近平新时代中国特色社会主义思想为指导，以新时代大学生劳动教育发展现状为研究对象，借助哲学、教育学、思想政治教育学、统计学等学科的理论。遵循历史与逻辑的统一、理论与现实的统一、继承与发展的统一、系统与要素的统一，从本体论、价值论、方法论三个层次出发，综合运用文献研究法、实证分析法、比较研究法对新时代大学生劳动教育的相关内涵外延、时代特征、现实境况、完善路径等问题展开研究。

基于本书的基本研究内容，下文主要从以下四个部分展开。

第一，问题的提出与理论性阐释，这部分内容主要体现在第一章和第二章。第一章通过对新时代大学生劳动教育的研究背景、研究意义、研究现状的论述，初步提出新时代大学生劳动教育在理论层面与实践层面的问题，在此基础上形成研究的思路、方法和创新点，这些内容为整体的研究打下良好基础。第二章以劳动、劳动教育和新时代大学生劳动教育的内涵分析为落脚点。通过明晰劳动、劳动教育和新时代大学生劳动教育的内涵，确立起新时代大学生劳动教育的目标，并探索新时代大学生劳动教育与思想政治教育的同构与耦合。在厘清概念的基础上，进一步奠定本书的理论基础，深刻发掘马克思主义经典作家的劳动观与劳动教育思想、中国古代与近代的劳动观和劳动教育思想、苏联教育家的劳动教育思想，最终形成以马克思主义理论体系为基石，以习近平新时代中国特色社会主义思想为指导的理论基础。

第二，透视中华人民共和国成立以来劳动教育在党的教育方针中的演进过程，主要内容体现在第三章。前两章内容通过概念阐释和理论发掘对新时代大学生劳动教育进行了理论性分析，在此基础上将继续通过劳动教育的发展脉络对其实践层面进行分析。通过回顾与梳理中华人民共和国成立以来劳动教育的发展历程，总结劳动教育在完成社会主义革命和推进社会主义建设时期、进行改革开放和社会主义现代化建设时期、开创中国特色社会主义新时代三个不同时期的开展形式，发现劳动教育的发展规律。最终立足于劳动教育的发展脉络，形成新时代大学生劳动教育开展的经验，同时，也进一步发现新时代大学生劳动教育在实践层面存在的评价指标体系亟须构建的问题，提出了构建评价指标体系的必要性。

第三，评价指标体系的构建与应用，以及现实问题的探索，主要内容体现在第四章和第五章。从这部分内容开始，本书将以数据分析的方法逐步发现新时代大学生劳动教育的现实问题。首先在第四章中，基于劳动教育评价体系的亟须构建的问题，本书将通过问卷调查结果，尝试为新时代大学生劳动教育的开展建立一个评价指标体系，以此评价指标体系作为评价新时代大学生劳动教育实施现状的标准。其次在第五章中，整理并分析新时代大学生劳动教育评价的问卷数据，对新时代大学生劳动教育评价指标体系进行应用，对各个指标进行打分。同时，问卷主要涉及劳动实践、劳动技能、劳动价值观和劳动精神四个维度，最后通过统计分析的方法整理并检验数据，以定量研究的方式直观地发现当前大学生劳动教育存在的问题，找到学校、家庭、学生和社会这四个层面的不足之处，最终可以更加有针对性地对现存问题进行完善。

第四，探寻新时代大学生劳动教育的完善路径，主要内容体现在第六章。通过强化学校的引导作用、力求学校紧抓时代特点并完善课程体系构建、实现劳动教育与思想政治教育的耦合；通过注重家庭家教家风建设，实现新时代大学生劳动教育良好的家庭氛围；通过加强马克思主义理论的指导并发挥大学生主观能动性，实现大学生个人的动力提升；通过打造良好的外部环境，营造出崇尚劳动的社会氛围，并实现家庭、学校和社会的协同化发展。从而寻找出一条学校、家庭、学生和社会共同实现新时代大学生劳动教育目标的实践路径。

新时代大学生劳动教育是为了实现立德树人的总目标，是为了实现人的全面发展。为了实现这个目标，我们应当探析及寻找科学的理论以正确指导大学生劳动教育；应当全面地收集整理现实数据，并科学地分析数据以发现大学生劳动教育存在的实际问题；应当将理论与实践相呼应，定性研究与定量研究相结合，寻找出一条适应新时代、新目标的大学生劳动教育路径。

目 录

第一章 绪论 … 1
第一节 选题的背景及意义 … 1
  一 选题背景 … 1
  二 选题意义 … 4
第二节 国内外文献综述 … 6
  一 国外文献综述及评述 … 6
  二 国内文献综述及评述 … 15
第三节 研究思路 … 25
第四节 研究方法 … 28
  一 文献研究法 … 28
  二 比较研究法 … 28
  三 问卷调查法 … 28
第五节 研究的创新点 … 29
  一 理论层面的创新 … 29
  二 实践层面的创新 … 29

第二章 劳动教育的内涵界定与理论基础 … 30
第一节 劳动教育的内涵界定 … 31
  一 劳动的内涵 … 31
  二 劳动教育的内涵 … 33
  三 新时代大学生劳动教育的内涵 … 37
  四 新时代大学生劳动教育的外延 … 42

第二节 思想政治教育与新时代大学生劳动教育的耦合与同构 …………………………………………………… 48
 一 思想政治教育与新时代大学生劳动教育的耦合 ……… 48
 二 思想政治教育与新时代大学生劳动教育的同构 ……… 50
 三 在耦合与同构中发挥新时代大学生劳动教育的强化作用 …………………………………………………… 53
第三节 新时代大学生劳动教育的理论基础与理论渊源 …… 58
 一 马克思主义经典作家劳动教育理论 …………………… 58
 二 中国传统文化视域下的劳动观及近代劳动教育思想 …………………………………………………… 77
 三 苏联劳动教育思想及教育理论 ………………………… 91

第三章 中华人民共和国成立以来劳动教育的历史演进 ……… 100
第一节 完成社会主义革命和推进社会主义建设时期（1949—1976 年） …………………………… 102
 一 以生产技术教育为核心的劳动教育有序开展 ………… 102
 二 使受教育者成为有社会主义觉悟的有文化的劳动者 …………………………………………………… 105
第二节 进行改革开放和社会主义现代化建设新时期（1977—2012 年） ………………………… 109
 一 正式提出教育与生产劳动相结合 ……………………… 109
 二 造就"四有"新人和德智体美等全面发展的社会主义事业建设者和接班人 ……………………… 113
 三 正式提出教育与生产劳动和社会实践相结合 ………… 114
第三节 开创中国特色社会主义新时代（2013 年至今） …… 116
 一 正式提出将立德树人作为教育的根本任务 …………… 118
 二 培养担当民族复兴大任的时代新人 …………………… 119
 三 培育德智体美劳全面发展的社会主义建设者和接班人 …………………………………………………… 120

第四节 中华人民共和国成立以来劳动教育在党的教育方针中
发展的经验与不足 ………………………………………… 122
  一 坚持教育与生产劳动和社会实践相结合的基本方针
    ……………………………………………………………… 122
  二 把握劳动教育在社会发展中的规律 ………………… 123
  三 亟须构建劳动教育实施的评价体系 ………………… 125

第四章 新时代大学生劳动教育评价体系的构建 ……………… 127
  第一节 新时代大学生劳动教育评价体系构建的原则 ……… 127
    一 时代性与导向性原则 ………………………………… 128
    二 科学性与系统性原则 ………………………………… 128
    三 教育性与发展性原则 ………………………………… 129
    四 自我评价与外部评价相结合原则 …………………… 130
  第二节 新时代大学生劳动教育评价指标体系的构建依据 … 131
    一 新时代马克思主义人的全面发展理论的客观要求 … 131
    二 立德树人的价值实现 ………………………………… 133
    三 教育发展评价价值的多样化 ………………………… 135
  第三节 新时代大学生劳动教育评价指标选取 ……………… 137
    一 新时代大学生劳动教育评价指标构成 ……………… 137
    二 新时代大学生劳动教育评价指标体系初步确定 …… 141
  第四节 新时代大学生劳动教育评价指标体系构建 ………… 142
    一 新时代"00后"大学生劳动教育的问卷设计 ……… 142
    二 新时代"00后"大学生调查样本的基本情况及可靠性
      分析 ……………………………………………………… 143
    三 劳动教育指标结构效度检验及因子分析 …………… 145
    四 新时代"00后"大学生劳动教育的评价指标体系权重
      确定 ……………………………………………………… 151

第五章　新时代"00后"大学生劳动教育评价的现实问题及影响因素 ……………………………………………… 153

第一节　新时代"00后"大学生劳动教育的整体评价与现状 …… 157
　一　新时代"00后"大学生劳动教育有效性整体评价结果 ………………………………………………… 158
　二　新时代"00后"大学生对劳动教育的认知和实践现状 ………………………………………………… 163
　三　新时代"00后"大学生对学校、家庭和社会劳动教育满意度的状况 …………………………………… 165

第二节　新时代"00后"大学生劳动教育存在的问题 ………… 167
　一　高校劳动教育的开展依然不够全面和彻底 ………… 167
　二　家庭劳动教育缺少正确的家庭家教家风建设 ……… 169
　三　大学生在劳动教育的过程中依然较为被动 ………… 171
　四　社会还未完全营造出崇尚劳动的良好风气 ………… 172

第三节　新时代"00后"大学生劳动教育评价的影响因素 … 174
　一　新时代"00后"大学生劳动认知形成的影响因素 … 174
　二　高校主阵地开展劳动教育的影响因素分析 ………… 183
　三　多元主体协同参与的影响因素分析 ………………… 185
　四　劳动教育客体发挥自主能动性的影响因素分析 …… 188

第六章　新时代大学生劳动教育的完善路径探究 …………… 191

第一节　实现高校劳动教育的全方位发展 ………………… 192
　一　保障高校在大学生劳动教育中的引导作用 ………… 192
　二　推动新时代大学生劳动教育的课程体系建设 ……… 194
　三　强化新时代大学生劳动教育的师资建设与保障措施 ………………………………………………… 198
　四　探索并实现新时代大学生劳动教育与思想政治教育的耦合 …………………………………………… 200

第二节 形成助力新时代大学生劳动教育的良好家庭家教家风建设 ………………………………………… 204
 一 注重家庭建设是新时代大学生劳动教育的重要基础 … 204
 二 注重家教建设是培育大学生劳动精神的必要途径…… 206
 三 注重家风建设是实现个人劳动品质传承发展的重要保障 …………………………………………… 207
第三节 以个人提升为动力促进新时代大学生劳动教育的发展 …………………………………………… 209
 一 从"内卷"与"躺平"中脱离 ……………………… 209
 二 积极树立正确的劳动观念 ………………………… 211
 三 充分发挥新时代大学生在劳动教育中的主观能动性 …………………………………………………… 212
第四节 打造良好外部环境助力新时代大学生劳动教育发展 …………………………………………… 213
 一 营造崇尚劳动与创造的浓厚社会氛围 …………… 214
 二 形成学校家庭社会协同化发展的理想图景 ……… 216
 三 实现新时代大学生劳动教育的继承发展 ………… 218

结 论 …………………………………………………… 222

参考文献 ………………………………………………… 225

附录：我国"'00后'大学生劳动教育现状研究"调查问卷 …… 246

第一章 绪论

自中华人民共和国成立以来,关于劳动教育的探索一直在进行,通过劳动教育培养技术过硬和品德优秀的人才,从而为国家的发展建设提供源源不断的动力是一项长期任务。随着中国特色社会主义进入新时代,劳动教育也被赋予了新的时代特征和使命,同时也形成了新的发展要求。而新时代大学生劳动教育作为新时代劳动教育和高水平人才培养体系中的重要一环,肩负着重要责任。把握新时代大学生劳动教育的时代特征,明确新时代大学生劳动教育的深刻内涵,探索新时代大学生劳动教育与思想政治教育的耦合与同构,最终丰富并完善新时代大学生劳动教育的方式、方法、内容、评价,便具有十分重要的意义。

第一节 选题的背景及意义

一 选题背景

(一)新时代对劳动教育提出的新要求

新时代劳动教育依然坚持教育与生产劳动和社会实践相结合,同时在马克思主义理论、党的基本教育方针和习近平新时代中国特色社会主义思想的指导下,形成了新的发展,提出了新的要求。在2018年的全国教育大会中,习近平总书记提出了人才培养的两方面体系。一方面是构建德智体美劳全面培养的教育体系;另一方面是形成更高水平的人才培养体系。要实现这一目标,就要重视劳动教育在教育体系和人才培养体系中的重要作用,发挥劳动教育的育人功能,不仅养成学生的劳动习惯、提升学生的劳动技能;还要使学生将劳动精神内化于心,激发和培养学生"辛勤劳动、诚实劳动、创造性劳动"①的良好劳动观。在学校思想政治理论课教师座谈会中,习近平总书记又提出"铸魂育人"的思想,在新时代,要贯彻党和国家提出的教育方针,将立德树人作为教育的根本任务。2021年《中华人民共和国教育法》的重新修订,将劳动教育列入教育方针,同时,教育部已发布的关于2021年的工作要点文件中,明确了全面立德树人的根本任务,促进劳动教育常态化实施,发挥学校指导作用,并进一步确立了家庭在劳动教育中的主体地位,从而逐步实现学校、家庭与社会的合力和协同发展。

(二) 新时代大学生劳动教育依然面临难题

一直以来,从基础教育阶段就开始形成的应试教育模式,将成绩作为衡量学生优秀与否的首要条件,这不仅分割了体力劳动与脑力劳动,还形成了功利性的劳动思想。大学生的诸多劳动素养与品德的形成其实早在基础教育阶段就奠定了基础。由于之前基础教育阶段过于重视成绩的提高,导致大学生从小就没有形成好的劳动习惯,更没有树立起正确的劳动观。随着有关劳动教育的各项教育方针与政策的制定和实施,未来的劳动教育从基础教育开始会逐渐走向良性发展路径,但针对当前的大学生群体,有必要从劳动习惯的培养开始,逐渐形成良好的劳动素养。通过对现有文献、文件等方面的考察,笔者发现新时代大学生,尤其是"00后"大学生在劳动教育中存在以下问题。

第一,高校劳动教育引领不足。随着劳动教育在党的教育方针中的不断发展,全国各高校已经开始将劳动教育落实到实践层面。但在实践的过程中,依然存在很多问题,首先是劳动教育实施方案的制定还没有形成高校的全覆盖,实施方案与开展计划是高校劳动教育的顶层设计,还没有开始制定劳动教育方案的高校很难将大学生劳动教育有计划地付诸实践。而对于已经制定劳动教育方案的高校来说,由于之前没有过关于劳动教育的系统化的教学实践,在课程设置上无法做到系统化和独立化;劳动教育的教材也存在缺失和不足的情况;而劳动教育的师资队伍

---

① 中共中央文献研究室编:《十九大以来重要文献选编》上册,中央文献出版社2019年版,第653页。

更是高校劳动教育过程中的缺口，建立一支高水平、创新能力强的示范性师资队伍是当下劳动教育亟须解决的问题。

第二，高校劳动教育实施的保障不足。大学生劳动教育的开展不仅要依靠于顶层设计，在实施过程中的保障措施也至关重要。保障措施包括制度保障、人员保障等方面。在制度层面，要加快关于劳动教育课程、实践、师资建设等各方面的制度落地，推进高校劳动教育的开展。在人员层面，要形成校领导到各部门和各级学院领导，再到各教师的责任制度，从宏观到具体的责任制度，保证全校上下形成开展劳动教育的合力。

第三，对劳动教育的内涵理解不够透彻。对劳动教育的内涵理解不够透彻主要表现在将劳动教育与体力劳动画等号。不论是在学校中还是在家庭中，都表现为将体力劳动或者家务劳动作为劳动教育的一项重要内容。比如在高校劳动教育的实践中，劳动教育在大多数情况下被理解为简单的体力劳动或者一种生活技能，比如一些学校开设厨师课程、开设试验田种地等，忽视了脑力劳动和创造性劳动也是劳动教育所要重点关注的。而在家庭中，"劳心者治人，劳力者治于人"的传统观念一直未能破除，很多父母都将体力劳动视作低级别的劳动，而脑力劳动才是高级别的劳动，这种脑力劳动和体力劳动分化的情况自新中国成立以来就一直存在，也是一直在被纠正和破解的问题。从基础教育开始，教师、家长的观念中认为读书学习不是为了去成为体力劳动者而是要成为脑力劳动者，一些家长在从事体力劳动的过程中没有形成职业自豪感，反而以此为教导子女"唯成绩论"的例证。这种错误的理念从基础教育就开始，在当前的大学生群体中有一定比例的学生已经形成了脑力劳动和体力劳动的分离，需要及时矫正。另一方面，在这种"唯成绩论"的背景下，也有一部分学生被灌输了如"学习技巧""考试技巧"等所谓高效的学习途径，而这些方法的传授容易在学生心中形成"走捷径"的理念，不利于诚实劳动、创造性劳动的形成。

(三) 实现立德树人的总目标不能缺少劳动教育的推动

新时代的育人目标就是要落实立德树人，因此必须将立德树人的理念贯穿教育事业的各环节之中，而我们要明确这一目标，就需要进行解读和透视。"立德"就是要通过教育使学生能够积极践行社会主义核心价值观；而"树人"就是培养德智体美劳全面发展的社会主义建设者和接班人。虽然其目标是造就具有综合素质的高水平人才，但劳动教育是需要长期坚持的重要环节。通过劳动教育可以使学生在理论学习中掌握扎实的概念与知识，形成对世界、对自身的认识；可以通过实践将这些认识内化于心，进一步指导自身的实践活动，最终形成正确的价值观。劳动在这一过程之中，作为理论与实践的桥梁，既是实现个人需求和个人综合素质的全面发展的必要途径，也是实现中华民族伟大复兴的必要途径。

二 选题意义

（一）理论意义

第一，继承并发展马克思主义劳动观和劳动教育理论。一方面，马克思主义关于教育与生产劳动相结合的理论是当前研究大学生劳动教育的理论基础；而另一方面，通过对大学生劳动教育的研究有助于我们更好地理解和运用马克思主义劳动教育理论。通过梳理新中国成立以来的劳动教育在党的教育方针中的演进，可以看到，关于劳动教育的教育方针随着经济和社会的发展也在一直发展。其核心是马克思主义理论的指导，但在实践层面则会结合实际形成新的发展方向。新时代大学生劳动教育也是在马克思主义理论的指导下，形成具有时代特色的实践路径，而通过实践路径的发展则进一步丰富了马克思主义关于劳动教育的思想。

第二，进一步丰富思想政治教育的理论内涵。"任何思想政治教育，都是以人为主体和对象的活动，因而教育者与受教育者，是构成思想政治教育的两个基本要素，也是思想政治教育的主要关系。"[①] 对于这一点，劳动教育也是如此，同时，当前大学生劳动教育应该是一种多元主体的形式，即学校、家庭、社会都是大学生劳动教育的主体，而大学生

---

① 郑永廷：《论思想政治教育的内涵、外延与规范》，《教学与研究》2014年第11期。

本身既是受教育的对象、是客体，同样也可以以主体的形式出现，因为大学生不仅要在学校、家庭和社会的环境下接受教育，同时还要在个人成长中主动地参与其中，实现自我提升。而在思想政治教育的过程中，是在马克思主义理论和中国特色社会主义理论体系的指导下开展的，同时还要继承与发展党的教育路线和教育方针。新时代思想政治教育的根本任务就是立德树人，本书从新时代大学生劳动教育的全新视角出发，发现劳动教育在立德树人的过程中会发挥其独特作用，以劳树德为思想政治教育理论的发展方向提供了新的路径，进一步丰富了思想政治教育的理论内涵。

（二）现实意义

第一，有助于强化思想政治教育的实践性。实践性是思想政治教育的重要属性，而劳动教育同样如此，对于大学生而言，养成良好的劳动习惯、学习到熟练的劳动技能、通过专业学习和实验研究等层面的刻苦努力形成诚实劳动和创造性劳动的理念，有利于其树立正确的劳动价值观，并历练其艰苦奋斗、顽强拼搏的意志。劳动教育是理论与实践的重要纽带，大学生一方面需要通过刻苦钻研，提升其专业水平；另一方面也需要在社会这所学校里培养其综合素质，劳动实践能够使大学生强化专业学习，领悟劳动的本质，形成热爱劳动、诚实劳动的正确价值观。这既是专业性的培养，也是综合性的品德培养，能够通过劳动教育进一步强化思想政治教育的实践性。

第二，有助于构建德智体美劳全面培养的教育体系。一方面，新时代劳动教育已经成为不同于德育、智育、美育、体育的教育发展中的独立一环，其本身已经具有独立的学科属性，是一项独立的课程。另一方面，劳动教育也是五育融合中的重要一环，其融合性体现在，劳动教育可以树德、增智、育美、健体。劳动教育的发展有利于其他"四育"的发展，是德育、智育、美育、体育的重要支撑。通过五育融合，将劳动教育贯穿到教育的各个环节中，培养学生的劳动习惯、劳动技能和劳动品德，有利于德智体美劳全面培养的教育体系进一步形成。

第三，有助于培育新时代具有综合素质的劳动者。在我国转变经济增长方式，注重培养知识型、技能型和创新型劳动者的今天，高度重视劳动教育是富国强民的大事，具有深远的现实意义。加强大学生劳动教育，一方面能够培养新时代大学生努力学习专业知识、形成高水平的专业能力；另一方面也能够培养大学生的劳动价值观、培育劳动精神。大学生作为即将步入社会的群体，其专业能力和劳动品质都是缺一不可的，专业能力能够实现国家和社会的高质量发展和建设，良好的劳动品质有利于促使每一位劳动者热爱劳动、爱岗敬业。同时，通过劳动教育与德育、智育、美育、体育的深度融合，最终形成一批具有高水平综合素质的新时代劳动者。

第二节　国内外文献综述

一　国外文献综述及评述

（一）早期西方劳动思想梳理

1. 早期空想社会主义的劳动教育观点

西方文艺复兴时期最具代表性的劳动教育观点就是空想社会主义者提出的，可以从托马斯·莫尔（St. Thomas. More）和托马斯·康帕内拉（Tommas. Campanella）的思想中看到当时的劳动教育思想。

莫尔一方面抨击了当时剥削阶级的不正义，无所事事、贪图享乐却财富不断累积，而劳动者却只能在无穷的剥削中苟延残喘。另一方面则提出了一种人人实现劳动自由，最终实现人的全面自由发展的设想。首先，莫尔主张人人劳动，通过对贵族剥削的批判，提出了人人务农、人人学习如何务农的观点。这个观点体现了一种教育与生产劳动相结合的劳动教育雏形，人人都要学习，人人都要在学习中实践。其次，致力于实现人的全方位发展。莫尔提道："无论走到哪里，在忙碌的身影中你都会听到一片欢声笑语。做自己愿意做的事不是一种痛苦，而是一种享受，因为在工作中，每个人都体会到了自我价值实现的快乐和满足。"[①] 这就是实现了劳动自由，实现了个人价值，同时在劳动之余可以做自己感兴趣的事情，进一步实现了人的全面自由发

---

① ［英］莫尔：《乌托邦》，胡凤飞编译，北京出版社2007年版，第60页。

展。最后，重视体力劳动和脑力劳动的结合。莫尔提出，乌托邦并非只是进行体力劳动，除此之外还会从事文化教育和科学研究工作。在乌托邦里，有人可以豁免劳动，"当然这些人并不是懒惰者，对他们来说认真进行各种学术的研究更加重要，并且通过这样的方式来回报并服务于社会"①。这些被豁免劳动的人，其实也在进行着另一种形式的劳动，即脑力劳动。

而意大利著名的空想社会主义者康帕内拉同莫尔一样，因为对当时私有制的不满，也构想了一个理想国家，同时，在人人必须劳动的思想基础上，还萌发了劳动是光荣事业的思想。首先，太阳城实行普遍的义务劳动制度，人人劳动，共同劳动。其次，尊重劳动和劳动者。在太阳城中，各种劳动都受到同样的重视，人们各有所长，并且不论是什么职业，都会受到大家的尊敬。职业不分高低，使得每个人都乐于从事自己所擅长的事情，劳动也就不再具有谋生、谋利的性质，劳动就成为一件快乐的事情。

莫尔受到了时代和社会制度的限制，认为在乌托邦依然存在着普通公民和奴隶两种人。这说明莫尔并没有明白劳动的本质，将劳动划分了阶级，也将人划分了阶级。康帕内拉也同莫尔一样，依然在其空想的社会主义社会建立起阶级，例如康帕内拉提到的关于战俘的构想，认为战俘"要么就是卖掉，要么就是用来挖掘壕沟，或用来在城外做其他各种苦工"②。这就是最好的证明，其空想社会主义仅仅是对现有私有制的一种批判，但并不了解社会主义的本质，因此康帕内拉所说的人人热爱劳动、人人以劳动为荣只是一个理想化的状态，没有实践意义。

2. 近代古典政治经济学的劳动价值论

古典政治经济学是马克思主义政治经济学的重要理论渊源，古典政治经济学各学者提出的劳动价值论、剩余价值论等学说为之后马克思主义政治经济学的形成产生了巨大影响，马克思主义政治经济学便是在对

---

① [英]莫尔：《乌托邦》，胡凤飞编译，第60页。
② [意]康帕内拉：《太阳城》，陈大维、黎思复、黎廷弼译，商务印书馆1997年版，第33页。

古典政治经济学的批判、扬弃与超越中形成的一个全新体系。关于古典政治经济学有三个主要代表人物的理论。

第一，威廉·配第（William Petty）的劳动价值论。配第开创了劳动价值论，认识到了价值是来源于劳动的，从配第这里形成了劳动价值论的萌芽。配第虽然已经意识到了劳动是价值的源泉，但是，他还增加了一个土地的概念，说明他没有明白土地作为自然资源并不产生价值，土地也是通过人的劳动才产生价值。

第二，亚当·斯密（Adam Smith）的劳动价值论。首先，斯密首先从劳动分工入手，提出了劳动决定价值的观点："一个人拥有某种物品，不是用于自己消费，而是想用它换得其他物品，此时，这一物品的价值，就在于用它所能购得的劳动量。因此，劳动才是衡量一切商品交换价值的真实尺度。"[①] 另外，斯密将商品价值的来源分为劳动、资本和土地三个部分，同时还认为劳动价值论的适用仅限定于初期野蛮社会。

第三，大卫·李嘉图（David Ricardo）的进一步发展。首先，李嘉图认为，商品价值由生产该商品所耗费的劳动时间决定。李嘉图的观点中没有进行限定，他认为劳动与价值的规律适用于任何历史时代。其次，李嘉图在进一步发展劳动价值论的同时，也存在一定的局限性，即忽略了劳动和资本的对抗所产生的消极方面。

3. 西方近代劳动教育思想

西方近代劳动教育思想以让-雅克·卢梭（Jean-Jacques Rousseau）的劳动教育思想为代表，从其著作《爱弥儿》可以看到其劳动教育理念。《爱弥儿》以一个虚构人物爱弥儿的教育历程为主线，提出了体育教育、感官教育、智力教育、道德教育和爱情教育五个层面的教育方式和内容，并阐释了劳动对人的发展的重要意义和劳动对于形成劳动观念的重要作用。在卢梭看来，劳动教育能够培育道德品质。首先，卢梭认为只有通过劳动才能在各种诱惑中避免歧途。其次，劳动教育促进智力

[①] ［英］亚当·斯密：《国富论》，张兴、田要武、龚双红编译，北京出版社 2007 年版，第 10 页。

发展。在少年阶段的教育中，卢梭"对书是很憎恨的，因为它只能教我们谈论我们实际上是不知道的东西"①。因而他提倡到自然环境中去学习。卢梭认为劳动教育是让人成为体力运用与脑力运用相结合的人，是既能行动又能思想的人。这就要求人们一方面要以农民的方式去投身体力劳动，另一方面要以思想家的方式去思考问题，通过这种充实的学习与劳动"使身体锻炼和思想锻炼互相调剂"②。最后，劳动教育能锻炼人们的身体素质。卢梭认为，劳动教育可以使儿童的体能得到良好的锻炼，逐渐形成强健的身体。

卢梭的劳动教育思想是基于其小资产阶级家庭的，其思想体系则反映了小资产阶级的要求。随着私有财产的出现，社会上出现分配不均的现象，卢梭指出只有劳动者才是最正直的人，并鄙视不劳而获的人，将这种人比作抢劫者。因此，为了消灭这种分配不均、不劳而获，必须形成劳动的氛围。同时，从其劳动教育思想中，看到了以劳树德、以劳增智、以劳健体的观点，值得我们参考。

4. 西方现代劳动教育思想

约翰·杜威（John Dewey）的实用主义。杜威是美国实用主义哲学家，他所提出的"教育即生活""学校即社会"对陶行知等中国教育家产生了深远的影响。他的实用主义教育思想是一种职业教育思想，但同时他也提出了劳动教育。首先，杜威阐释了职业教育的含义，指出："真正受教育的人，无论操何职业，对于他的职业总有明白的了解，凡这种职业的目的、价值、意义、科学基础和社会关系等等，都应该加以研究，到了能够彻底明白，才可从事。"③ 这其实就是一种职业观的树立。其次，杜威提出了劳动教育的概念，在杜威看来劳动教育的任务包含两个层面："劳动教育是关系两方面的，一方面是劳动者应该受教育，另一方面是资本家也应该受教育。"④ 在此，杜威提出了对资本家进行

---

① ［法］卢梭：《爱弥儿》（上卷），李平沤译，商务印书馆 2017 年版，第 269 页。
② ［法］卢梭：《爱弥儿》（上卷），李平沤译，第 303 页。
③ ［美］杜威：《杜威教育文集》（第二卷），吕达、刘立德、邹海燕主编，胡适等译，人民教育出版社 2008 年版，第 303 页。
④ ［美］杜威：《杜威教育文集》（第二卷），胡适等译，第 308 页。

的劳动教育,所谓资本家应受到的教育就是让他们提高自身的觉悟,让他们明白金钱绝不仅仅是为个人谋利,而是为整个社会、整个国家、整个世界谋幸福。

现代西方学者对马克思主义劳动思想的误读。首先,汉娜·阿伦特(Hannah Arendt)以自由批判劳动。阿伦特认为,劳动并非人的本质活动,而是被动地存在于人的生存的必要性之下,劳动只是满足自我的生存,并且各劳动成员"丧失了对个性和身份的一切意识"[①]。在阿伦特看来,劳动、工作、行动三种活动与自由的关系不同,其中以谋生为目的的劳动与自由相距最远。但她没有意识到马克思(Karl Heinrich Marx)的劳动的历史发展性,也没有搞清在马克思那里,谋生性的劳动与享受性精神劳动、异化劳动与自由劳动的区别。

其次,赫伯特·马尔库塞(Herbert Marcuse)以精神分析理论糅合劳动。马尔库塞在发现和揭露了资本主义异化劳动反人性的本质后,并没有坚持马克思主义主张的通过废除私有制和资本主义制度来实现劳动解放这一研究路线,而是将弗洛伊德的精神分析理论糅合到马克思的劳动思想中,认为"一种非压抑性的现实原则的出现就将改变而不是破坏劳动的社会组织,因为爱欲的解放可以创造新的、持久的工作关系"[②]。

再次,让·鲍德里亚(Jean Baudrillard)对历史唯物主义解构。"生产方式的批判理论没有触及生产原则,生产方式所描述的所有概念,也只是说明了生产内容的辩证的、历史的谱系,并未触及生产的形式。"[③] 可以看到,鲍德里亚从概念本身出发,对马克思的"劳动"概念进行了错误解读,进一步解构了历史唯物主义。

最后,尤尔根·哈贝马斯(Jürgen Habermas)以交往行动取代劳动。哈贝马斯区分了劳动与实践,他认为实践具有劳动与交往两个维

---

① [德]汉娜·阿伦特:《人的境况》,王寅丽译,上海世纪出版集团2009年版,第167页。
② [美]马尔库塞:《爱欲与文明——对弗洛伊德思想的哲学探讨》,黄勇、薛民译,上海译文出版社2008年版,第101页。
③ [法]鲍德里亚:《生产之镜》,仰海峰译,中央编译出版社2005年版,序言。

度，而马克思却将劳动与实践等同起来。在哈贝马斯看来，劳动本身并不具备实践所具有的能力，但他未能准确理解马克思的劳动范畴的真正内涵，同时以交往行动理论改造社会的设想具有浓厚的乌托邦色彩。

（二）国外关于劳动教育的研究动态

1. 关于劳动教育的研究

国外关于劳动教育的研究数量并不多，通过文献查询发现，在国外并没有专门的劳动教育课程，也不以劳动教育的名称制定教育政策以及开展教育活动。一般来说，国外与劳动教育相关的内容主要以职业教育为主，还包括劳动技术教育、创业教育等形式。

德国开展劳动教育主要集中在中小学，其本质是一种劳动技术教育，在其课程设置中，从20世纪60年代起，德国将劳动技术教育作为一项独立课程开展，并随着社会的发展和变化不断形成特有的功能和定位。任平、贺阳指出，德国的学校开展的劳动教育，其目标是强化学生在实际生活中处理问题的能力，是一种理论与实际结合的综合劳动能力培养，在此基础上，不断地建立围绕着劳动、经济和科技的课程体系。[1] 不仅如此，德国在开展劳动教育的过程中还注重劳动教育师资力量的培育。孙进、陈囡指出，在德国，劳动教育教师培养的过程包括两个阶段：第一个阶段是在大学的学习阶段，另一个阶段是实习见习阶段。通过这两个阶段的培养以及每个阶段后的统一考试，最终形成劳动教育重要的师资力量。[2]

美国的劳动教育发展可以从其职业教育的发展中体现。杜威作为美国的职业教育代表性人物，其实用主义教育思想体系包括了从做中学和思维与教学两个层面，由此形成了他的教育理论。到了20世纪80年代，美国劳工部获得必要技能秘书委员会在其报告《工作世界对于学校教育的新要求》中明确地提出了未来的工人应该具备的三种能力，即扎

---

[1] 任平、贺阳：《当代德国学校劳动教育课程构建的经验与启示》，《中国教育学刊》2020年第8期。

[2] 孙进、陈囡：《跨学科与实践性：德国劳动教育教师培养模式探析》，《比较教育研究》2021年第9期。

实的读写和计算能力、能够将知识转换为工作技能的思维能力、能够激励员工努力工作并使其保持对公司忠诚的能力。① 之后，逐渐形成了学术、职业与生涯教育相互融合的职业教育观。1990 年的《卡尔 D. 帕金斯职业与应用技术教育法案》在美国联邦职业教育立法史上第一次明确提出其将致力于"使受教育者同时获得在一个技术日益进步的社会中工作所必需具备的学术和职业能力"②。2018 年，为了提高生涯与技术教育项目的质量，全面升级美国的职业教育系统，美国再次修订职业教育法案，但依然存在认可度较低的情况，Education Week 指出，尽管当前生涯与技术教育备受关注，但参加的学生仍然不成比例地来自低收入家庭和少数族裔群体，这是一个危险的信号。③ 这说明在美国，职业教育依然是一项普通教学以外的选择。

新加坡同样也没有劳动教育的相关内容，其主要形式依然是以职业教育的方式进行。卿中全指出，在开展职业教育的过程中，政府一般会根据形势发展需要，委任一个由专家学者、劳资政及各利益相关方代表组成的委员会，针对教育制度、教育政策、发展模式等重大问题进行专题检讨，提出改进策略，形成"报告书"提交国会辩论，以法案形式予以颁布实施。④ 其职业教育的特点体现为"分流教育"，即通过成绩与能力，将一部分学生分流至职业教育序列。这项政策始于 1978 年，原因是当时新加坡多达 3/4 的小学离校生选择学术发展途径，仅有 1/8 和 1/7 的小学生分别选择技能和职业教育发展途径。⑤ 然而在后续的升学测试中，只有很小一部分比例的学生能够通过测试，造成了教育资源

---

① Secretary's Commission on Achieving Necessary Skills, "What Work Requires of Schools" (1991 – 06 – 28) [2014 – 03 – 25], http://tech.worlded.org/docs/maththing/ny1p9.htm.

② Gerald C. Hayward, Charles S. Benson, "Vocational-Technical Education: Major Reforms and Debates 1917 – Present" (1993 – 07 – 30) [2007 – 02 – 08], http://eric.ed.gov/?id = ED369959.

③ Catherine Gewertz, "What is Career and Technical Education, Anyway?" *Education Week* (2018 – 07 – 31) [2021 – 05 – 21], https://www.edweek.org/ew/issues/career-technical-education/index.html.

④ 卿中全:《新加坡职业教育发展述评：探索、改革与经验》，《高等工程教育研究》2018 年第 2 期。

⑤ N. Varaprasad, *50 Years of Technical Education Singapore: How to Build a World Class TVET System*, Singapore: World Scientific, 2016, p. 20.

的浪费，因此开展了职业教育分流政策。

2. 关于创业教育的研究

关于创业教育，有学者指出，创业教育能为学生提供成功创办企业所必需的动力、知识和技能等。[①] 从狭义上来看，创业教育主要是使学生掌握创办企业的能力，推动社会和经济的发展，但从广义上来看，创业教育是培养学生掌握一种劳动技能，属于劳动教育的一种形式。针对创业教育，德国与美国都开展得十分成熟，从中也有一些可以借鉴的经验。

德国的创业教育经验首先可以从德国耶拿应用科技大学的开展形式来看。在耶拿科技应用大学约有 5000 名学生，研究的方向包括工程、商业管理和社会科学等方面的内容。并于 2004 年成立了创业中心，此创业中心专注于培养创业精神，促进不同的部门和个人能够在创业领域相互合作。其开展创业教育的目的在于培养创造力、解决问题的能力、沟通能力、冲突管理和谈判等创业技能；课程和研讨会以模块的形式成为选修课程，并对所有学生开放。[②] 同时，德国在进行创业教育的过程中十分注重宏观和微观创业环境建设[③]。通过创业教育课程建设和环境建设，最终也会形成一种企业家精神，Faltin G. Creating 则指出了企业家精神的重要性，即一个能够融经济、艺术和社会活动为一体的创新企业家精神文化，最终成为人类创造文明史上的核心价值之一。[④]

在美国所开展的大学生创业教育主要体现为一种跨学科教育。在经济全球化、网络信息化的背景下，随着科学技术的飞速发展，单一的学科培养模式和课程体系已经难以跟上社会发展的脚步，美国高校逐渐开

[①] Cho, B., "Study of the Effective Entrepreneurship—Education Method and Its Process", *Business Education Research*, Vol. 2, No. 1, 1998, p. 27.

[②] Universities, Innovation and Entrepreneurship—Criteria and Examples of Good Practice, http://www.oecd.org/cfe/leed/43201452.

[③] Scott Shane, "A general Theory of Entrepreneurship—the Environment Context of Entrepreneurship" 2003, p. 147.

[④] Faltin G. Creating, "Culture of Innovative Entrepreneurship", *Journal of International Business and Economy*, Vol. 2, No. 1, 2001, pp. 132 – 137.

始发展跨学科培养模式。① 以斯坦福大学的课程体系构建为例，梁士鹏指出，其课程体系构建一直坚持文科与理科相结合、教学与研究相结合、专业教育与创新创业教育相结合等模式。② 这种跨学科形式与德国有一定的相似之处，都是通过不同领域和个人的相互合作来促进创业教育的发展。

（三）国外研究综述评价

早期空想社会主义思想是一种未经加工的思想体系，虽然其本身具有美好的愿望，但其设想的美好社会是基于奴隶制社会制度的，同时也无法实践。到了西方近代时期，以卢梭为代表的众多思想家对劳动教育都进行了思考和实践，他们的劳动教育思想和实践途径具有一定的借鉴意义，但必须要看到他们的资产阶级立场。

古典政治经济学是马克思主义劳动思想和理论发展过程中不可忽视的一部分。马克思的政治经济学与古典政治经济学有着重要的渊源关系，马克思称："我的价值、货币和资本理论就其要点来说是斯密—李嘉图学说的必然的发展。"③ 从威廉·配第开始正式提出"劳动创造价值"的思想，到亚当·斯密指出劳动是财富的源泉，再到大卫·李嘉图提出劳动和资本同时创造价值的理念……西方古典政治经济学的确具有开创性的贡献，马克思正是在此基础上对古典政治经济学进行变革性的扬弃，形成了更加科学的政治经济学理论体系。

当代西方学者在对马克思劳动思想进行批判时，对马克思的劳动范畴和劳动思想存在着曲解或误读。阿伦特在劳动与自由的关系上形成了偏颇之论，没有意识到马克思的"劳动"的历史发展性特点，也没有明确在马克思那里谋生性物质劳动与享受性精神劳动、异化劳动与自由劳动的区别；马尔库塞为当今资本工业社会的弊病提供优化方案设想的乌托邦式的劳动解放之途，充分说明他没有真

---

① Abbott A., *Chaos of Disciplines*, Chicago: The University of Chicago Press, 2001, p.96.
② 梁士鹏：《美国创业教育的研究及启示——以美国斯坦福大学和百森商学院的创业教育为例》，《医学教育探索》2006年第6期。
③ 《马克思恩格斯文集》第5卷，人民出版社2009年版，第19页。

正认识到当代资本主义的致病根源；而鲍德里亚对马克思的劳动内涵则是一种虚幻的理解，他对马克思劳动概念的理解仅仅局限于政治经济学领域的劳动力的使用价值和交换价值的认识上；哈贝马斯的交往行动理论也具有非常明显的缺陷，即未能真正准确地理解马克思的劳动范畴的内涵，同时他用交往行动理论改造社会的设想具有浓厚的乌托邦色彩。

西方从古至今关于劳动和劳动教育的研究内容十分丰富，一些思想是马克思主义劳动理论的来源，还有一些思想是以马克思主义理论为基础进行的延伸，这些思想对目前关于劳动教育的研究都具有一定的参考意义，必须从中看到这些思想的闪光点。当然，由于时代的限制以及社会发展水平的原因，这些劳动思想作为上层建筑还是受到经济基础的限制，存在一定的局限性，应该以批判的视角去看待。

通过文献的检索与阅读，发现国外并没有专门的劳动教育研究以及教育制度的推行。不论是职业教育还是创业教育，其本质还是一种劳动技能的培育，并没有形成对学生进行包括劳动精神在内的品质培育。从师资培养体系上来看，国外针对职业教育专门设置了相关专业的培养内容，有针对性地培养了一批专门进行职业教育的师资力量，这是我们需要借鉴的地方。但从课程设置上来看，其相关课程体系的建设依然围绕着对劳动技能的培养和提高；从教学目的上来看，其职业教育的最终目的是经济的发展效率，通过更多的职业型人才来服务于国家的经济发展。因此，当前针对国外劳动教育的经验，可以借鉴的地方包括其教师培育体系的建立、职业教育相关内容的课程建设模式等，但国外的劳动教育整体上还是以发展效率为总体目标，对于学生的个人品质培育不够重视，这也是我们国家目前所希望提升的地方，在开展劳动教育的过程中应当把内在品质的培育摆在重要位置。

二　国内文献综述及评述

（一）研究文献的类型划分

1. 论文方面的文献资料

截至 2022 年 6 月 20 日，在 CNKI 中国期刊全文数据库中以"新时代大学生劳动教育"并含"实证分析"为主题搜索近五年的研究成果，共得文献6篇，其中刊录在CSSCI来源期刊的文献数为1篇。分别以"劳动教育"、"高校劳动教育"、"大学生劳动教育"、"劳动教育"并含"新时代"、"劳动教育"并含"实证分析"为主题进行搜索，分别得到近五年文献3706篇、673篇、256篇、891篇、6篇，其中刊录在CSSCI来源期刊的文献量分别有383篇、49篇、20篇、105篇、2篇。在博士论文库中，以"新时代大学生劳动教育"并含"实证分析"为主题的博士学位论文共0篇，而以"劳动教育"、"高校劳动教育"、"大学生劳动教育"、"劳动教育"并含"新时代"、"劳动教育"并含"实证分析"为主题的博士学位论文分别为374篇、10篇、27篇、82篇、1篇。在报纸数据库中，与"新时代大学生劳动教育"相关的报道有0条，与"劳动教育"有关的报道484条，与"大学生劳动教育"有关的报道1条，与"高校劳动教育"有关的报道5条，与"劳动教育现状"有关的报道0条。由此可见，直接以"新时代大学生劳动教育"并含"实证分析"为主题进行检索，获取的文献资料较少，有必要扩大检索主题，才能得到足够的文献支撑。同时，从另一个层面上看，近五年关于"劳动教育"主题的相关研究成果已经具备一定的数量，但高质量的成果占比较少，并且以高校和大学生的劳动教育为研究对象的成果相对较少。本书在现有的研究成果的基础上继续拓展视角和方法，继续进行研究。

2. 著作方面的文献资料

首先对马克思和恩格斯对劳动和劳动教育相关理论的研究奠定了本书的理论基础，其劳动理论和劳动教育思想体现在人民出版社《马克思恩格斯全集》（第1卷上册、第2卷、第3卷、第4卷、第6卷、第9卷、第13卷、第20卷、第21卷、第23卷、第42卷、第46卷上册与下册），之后各个时期也对劳动教育进行了不同方面的研究，代表作主要有：马卡连柯著，"马卡连柯全集"编辑委员会编辑，耿济安等翻译《马卡连柯全集》（第四卷、第五卷）（人民教育出版社1957年版）；马卡连柯著，吴式颖等主编《马卡连柯教育文集》（下卷）（人民教育出版社2004年版）；苏霍姆林斯基著，蔡汀、王义高、祖晶主编《苏霍姆林斯基选集》（第 3 卷、第 4 卷、第 5 卷，教育科学出版社 2001 年版）；苏霍姆林斯基著，肖勇、杜殿坤翻译《论劳动教育》（湖南教育出版社 1987 年版）；刘向兵等《新时代高校劳动教育论纲》（社会科学文献出版社 2019 年版）；李珂《嬗变与审视：劳动教育的历史逻辑与现实重构》（社会科学文献出版社 2019 年版）；曾天山、顾建军主编《劳动教育论》（教育科学出版社 2020 年版）；袁国、徐颖、张功主编《新时代劳动教育教程》（航空工业出版社 2020 年版）；徐国庆主编《劳动教育》（高等教育出版社 2020 年版）；赵鑫全、张勇主编《新时代大学生劳动教育》（机械工业出版社 2020 年版）；田鹏颖主编《劳动教育概论》（中国工人出版社 2022 年版）。这些著作能够在理论支撑、相关内涵辨析、实践路径参考等方面提供帮助。

3. 重要文献（文件）选编

大学生劳动教育是中华人民共和国成立以来一直贯彻的一项教育方针，同时也在随着社会的发展与变迁不断地形成新的内容。比如，1986 年至 2019 年人民出版社先后出版的《十二大以来重要文献选编》至《十八大以来重要文献选编》、《十九大以来重要文献选编》；2011 年中央文献出版社出版的《建国以来重要文献选编》（1—20 册）；2014 年至 2022 年外文出版社先后出版的《习近平谈治国理政》（第一至第四卷），1998 年至 2010 年何东昌等主编，海南出版社先后出版的《中华人民共和国重要教育文献》（共五册）等，这些文献资料收录了大量关于大学生劳动教育等方面的内容，为本书提供了重要的方向指引和政策支撑。

（二）研究文献的内容

1. 关于劳动教育的研究

第一，关于劳动教育的内涵界定。目前学界关于劳动教育内涵的研究呈现出多角度、多维度、多方向的特点，各学者以不同的视角切入，分别对劳动教育的概念进行界定，主要包括以下几个方面。

檀传宝认为，劳动教育的内涵包括三个层面的内容：第一个层面是增强学生的劳动素养，促进全面发展；第二个层面是努力帮助学生树立良好的劳动价值观；第三个层面是培养良好的劳动素养。① 柳汐浪从劳动教育的目标任务出发，指出劳动教育的内涵包含正确的劳动观培养、劳动经验获得和劳动习惯养成。② 徐长发、张滢认为，劳动教育在内在层面是要使学生形成正确的劳动观念、劳动习惯、劳动情感、劳动精神；在实践层面是要使学生学会生产技术知识、掌握劳动技能。③ 徐长发认为，劳动教育的多样性特征及其内在联系，决定了劳动教育与综合实践活动二者之间存在明显的区别。劳动教育具有独立学科的概念，而综合实践活动则是一种教学的方式。④ 曲霞、刘向兵认为，劳动教育作为全面发展的教育体系的一部分，应从形式和内容两个层面来看，从形式层面来看，劳动教育可以树德、可以增智、可以健体、可以育美；从内容层面来看，劳动教育具有其独特价值，体现在劳动教育可以提升国民整体综合素质。⑤ 孙振东、康晓卿认为，劳动教育有狭义和广义之分，狭义的劳动教育就是以思想政治品德为目的的劳动教育，属于德育的内容。而广义上讲有三重含义，首先属于德育内容；其次是作为"五育"内容的劳动技术教育；最后是实现劳动教育育人目标重要途径的劳动活动。⑥

第二，关于劳动教育作用和目的的研究。关于劳动教育，在厘清其内涵的基础上，必须发现其究竟起到了怎样的作用，了解开展劳动教育的目的究竟是什么；对于劳动教育的作用和目的，很多学者都论述了自己的观点。苗小燕、张冲通过马克思主义关于人的全面发展理论等方面的论述，认为劳动教育对于德育的开展具有一定的推动作用。⑦ 徐海娇从马克思关于人的全面发展的理论出发，认为

---

① 檀传宝：《劳动教育的概念理解——如何认识劳动教育概念的基本内涵与基本特征》，《中国教育学刊》2019 年第 2 期。
② 柳汐浪：《全面准确地把握劳动教育内涵》，《教育研究与实验》2019 年第 4 期。
③ 徐长发、张滢：《为什么劳动教育是人生第一教育》，《中国民族教育》2020 年第 6 期。
④ 徐长发：《新时代劳动教育再发展的逻辑》，《教育研究》2018 年第 11 期。
⑤ 曲霞、刘向兵：《新时代高校劳动教育的内涵辨析与体系建构》，《中国高教研究》2019 年第 2 期。
⑥ 孙振东、康晓卿：《论"劳动教育"的三重含义》，《社会科学战线》2021 年第 1 期。
⑦ 苗小燕、张冲：《"劳动树人"的科学性与先进性——基于知识图谱的具身德育核心观点可视化研究》，《中国特殊教育》2018 年第 3 期。

培养全面发展的人是劳动教育的目的,这是劳动教育的本质诉求和应然状态。① 徐长发认为,劳动教育的核心目的是保证各年龄段的学生能够逐渐地树立起正确的劳动价值观,同时,劳动教育不能止步于此,最终要促进全体人民树立正确的劳动价值观。② 班建武指出,劳动教育一直以来都是以工具性的功能存在,旨在满足个人的谋生问题,但当前劳动以及劳动教育虽然之于个体而言,依然具有重要的工具性价值。另外,劳动教育将逐渐走向对自我价值的实现。③ 肖绍明、扈中平进一步提出了新时代劳动教育的目的,指出新时代劳动教育承载着建设新时代教育发展道路的重要使命,其首要任务就是防止劳动教育的异化。④

第三,劳动教育在党的教育方针中的发展与演变。李珂、曲霞通过深入研究 1949 年以来劳动教育在党的教育方针中的发展路径,发现劳动教育不论在哪个时期都具有重要的地位,但其实施效果却有时不尽如人意,这体现出了一种外生性特点。⑤ 祁占勇通过研究中华人民共和国成立以来劳动教育政策的价值选择及其变迁发现,在一定历史时期,价值理性的发展受到了一定的影响和制约,这种影响与制约来源于工具理性的膨胀。回归到劳动教育政策的发展过程,即劳动教育政策在工具主义的影响下,过度重视生产效率、经济发展等使得其内在精神的发扬被限制,人们忽视了精神层面的高层次追求。⑥ 赵长林则通过中华人民共和国成立 70 余年劳动教育思想的演进与课程的变迁,发现劳动教育一直以来都是以教育与生产劳动相结合为基础,在这个基础上,纵向比较各个时期劳动教育的开展情况,发现其内涵、教育方式、实践内容等都随着生产力的提高、经济的发展、社会的进步处于一个不断发

---

① 徐海娇:《劳动教育的价值危机及其出路探析》,《国家教育行政学院学报》2018 年第 10 期。
② 徐长发:《新时代劳动教育再发展的逻辑》,《教育研究》2018 年第 11 期。
③ 班建武:《"新"劳动教育的内涵特征与实践路径》,《教育研究》2019 年第 1 期。
④ 肖绍明、扈中平:《新时代劳动教育何以必要和可能》,《教育研究》2019 年第 8 期。
⑤ 李珂、曲霞:《1949 年以来劳动教育在党的教育方针中的历史演变与省思》,《教育学报》2018 年第 5 期。
⑥ 祁占勇:《新中国成立 70 年来我国劳动教育政策的价值选择及其变迁》,《国家教育行政学院学报》2019 年第 6 期。

展的过程中。①

第四，关于劳动教育存在问题的研究。徐海娇指出，劳动教育存在价值危机，究其根源主要包括以下几个方面：第一，文化困惑，即对传统文化的传承不足、受到不良消费思潮的冲击、教育呈现出城市化和精英化的取向。第二，制度缺位，即学校家庭与社区的割裂、缺少长效化组织机制。第三，评价失位，即学科失衡、唯分数论。第四，条件空位，即师资力量整体质量不佳、课程资源严重不足。②徐长发指出，在劳动教育的实践层面上，首先存在劳动教育地位缺失的问题，具体来说就是对劳动教育的价值、地位和作用认识不足，学校的劳动教育实践不足，以及家庭过于重视成绩形成轻视劳动的局面。其次存在劳动教育课程政策刚性不足的问题，具体来讲包括未能明确劳动教育的地位，影响了政策的设计；针对课程开发，劳动教育缺乏顶层设计和系统规划；在课堂教学层面，政府、学校、家庭和社会缺乏对劳动资源使用的融合机制。③

第五，劳动教育路径研究。关于劳动教育的路径研究，大都从社会、学校、家庭这几个角度出发。曾天山、顾建军认为，劳动教育的途径包括拓展家庭资源、挖掘学校资源、连通企业资源和开发社会资源等层面。④从学校层面来看，班建武认为，劳动教育作为教育与生产劳动相结合的重要途径，需要对马克思主义关于教育与生产劳动相结合的实质有完整、准确的认识。⑤从社会层面来看，刘向兵、李珂、彭维峰认为，应打通劳动教育实施路径，强化社会实践育人，具体包括实践教学课程的增加、创新创业项目的积极参加、投身于志愿服务、工学结合等各种劳动教育方式，由此促使学生尊重劳动、热爱劳动。⑥李珂、蔡元

---

① 赵长林：《新中国成立 70 年我国劳动教育思想的演进与劳动课程的变迁》，《国家教育行政学院学报》2019 年第 6 期。
② 徐海娇：《劳动教育的价值危机及其出路探析》，《国家教育行政学院学报》2018 年第 10 期。
③ 徐长发：《新时代劳动教育再发展的逻辑》，《教育研究》2018 年第 11 期。
④ 曾天山、顾建军主编：《劳动教育论》，教育科学出版社 2020 年版，第 239—264 页。
⑤ 班建武：《劳动教育应有新的内涵特征与实践路径》，《中小学德育》2019 年第 11 期。
⑥ 刘向兵、李珂、彭维峰：《深刻理解新时代加强劳动教育的重大意义与现实针对性》，《中国高等教育》2018 年第 21 期。

帅认为，在劳动教育开展的基础设施建设中，应注重对实践场所的丰富和实践基地的建立。丰富多样的劳动实践有利于培养大学生的创新思维，提升大学生创造性劳动的能力。① 徐长发认为，劳动教育开展需要一系列的保障措施，主要包括公共资源、财政、师资力量、教学配备水平等，从而提供可持续发展的资源保障。② 从家庭层面来看，何云峰认为，家庭应建立劳动与人性之间的联结、建立劳动与现实生活中所有享用的一切之间的联结、建立劳动与自食其力之间的联结，以此充分发挥家庭在劳动教育中的基础性作用。③ 文新华认为，应通过学校与社会的劳动实践活动与家庭合作教育，引导学生从事适当的家务劳动等，使学生形成正确的劳动认知、良好的劳动习惯和高尚的劳动情感。④ 胡睿认为，要在家庭教育中加强对孩子劳动精神的培养，以锻炼其勤劳向上的品格；并在家庭教育中培养孩子的劳动习惯和劳动技能，以激发其热爱生活的态度与提升其实践创新的能力。⑤

2. 新时代大学生劳动教育

第一，新时代大学生劳动教育的内涵。刘向兵通过对习近平总书记关于劳动的重要论述的探析，进一步发掘了新时代大学生劳动教育的内涵，即应使大学生逐渐形成正确的劳动价值观、提升劳动技能水平、培育优良劳动品德。⑥ 曲霞、刘向兵则基于以往关于劳动教育的概念分析，结合新时代劳动教育发展的新要求，认为新时代高校劳动教育是高等教育人才培养体系的重要组成部分，其内容主要包括思想教育、技能提升和实践锻炼三个层面。⑦

---

① 李珂、蔡元帅：《陶行知劳动教育思想对新时代加强大学生劳动教育的启示》，《思想教育研究》2019 年第 1 期。
② 徐长发：《新时代劳动教育再发展的逻辑》，《教育研究》2018 年第 11 期。
③ 何云峰：《论家庭在劳动教育中的基础作用》，《劳动教育评论》2020 年第 2 期。
④ 文新华：《论以新时代马克思主义劳动观为指导深入推进劳动教育》，《中国高等教育》2018 年第 21 期。
⑤ 胡睿：《在家庭教育中有机融入劳动教育》，《中国教育学刊》2019 年第 1 期。
⑥ 刘向兵：《新时代高校劳动教育的新内涵与新要求——基于习近平关于劳动的重要论述的探析》，《中国高教研究》2018 年第 11 期。
⑦ 曲霞、刘向兵：《新时代高校劳动教育的内涵辨析与体系建构》，《中国高教研究》2019 年第 2 期。

第二，新时代大学生劳动教育的目标。郭长义认为，新时代大学生劳动教育的主要目标就是提升大学生的劳动素养，包括引导学生树立正确的劳动观、尊重劳动并尊重劳动者、培育具有社会担当和创新思维的劳动精神；学会生活和生产过程中的必备劳动技能。[1] 刘向兵认为，新时代高校劳动教育在目的取向上是追求内在价值与外在价值的和谐统一。首先，引导大学生在劳动创造中培养创新思维，获得劳动的幸福感；其次，提升自身的社会责任感，甘于奉献于国家建设中；同时，具备一定的劳动技能和创新水平，成为国家建设的高水平人才。[2]

第三，大学生劳动教育的现状分析。裴文波、岳海洋、潘聪聪选取了上海某高校作为样本，对大学生劳动观进行了深入的调查和分析，主要采用的是定量研究和定性研究相结合的方法。通过数据调查和实证分析发现，劳动价值取向有功利化趋势、劳动态度日益消极、劳动意愿出现差异化局面、劳动能力逐渐弱化。他们还发现大学生劳动教育存在高校、社会、家庭和个人的问题：高校教育存在着"重智育轻德育"的问题，社会劳动精神的宣传力度不足，家庭劳动习惯培养不足，大学生劳动主动性失衡。[3] 王飞、徐继存则选取了两个省份的大、中、小学分别进行了数据调研和分析，发现在高校将劳动教育纳入学分体系的比例较低，大学生对劳动教育价值的认同度低于中小学生，同时，大学生群体认为没有必要开设劳动教育课程的原因主要集中在缺乏价值和意义。从这些认识中可以看到，大学生对劳动教育的理解与认识依然存在一定的错误观念。[4]

第四，劳动教育对思想政治教育的强化。刘向兵、李珂、彭维锋以

---

[1] 郭长义：《人的全面发展视域下的新时代高校劳动教育研究》，《辽宁大学学报》（哲学社会科学版）2019 年第 4 期。

[2] 刘向兵：《新时代高校劳动教育的新内涵与新要求——基于习近平关于劳动的重要论述的探析》，《中国高教研究》2018 年第 11 期。

[3] 裴文波、岳海洋、潘聪聪：《高校大学生劳动教育的多维透视》，《学校党建与思想教育》2019 年第 4 期。

[4] 王飞、徐继存：《大中小学劳动教育实施现状的调查研究》，《课程·教材·教法》2020 年第 4 期。

中国劳动关系学院的实践经验指出，劳模精神的弘扬，有利于大学生积极践行社会主义核心价值观；在师资壮大方面，通过聘请劳模导师的形式，为学校的思想政治教育队伍提供力量；将传统宣传阵地与新媒体平台有机结合，树立起"崇尚劳动、崇尚创造"的新时代劳动价值观；以劳动模范走进课堂与思政课教师共同授课的形式，进一步强化理论知识和思想引领。① 李珂从高校劳动教育对立德树人根本任务的支撑维度探讨了大学生劳动教育对思想政治教育的强化作用。其一，通过劳动教育可以进一步落实思想政治教育的实践性，通过实践实现人生理想。其二，劳动教育与思想政治教育都具有价值观的引导作用，可以进一步强化思想政治教育的价值观引导功能。其三，劳动教育是以实践育人的方式开展，进一步丰富了思想政治教育的路径。其四，劳动教育通过以文化人的方式、通过潜移默化的影响增强了思想政治教育在育人过程中对学生的吸引力。② 张威进一步探索了劳动教育与思想政治教育的密切关系。首先，从目标的维度来看，劳动教育能够进一步保障思想政治教育的目标；其次，从内容维度来看，劳动教育能够进一步把握思想政治教育的内容；最后，从教育方法的维度来看，劳动教育能够进一步创新思想政治教育的方法。③

第五，大学生劳动教育的实践路径。李珂、蔡元帅指出，大学生劳动教育在发展路径中，应把握内在精神的影响和激励，不论是在理论还是实践中都要重视劳模精神、劳动精神和工匠精神的重要作用。④ 刘向兵指出，高等教育是直接面向职业的教育，在高校各个专业中的教学都要带有劳动教育的性质，一定要把握好劳动教育的融合与创新。在教育实践过程中，一方面要使学生在专业学习中筑牢基础，另一方面要

---

① 刘向兵、李珂、彭维峰：《深刻理解新时代加强劳动教育的重大意义与现实针对性》，《中国高等教育》2018 年第 21 期。

② 李珂：《行胜于言：论劳动教育对立德树人的功能支撑》，《教学与研究》2019 年第 5 期。

③ 张威：《劳动教育融入大学生思想政治教育的价值及启示》，《中国高等教育》2020 年第 20 期。

④ 李珂、蔡元帅：《陶行知劳动教育思想对新时代加强大学生劳动教育的启示》，《思想教育研究》2019 年第 1 期。

将专业课内容与实习实践相结合；一方面加强学生的思想政治教育以传导正确的价值观，另一方面要将劳动教育的内容和精神相结合；一方面要在日常的研究学习中使学生掌握技能，另一方面要通过劳动教育培养学生的创新思维。① 岳海洋提出，高校加强劳动教育可以从以下几个方面进行实践：其一，要创新劳动教育理念。在思想认识上应加强教师与学生在劳动的观念和特点上达成共鸣；在劳动教育的主体作用中不能局限于课程教师，应当发挥高校的各种资源，实现多元主体的协同发展。充分发挥学生作为教育客体所具有的主体性和高校各部门在劳动教育中的作用；在教育内容上，进一步挖掘劳动教育的本质内涵以及外延。其二，要进一步探索高校劳动教育的丰富路径，深刻挖掘高校思政课和专业课中的劳动教育内涵；整合校内资源，将校内各部门的师资力量和资源配备都落到实处；加强劳动教育与思想政治教育的深度融合，在日常的思政课教学中融入劳动教育的内容。其三，通过顶层设计，除了资金保障、师资保障等内容，还要进一步为高校劳动教育的开展提供制度保障；构建家庭、学校、社会联动的劳动教育互动机制。② 孟国忠提出，高校劳动教育应通过提高思想认识、坚持德育为先、坚持以生为本加强价值引领；通过强化专业性劳动实践、强化创新性劳动实践、强化社会服务性劳动实践来提升劳动教育的实效性；通过在日常的学习生活和社会实践等场景融入劳动教育的元素，提升学生对劳动教育的认可度和接受度；通过对工匠精神、劳模精神等优秀精神的广泛宣传，形成校园内独特的文化氛围，在这种积极向上的氛围中进一步增强劳动教育的和谐感。③

（三）国内研究综述评价

国内目前有关大学生劳动教育的研究内容比较丰富，研究角度、研

---

① 刘向兵：《新时代高校劳动教育的新内涵与新要求——基于习近平关于劳动的重要论述的探析》，《中国高教研究》2018年第11期。

② 岳海洋：《新时代加强高校劳动教育的价值意蕴与实践路径》，《思想理论教育》2019年第3期。

③ 孟国忠：《高校劳动教育价值实现的机理研究》，《学校党建与思想教育》2019年第14期。

究方法也比较多，然而也存在以下四点不足之处。

第一，研究内容具有一定的单一性，即仅仅针对劳动教育其本身进行研究，包括劳动教育的内涵、作用、目的、问题、路径等层面。这些层面的问题都已经形成一定的研究成果，但很少有学者谈到思想政治教育与劳动教育之间的联系，以及劳动教育在实现立德树人这项根本任务当中的作用，因此出现了研究成果的单一化。

第二，对劳动教育内涵的研究具有多元化的特点，但这种丰富化的研究反而没有形成一个较为统一的、较为确定的、具有时代特点的内涵，同时也没有突出劳动教育在五育并举的过程中本身所具有的个体性，即劳动教育是与德智体美相并列的一个概念，需要对其含义和界限做出明确的区分，从而才能保证立德树人的根本任务和五育并举的目标落地、落细、落实。

第三，以定性分析与定量分析相结合的研究方法进行劳动教育研究的学者不多，大多数学者采取的依然是定性分析，通过概念和内涵的分析和对党的教育方针的解读来研究劳动教育，对问题的分析缺少科学的数据支撑。

第四，缺少评价指标体系的构建，新时代大学生劳动教育的开展与顺利实施除了课程、师资、制度等方面的力量支持与保障措施，评价指标体系也不可或缺。评价指标体系是对新时代大学生劳动教育开展情况的一个科学反馈。

第三节　研究思路

本书以马克思主义理论为基础，以习近平新时代中国特色社会主义思想为指导，以新时代大学生劳动教育的开展现状为研究对象。在内涵层面，进一步探讨了关于劳动的内涵、劳动教育的内涵、新时代大学生劳动教育的内涵和外延；并通过对劳动教育与思想政治教育相关性的分析，探索思想政治教育与新时代大学生劳动教育的耦合与同构，并发现新时代大学生劳动教育在与思想政治教育的耦合与同构中所形成的强化作用；进一步通过梳理马克思主义理论体系中关于劳动和劳动教育的相关理论，确立新时代大学生劳动教育的理论基础。通过对中国古代劳动观和劳动教育理念的梳理、对中国近代教育家们的劳动教育思想和职业教育思想和实践的梳理，以及对苏联教育家们在劳动教育实践中产生的思想和理论的梳理，挖掘新时代大学生劳动教育的理论渊源。再通过对中华人民共和国成立以来劳动教育在党的教育方针中的演变和实践历程的梳理，发现劳动教育在中华人民共和国成立以来的实践层面上是如何发展的，并从中发现劳动教育的发展规律以及劳动教育在发展过程中存在的包括综合素质评价体系发展较晚、亟须构建新时代大学生劳动教育评价指标体系等问题。通过对理论基础与实践经验的学习与总结，构建新时代大学生劳动教育的评价指标体系，以各时代大学生代际差异分析的方式，找到"00后"大学生的代际特征，将其作为调查对象，结合"00后"大学生劳动教育现状调查的实证调研与因子分析，分析新时代大学生劳动教育存在哪些层面的问题，最终针对问题寻找完善路径。

具体来说，本书的基本研究思路可以从以下四个方面进行总结。

第一，坚持一条主线。以习近平总书记关于劳动教育的重要论述为思想引领，将这一主线贯穿于新时代大学生劳动教育研究的全过程。

第二，围绕两个基础。围绕新时代大学生劳动教育的理论基础和实践基础进行论证，在理论和实践一体化的互动中明确新时代大学生劳动教育的目标指向、理论体系和实践路径。

第三，把握三个层次。从本体论、价值论、方法论三个层次来剖析新时代大学生劳动教育的内容体系。本体论主要阐释新时代大学生劳动教育的相关内涵外延、时代特征、核心议题、面临误区等问题。价值论主要阐明新时代大学生劳动教育的价值立场和价值意义。方法论主要体现新时代大学生劳动教育的方法、具体构建的原则、路径等。

第四，实现四个统一。遵循历史与逻辑、理论与现实、继承与发展、系统与要素统一。在历史进程考察中厘清劳动教育的经验教训的内在逻辑；在新时代中国特色社会主义的现实进程中阐释劳动教育的理论基础；在继承已有经验的同时，对劳动教育的理论、实践及价值选择进行创新与发展；对劳动教育评价系统构建中注重对各系统基本要素的分析。

基于本书的研究思路,最终形成本书的研究框架图(详见图1-1)。

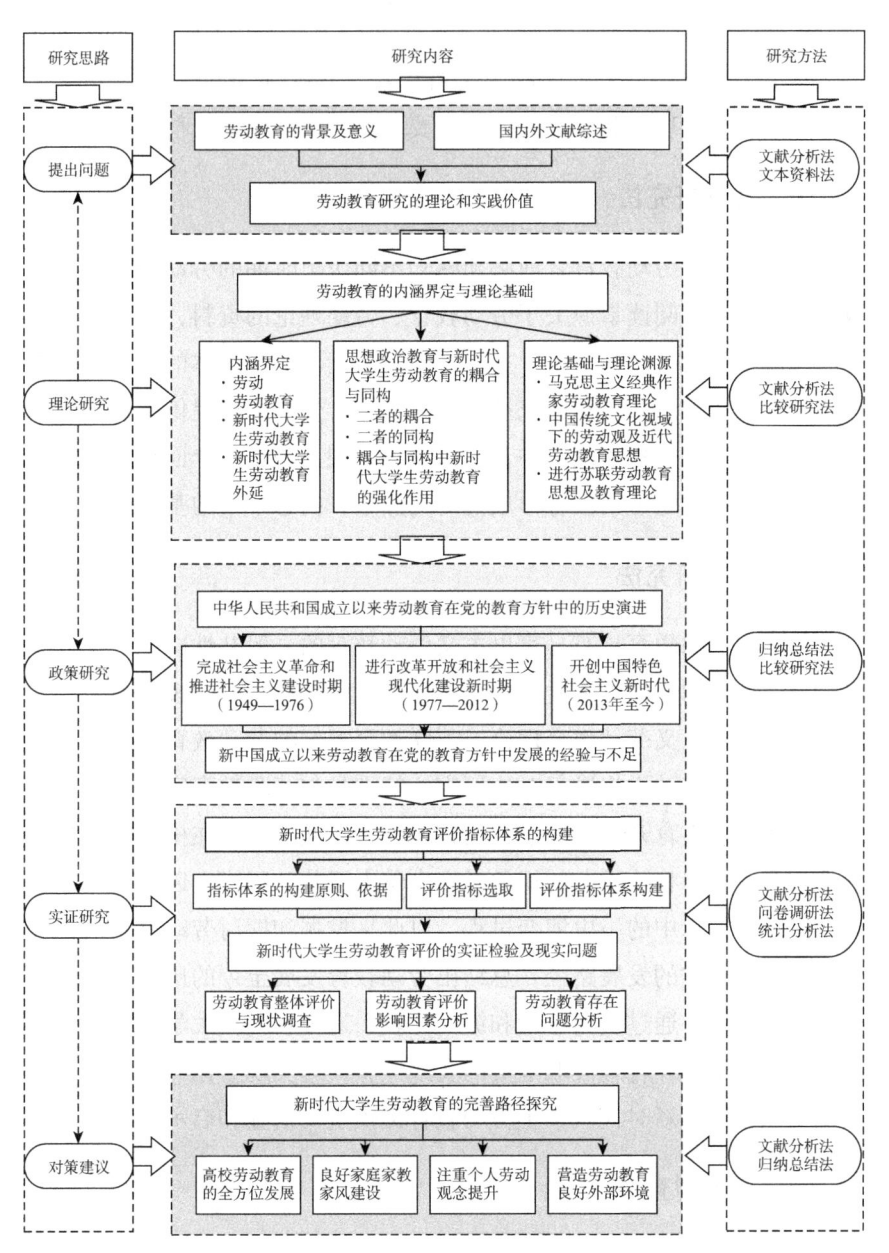

图1-1 研究技术路线

第四节 研究方法

本书坚持以马克思主义的唯物辩证法与历史辩证法为根本指导原则，基于观点、理论和现实的分析需要，具体采用以下几种研究方法。

一 文献研究法

研究大学生劳动教育之前必须熟知不同历史时期的劳动理论和劳动教育思想，必须阅读掌握关于劳动教育、劳动理论的资料，包括经典著作的选读、重大会议的记录、重要文献的研读、新闻媒体的报道等。这些研究成果在理论分析和研究视角等方面为本书的构思提供了重要参考和启发。在这种积累和沉淀中，可以更加客观、公正、全面地把握所要研究的问题，清楚劳动教育形成的历史脉络，构思本书的基本框架。

二 比较研究法

我国的劳动教育具有马克思主义劳动教育的一般共性，同时又呈现出自身所特有的个性。因此，针对我国大学生劳动教育的理论研究，应尝试与马克思主义劳动教育理论、苏联教育家们的劳动教育理论以及西方诸多学者的劳动思想进行对比研究，特别是与苏联教育家的劳动教育理论以及劳动教育开展形式进行比较研究。与此同时，在横向比较研究的基础上，本书将从纵向的视角考察中华人民共和国成立以来劳动教育在党的教育方针中的历史演变过程，以此来挖掘和探讨劳动教育的内涵转变和开展形式的发展路径，总结出劳动教育发展至今的历史经验并发现存在的问题，通过横向考量和纵向比较，透视新时代大学生劳动教育的优势与不足，并合理汲取宝贵的实践经验，为实现立德树人的根本任务、为顺利开展新时代大学生劳动教育提供重要借鉴和启示。

三 问卷调查法

通过广泛阅读相关研究成果，了解研究现状，逐步加深对大学生劳动教育这一问题的认识。在充分参考其他学者研究成果的基础上，根据自己的问题方向列出问卷的基本结构。同时向调查目标学校的部分辅导员与教师展开问题征集，随后进行问题分类，完成问卷的设计，之后将设计好的问卷进行信度和效度的检验。回收问卷后，将采用数理统计法，运用 Stata 等统计软件对回收数据进行处理分析。最终将在实证主义方法论的指导下，通过规范、统一的调查资料，通过足够大的样本量进行调查，依据问卷调查获得的一手资料进行深入的研究分析。

第五节 研究的创新点

一 理论层面的创新

在理论层面，进一步阐释了思想政治教育与新时代大学生劳动教育的耦合性，将这二者完全联系在一起。基于当前的研究现状可以看到，关于劳动教育的研究大都是从劳动教育本身出发，对劳动教育的内涵、目标、任务、路径等各方面都形成了一定的研究成果，凸显了劳动教育的学科属性和发展的独立性。但是，劳动教育作为"五育"并举的教育内容之一，其本身依然存在与其他学科的密切关联性。本书则论述了劳动教育与思想政治教育之间教育主体、教育对象、目标和任务的耦合，以及教育内容、内在功能、师资队伍的同构，并发现在耦合与同构中新时代大学生劳动教育在教育方法、教育载体、教育过程等方面的强化作用。

二 实践层面的创新

当前，针对新时代大学生劳动教育的研究在实践层面大多以政策、建议等形式进行实践层面的指导，但是缺少量化的分析和评价方法。本书通过构建评价指标体系和实证研究的方式进行了量化分析，通过构建新时代大学生劳动教育的评价指标体系，利用指标权重进行打分。该体系包括大学生的劳动技能、劳动实践、劳动价值观、劳动精神等层面，将其作为体系的评价指标，并形成一个可量化的评判标准，不仅通过分析数据发现问题，还要通过标准化的评价指标体系进行理性评价，这也是本书的一大创新之处。

第二章　劳动教育的内涵界定与理论基础

　　开展新时代大学生劳动教育，明确其内涵是首要任务，而仅仅立足于当前针对大学生劳动教育的任务和目标去进行内涵界定是远远不够的。因此，有必要将新时代大学生劳动教育进行分解，针对劳动、劳动教育和新时代大学生劳动教育进行逐一分析。其中，劳动是新时代大学生劳动教育的核心概念，可以通过中国传统文化中的劳动理念和西方不同时期哲学家关于劳动的阐释去探索关于劳动的思想发展，在此前提下，立足于马克思主义理论视域下的劳动，进一步明确劳动的内涵。在明晰劳动内涵的基础上，我们将更加清晰地透视劳动教育，劳动教育是一个较为宏观的概念，其教育客体不仅包含大中小学各个学段的学生，还包括每一位公民；其内涵也并非一成不变，而是随着社会的发展而不断发展，因此应立足于新时代劳动教育的时代内涵。新时代大学生劳动教育作为劳动教育的一个重要环节，其本身具有鲜明的时代属性，同时也实现了受教育群体的范围界定，更加具有针对性。同时，应根据新时代大学生劳动教育的内涵进一步分析其外延，以实现新时代大学生劳动教育内涵的饱满化和完整化。

　　随着德智体美劳"五育"并举的大力开展，劳动教育的重要性逐渐走进人们的视野，其发展也越来越走向独立化和融合化。其独立化体现在劳动教育经历了七十余年的发展，逐渐发展成一门独立的学科，走出单纯的德育范畴。而其融合化则体现在当前劳动教育的内容和形式更加多元化与丰富化，在教育与生产劳动和社会实践相结合基本方针的指导下，开始追求与德育、智育、美育和体育的深度融合。因此，在当前推进高校"大思政课"建设的背景下，有必要将大学生劳动教育融入其中，基于新时代大学生劳动教育的内涵和外延，通过分析新时代大学生劳动教育与思想政治教育的耦合与同构，探索在思想政治教育学科视角下开展劳动教育的方式，力求使正确的劳动价值观和劳动精神入脑入心。

新时代大学生劳动教育实践的开展，一方面离不开内涵的界定，以准确的内涵充实其内容、目标和任务；另一方面离不开理论基础的指导，以提供实践的正确方向。新时代大学生劳动教育的开展必须以马克思主义理论为基础，深入学习其中的劳动理论和劳动教育思想、列宁的劳动教育思想和中华人民共和国的党和国家领导人的劳动教育思想，在马克思主义经典作家劳动教育理论的指导下，以正确的思想方向开展新时代大学生劳动教育。同时，还应进一步挖掘中华优秀传统文化和近代思想家、教育家们针对劳动教育的实践历程，将不同时代的劳动精神和优秀劳动教育理念传承下去。

第一节　劳动教育的内涵界定

一　劳动的内涵

人类社会的各种活动无不是建立在劳动的基础之上，劳动实践与社会发展息息相关。同时，劳动精神也是推进党和国家事业发展的内在动力。人类劳动不仅是现实社会性本质生成的根据，也是推进人类不断认识世界、改造世界和解放自身的历史前进动力。劳动作为一项日常生活中人人都会进行的实践活动，对于每个人来说都非常熟悉，且对这一概念的认识已经有很长时间的历史了。但细究其含义，从古至今中西方都对"劳动"这一概念进行过阐述。

战国时期，《庄子·让王》中记载："春耕种，形足以劳动；秋收敛，身足以休食。"[1] 宋代陈师道、朱彧所著《后山丛谈萍州可谈》提道："但人生恶安逸，喜劳动，惜乎非中庸也。"[2] 从中可看到，古人对

---

[1] （战国）庄周：《庄子》，刘枫主编，阳光出版社2016年版，第207页。
[2] （宋）陈师道、（宋）朱彧：《后山丛谈萍州可谈》，中华书局2007年点校本，第326页。

劳动单纯指体力劳动，即劳作。在《辞海》中，关于"劳动"的释义是，"人们改变劳动对象使之适合自己需要的有目的的活动。"① 通过《辞海》的释义可知，劳动就是劳动力的使用，这种劳动力使用的性质会随着社会属性的改变而改变，同时也应包含体力劳动和脑力劳动。而在工业革命的背景下，机器的发明开始替代手工，人们开始认识劳动对改造自然的作用，亚当·斯密在威廉·配第的影响下，发现劳动是价值的普遍尺度和正确尺度。受到古典政治经济学的影响，黑格尔（G. W. F. Hegel）进一步将劳动作为意识与自然的中介过程，进一步将劳动从具体转变为抽象，从个体转变为一般。由此可以看到，不同时期、不同社会属性背景下的劳动都有不同的内涵，每一位思想家都对劳动提出了开创性的见解，但又未能看到其真正的本质。随着马克思和恩格斯对前人思想的继承与创新发展，劳动的本质被不断发掘。因此，在探析劳动内涵时，必须在马克思主义理论的基础上来进行，同时也要在把握劳动核心内涵的基础上，注意其外延是随着时代的发展而不断发展变化的。

对于劳动，马克思首先做了如下论述："劳动首先是人和自然之间的过程，是人以自身的活动来中介、调整和控制人和自然之间的物质变换过程。"② 从马克思关于劳动的论述中可以看到，劳动是一种物质变换的过程，是人的主观作用于客观自然世界的实践活动，从其关于劳动的不同方面的论述中，具体还可以从以下几个维度进行探究。第一，从人类学的角度来讲，劳动决定了人类的生存与发展，是人类的本质活动。在《1844年经济学哲学手稿》中，马克思提道："一个种的整体特性、种的类特性就在于生命活动的性质，而自由的有意识的活动恰恰就是人的类特性……因此，正是在改造对象世界中，人才真正地证明自己是类存在物。"③ 即劳动创造了人本身。第二，从历史唯物主义的视角上来看，"整个世界历史不外是人通过人的劳动而诞生的过程"④。这体

---

① 《辞海》第2册，上海辞书出版社2009年版，第1306页。
② 《马克思恩格斯全集》第44卷，人民出版社2001年版，第207—208页。
③ 《马克思恩格斯全集》第3卷，人民出版社2002年版，第273—274页。
④ 《马克思恩格斯文集》第1卷，人民出版社2009年版，第196页。

现了历史唯物主义的观点,即劳动创造历史。第三,在《资本论》中,马克思提出了劳动的二重性:"一切劳动,一方面是人类劳动力在生理学意义上的耗费;……它形成商品价值。一切劳动,另一方面是人类劳动力在特殊的有一定目的的形式上的耗费;……它生产使用价值。"①即具体劳动生产商品的使用价值,抽象劳动生产商品的价值。第四,在异化劳动的基础上,马克思提出消灭异化的劳动将会实现人的全面发展。"群众的剩余劳动不再是一般财富发展的条件,同样,少数人的非劳动不再是人类头脑的一般能力发展的条件。……并不是为了获得剩余劳动而缩减必要劳动时间,而是直接把社会必要劳动时间缩减到最低限度。那时,与此相适应,由于给所有的人腾出了时间和创造了手段,个人会在艺术、科学等方面得到发展。"②

通过对马克思主义劳动观的探究,新时代背景下的劳动作为一项实践活动,既是体力劳动也是脑力劳动,不论是付出体力还是付出脑力,都是劳动实践活动,都创造价值。因此,本书对劳动进行如下定义:首先,劳动是一种实践活动;其次,劳动的形式既包括体力劳动也包括脑力劳动,劳动的成果是创造物质和精神财富;最后,劳动具有创造性和积极性,最终的目的是实现人自身的全面发展。

二 劳动教育的内涵

(一)何为劳动教育

分析以往劳动教育的有关定义可以发现,人们对劳动教育的本质属性认识大体从以下几方面着手进行不断完善。

第一,将劳动教育作为从属内容,即德育的一部分。《辞海》对劳动教育的定义是:"劳动教育是对学生进行热爱劳动和劳动人民、珍惜劳动成果、树立正确的劳动观点和劳动态度、通过日常生活培养劳动习惯和技能的教育活动。"③ 在《中国大百科全书·教育》中则将劳动教育定义为:"使学生树立正确的劳动观点和劳动态度,热爱劳动和劳动

---

① 《资本论》第一卷,人民出版社2004年版,第60页。
② 《马克思恩格斯全集》第31卷,人民出版社1998年版,第101页。
③ 《辞海》第2册,上海辞书出版社2009年版,第1307页。

人民，养成劳动习惯的教育，另是德育的内容之一。"[1] 这两个定义一个侧重于劳动观和劳动技能的培育，另一个侧重于劳动教育的德育属性。劳动教育是否可以被认定为德育的一部分，首先要探究德育究竟是怎样的一种教育形式。从课程体系的角度来看，德育是思想政治教育的一部分，强化和培育学生的思想道德修养，增强法治意识。其培育体系包括正确的人生观教育；坚定理想信念的培育，加强对马克思主义和共产主义的信仰、对中国特色社会主义的信念、对实现中华民族伟大复兴的信心，将个人理想与社会理想有机结合；培育社会主义核心价值观；坚守社会主义道德，发扬传统美德，积极投身实践；提升法治素养几个方面。从德育的教育体系来看，确实有和劳动教育交叉的地方，比如德育在恪守职业道德层面上首先就提出了劳动观念的概念，要树立正确的职业观要树立正确的劳动观。其次，劳动教育与道德教育不仅仅是一种约束，约束人们恪守准则，兢兢业业；也是让人们真正地热爱，享受其中，实现价值。最后，德育不仅是对个人行为的一种约束和限制，也是"从中可以得到愉快、幸福与满足；得到自我的充分发展与自由；得到唯独人才能有的一种最高享受"[2]。由此可以看到，德育与劳动教育存在交叉的地方、存在同样的理念，但是具体的内容还是有所不同的，劳动教育不能仅仅局限于道德教育，需要更加细化的解释。

第二，劳动教育与技术教育。在顾明远主编的《教育大辞典》中对劳动教育的定义是："劳动、生产、技术和劳动素养方面的教育。主要任务是（1）培养正确的劳动观点。……（2）培养正确的劳动态度。……（3）培养学生良好的劳动习惯，……（4）使学生获得工农业生产基本知识和技能。"[3] 该定义除了对劳动观和劳动态度的解释外，还强调了劳动教育是一种技术教育，侧重点在于将劳动与工农业生产技术相结合。针对这种解释，其本身具有一定的时代属性，不过并不适用于目前的发展；随着工业水平的飞速发展和智能化的普及，新时代劳动教育已不仅仅体现生产力层面，还将其作为生产技术的教育；必须看到

---

[1] 《中国大百科全书·教育》，中国大百科全书出版社1985年版，第218页。
[2] 鲁洁：《试论德育之个体享用性功能》，《教育研究》1994年第6期。
[3] 顾明远主编：《教育大辞典》第1卷，上海教育出版社1990年版，第168页。

劳动教育在认识和实践层面所具有的广泛作用和对人的全面发展所具有的重要作用，在这个基础上，应当将生产技术教育作为劳动教育的一部分内容。

第三，劳动教育是对学生正确劳动价值观和劳动品质的培养与强化，并独立于德育、智育、体育、美育的一项教育活动。2020年《教育部关于印发〈大中小学劳动教育指导纲要（试行）〉的通知》中指出，通过劳动的育人功能，培养学生对劳动的热爱和对劳动人民的情感。一方面，不能忽视文化课的开展进度；另一方面，在文化课学习之余，应加强学生对日常劳动、生产劳动和服务性劳动的参与度，"让学生动手实践、出力流汗，接受锻炼、磨炼意志，培养学生正确劳动价值观和良好劳动品质"[①]。目前针对劳动教育的内涵分析应以此为基础，把握劳动教育的育人功能，劳动教育不仅能够使学生具备基本的劳动能力，还能够使学生形成良好的劳动习惯，并最终确立正确的劳动观。

从以上关于劳动教育的定义中可以发现，劳动教育的内涵是不断发展的，从不具有独立性的从属概念，到独立于德智体美的教育活动，劳动教育逐渐地被重视起来，成为一项至关重要的教育形式。在新时代劳动教育的过程中，不仅要厘清劳动教育的概念，还要针对时代背景和发展方向确立劳动教育的目标，从而使劳动教育的内容更加具体化，更好地指导实践活动。

（二）劳动教育的目标

目前，劳动教育已经与德育、智育、美育、体育形成了"五育"并举的局面，其重要性不言而喻。因此，不能仅仅局限于给出劳动教育的抽象性框架和预期，最重要的是让劳动教育具体化，更具有指向性，在实践的过程中做到有目的、有目标、有效果。虽然劳动教育在不同的时期具有不同的意义，但一直以来都是一项不可缺少的教育活动，这与劳动本身的属性密不可分，劳动作为人类的本质活动，决定了人类在实践的过程中必须时刻进行劳动。同时，劳动教育在不同的时期也有不同

[①]《教育部关于印发〈大中小学劳动教育指导纲要（试行）〉的通知》，《中华人民共和国教育部公报》2020年第Z2期。

的指导意见和不同的目标,因此有必要在中国既往关于劳动教育的各项教育方针的基础上,进一步树立劳动教育的目标。

第一,养成良好的劳动习惯。良好的劳动习惯要从小培养,自觉自发地完成自己的事情;在这个过程中逐渐形成奉献精神、乐于助人的品质;积极投身公益性劳动,奉献社会。培养良好劳动习惯,就是要培养自觉自发的劳动习惯,从小事做起,逐渐形成勤劳的优秀品质;就是要培养融入集体的劳动意识,不局限于做自己的事情,还要多帮助其他人,为集体的发展奉献力量,逐渐形成热爱集体的奉献精神;就是要培养积极投身公益的劳动品质,实现公益劳动质的飞跃,要从养成个人良好习惯开始,到积极为集体奉献力量,最终投身于社会建设,通过层层递进的培养,使学生形成服务社会的意识,最终实现个人与社会的有机结合,实现自身价值。

第二,具备一定的劳动能力。学生不仅需要树立正确的劳动价值观,还要在劳动价值观的指导下进行实践,价值观的引导最终是为了给实践指明方向,脱离了实践,一切都是空中楼阁。在劳动能力的培育上,应包含两个方面:体力劳动和创造性的脑力劳动。体力劳动使学生掌握基本的劳动工具,不怕苦不怕累,能吃苦耐劳,养成良好的生活习惯和劳动习惯;随着科技的发展和时代的进步,创造性的脑力劳动愈发重要,习近平总书记指出:"当代工人不仅要有力量,还要有智慧、有技术,能发明、会创新,以实际行动奏响时代主旋律。"[1] 因此,新时代的劳动者不仅要掌握基本的劳动工具,还需要创新性的思维。提及劳动,一般都将其归结为生产生活中付出的体力劳动,但劳动的形式和能力是随着时代发展而不断变化与进步的,从需要吃苦耐劳的精神到吃苦耐劳与创新和智慧的双向并举,说明劳动教育的内容在不断充实与完善。

第三,树立正确的劳动价值观。针对劳动价值观,习近平总书记给出了一个全面且明确的指示:"劳动最光荣、劳动最崇高、劳动最伟大、劳动最美丽。"[2] "四最"将劳动的高尚地位完全彰显。劳动最光荣,劳

---

[1] 《习近平在同全国劳动模范代表座谈时的讲话》,《人民日报》2013 年 4 月 29 日第 2 版。
[2] 《习近平谈治国理政》第 1 卷,外文出版社 2018 年版,第 46 页。

动创造人类、社会和历史，劳动没有高低贵贱之分，每一位劳动者进行的每一项劳动都是光荣的，只要用心投入劳动并充分实现自身的价值，就是光荣的、值得尊敬的。劳动最崇高，随着社会的发展和经济的发展，人们的生活水平有了显著的提升，人们的生活方式产生了巨大的变化，人们接收信息的来源也多种多样。最终形成的弊端也逐渐凸显，包括享乐主义、拜金主义、贪图享受拒绝劳动；金钱至上，对高收入趋之若鹜；不脚踏实地奋斗，通过投机赚快钱，这些消极的价值观正在逐步侵蚀一代又一代年轻人。因此，有必要树立起劳动的崇高地位，指引学生们深刻认识劳动的重要意义。劳动最伟大，劳动是推动人类社会发展的根本力量，是实现人的全面发展的唯一途径。要让学生意识到劳动不仅是一项普通的实践活动，其本质和内在意义都是极为伟大的。劳动最美丽，无数的劳动人民通过艰辛的奋斗和付出，在各自的岗位上彰显着劳动的价值，劳动所体现出的美是一种内在美，在新时代我们把握劳动最美丽的含义就是把握劳动的价值、把握实践的意义。

综上所述，对于劳动教育的含义可以从以下几方面进行阐释。首先，劳动教育具有一般的教育属性，能够发挥劳动的育人功能。其次，劳动教育具有时代性。比较不同时期对劳动教育的解读，可以看到，劳动教育本身具有一定的时代属性，都是以当时的社会环境和社会发展目标而定。从只注重劳动技术、以体力劳动为主的教育氛围到重视脑力劳动、重视创新水平和智慧劳动的教育方式，证明劳动教育是发展的，不是一成不变的。在新时代发展劳动教育，我们要以马克思主义劳动教育观为基础，以实现中华民族伟大复兴的中国梦为目标，积极投身劳动，成为德智体美劳全面发展的人。最后，劳动教育是一种价值观教育。劳动教育不仅要进行技术教育，还包括劳动工具的掌握、劳动技能的学习等，其核心的目标是养成良好的劳动习惯并培养正确的劳动价值观。不仅要会劳动，还要爱劳动，在劳动中实现个人的价值，通过劳动实现个人的全面发展。

三　新时代大学生劳动教育的内涵

新时代大学生劳动教育将劳动教育的对象更加具体化，并具有鲜明的时代属性，此时的劳动教育就不单单是普遍性的劳动教育了。按照学校类别来划分，主要分为小学、初中、普通高中、职业院校、普通高等院校几类。大学生这个群体作为劳动教育的具体对象，一方面是指正在接受高等教育还没有从学校毕业的人群、另一方面是指受过高等教育已经毕业走进社会的人群，也就是接受了普通高等学校学习的这个学生群体。党的十九大报告中提出了中国发展的全新历史方位："中国特色社会主义进入了新时代。"[①] 在新的历史条件下，中国共产党有了新的历史使命，即实现中华民族伟大复兴，这就要求我们深刻理解习近平新时代中国特色社会主义思想。而新时代劳动教育就要在马克思主义劳动观、新中国成立以来党的教育方针和习近平新时代关于劳动教育重要论述的基础上全面开展。据此，新时代劳动教育的整体理念就是形成良好的劳动习惯，具备应有的劳动技能，同时在此基础上发展创造性劳动人才；在内在层面上，在培养劳动观点、形成良好劳动观的基础上，进一步培育劳动精神。但根据受教育群体的不同，劳动教育的形式与要求也会有所不同。小学生侧重于简单的劳动，养成良好的个人习惯，培养集体意识，以家庭和校内劳动为主、社会劳动为辅；初中生则要提高劳动内容的难度，并在加强劳动技能的同时加强校外劳动，从而提升社会责任感和社会公德意识；普通高中学生逐渐走向成年，要开始树立正确的职业观，接触职业、接触社会，逐渐强化社会责任感和奉献精神；职业院校的学生更具有针对性，根据各自专业的不同，有针对性地加强职业技能水平，在实习实训等实践活动的基础上，熟练掌握劳动技能，逐渐形成职业的认同感和自豪感，培育积极的劳动精神和认真负责的劳动态度；对于普通高等院校的学生，需要有以下几点要求：第一，自立自强，养成良好的个人习惯，维持宿舍的卫生、积极参加勤工助学。第二，掌握劳动知识和科学知识，深入开展马克思主义劳动观教育，树立正确的、积极的职业观。第三，提升服务意识和奉献精神，积极参加学校的活动，踊跃报名校外公益活动，逐步形成服务集体、服务社会的意

[①] 中共中央文献研究室编：《十九大以来重要文献选编》上册，中央文献出版社2019年版，第7页。

识。第四，加强实践，在提升劳动技能的基础上培养创新意识，认真学习自身的学科和专业，并运用于实践中，将创新性思维转化为劳动成果。比较以上各个教育阶段的劳动教育目标和要求可知，新时代大学生劳动教育的内涵应该包括以下几项内容：第一，新时代大学生劳动教育的鲜明特征包括时代性、实践性、覆盖性、创新性；第二，新时代大学生劳动教育的独特地位，即新时代高水平人才培养体系的一部分。因此可以从新时代大学生劳动教育特征和地位两个方面阐述其本质。

（一）新时代大学生劳动教育的时代特征

1. 时代性

不同时期的劳动教育具有不同的时代属性，纵观中华人民共和国成立以来关于劳动教育的各项教育方针与诉求，在劳动教育对劳动习惯、技能、观点等方面培养的基础上，还有特定历史时期的特殊需求。中华人民共和国成立初期，推进劳动教育一方面是为了解决学生的就业问题，另一方面是为了国家的生产建设；到了20世纪六七十年代，劳动教育逐渐产生了教育路线的偏离，过度拔高劳动教育的政治属性，弱化脑力劳动；到了20世纪八九十年代，随着社会主义市场经济的发展，劳动教育逐渐转向劳动技术教育，助力社会主义现代化建设。进入21世纪以后，劳动教育开始拓宽范围，除了生产劳动层面，还注重社会实践。从中可以看到，劳动教育一直以来的发展都没有脱离时代性的特征，中国特色社会主义进入新时代，劳动教育也具有了新的时代特征，相应地，新时代大学生劳动教育同样也具有鲜明的时代特征。习近平总书记在党的二十大报告中指出："育人的根本在于立德。全面贯彻党的教育方针，落实立德树人根本任务，培养德智体美劳全面发展的社会主义建设者和接班人。"[1] 因此，新时代大学生劳动教育在不同时期具有新的发展，其时代特征体现在劳动教育学科的独立化，形成"五育"并举的发展局面，通过"五育"并举和"五育"融合，不断向立德树人的根本任务进发。新时代的历史任务是实现中华民族伟大复兴，是实

---

[1] 习近平：《高举中国特色社会主义伟大旗帜 为全面建设社会主义现代化国家而团结奋斗——在中国共产党第二十次全国代表大会上的报告》，人民出版社2022年版，第34页。

现立德树人的根本任务。为此，在进行大学生劳动教育的时候，不能仅仅停留于基本的劳动工具掌握、劳动技能提升，要进一步培育大学生的劳动精神，形成内化于心的价值理念，让大学生从内心热爱劳动、乐于劳动、享受劳动，实现自身的全面发展。

2. 创新性

创新是社会发展不可忽视的一个话题，在社会发展的过程中，任何领域、任何学科、任何思维都需要创新理念。"创新是一个民族进步的灵魂，是一个国家兴旺发达的不竭动力，也是中华民族最深沉的民族禀赋。在激烈的国际竞争中，唯创新者进，唯创新者强，唯创新者胜。"[①]新时代大学生劳动教育的创新性则体现在教育理念的创新，劳动教育在新时代不仅作为一项独立的教育活动为大学生的发展提供教育思路，同时还与德育、智育、美育、体育实现"五育"并举，进一步实现五育融合，从而拓展新时代大学生的教育体系，丰富新时代高水平人才的培育体系。同时，在新时代大学生劳动教育的培养目标中，还强调了劳动的创新性思维，这就说明新时代的劳动是体力劳动和脑力劳动的有机结合，是吃苦耐劳和创新发展的共同作用。

3. 覆盖性

新时代大学生劳动教育不仅作为一项独立的教育活动或教育课程开展。除了与德育、智育、体育、美育创新性地实现了有机结合外，还实现了全方位的覆盖，即推进全学科、全课程的劳动教育。正如新时代大学生劳动教育的时代性所展现的，新时代劳动教育最核心的任务是让学生形成一种正确的劳动观念和积极向上的劳动精神。各个学科的学生都应在教育与生产劳动和社会实践相结合的党的教育方针的引领下在各自的领域有所建树，充分发扬独立自主、乐于钻研的精神，充分发挥创新思维，在体验劳动转化成物质财富的同时，形成自豪感和荣誉感。全方位覆盖将会逐渐使大学生摒弃对劳动的偏见与轻视、对劳动的窄化与错误认知，明确劳动的真正含义，树立正确的价值观。

---

① 中共中央文献研究室编：《习近平关于科技创新论述摘编》，中央文献出版社2016年版，第3页。

4. 实践性

劳动教育绝不能只是提出宏伟的目标，制定详细的计划，推行针对性的政策，其最终必须落脚于实践之上。在物质生产活动中，不仅能够了解人与自然的关系，还能够逐渐了解人与人的关系，"离开生产活动是不能得到的"①。劳动本身就是一项实践活动，劳动教育就是让学生树立正确的劳动观并投身于劳动实践当中。不论是养成良好的个人习惯，还是具备过硬的劳动技能都需要在实践当中得到提升，而最终形成的劳动观念、劳动精神也是从实践当中不断地感悟而来。同时，大学生群体在新时代不仅要通过实践磨炼自身的劳动技能，还要在实践中不断培养创新性思维，在实践中创新与突破。因此，新时代大学生劳动教育的成功与否，其核心就在于实践。

（二）新时代大学生劳动教育是新时代高水平人才培养体系的一部分

2018 年，习近平总书记提出了关于高水平人才培养体系的建设问题："目前，我国大学硬件都有很大改善，有的学校的硬件同世界一流大学比没有太大差别了，关键是要形成更高水平的人才培养体系。"②由此可见，随着经济的稳步发展，人才培养的硬件水平已经足够优秀，当前的关键在于如何在现有的硬件水平上形成高水平的软实力。这种软实力的提升需要依靠立德树人，在立德树人的引领下逐步培养出德智体美劳全面发展的、具有较高综合素质的人才。长期以来，劳动教育都存在缺位的情况，或是为了提高生产力，或是辅助德育的发展，一直没有形成独立的发展体系。究其原因主要是在不同的社会发展时期，劳动教育往往会为了当下社会发展而服务，其最核心的是实现人的全面发展的功能没有被重视起来。新时代大学生劳动教育则将在实现劳动习惯、劳动技能提升的基础上，注重劳动精神的培育，以实现大学生的全面发展为目标，以一项独立的教育形式充实新时代高水平人才培养体系。

高水平人才的培育是新时代中国特色社会主义事业发展的必然需

---

① 《毛泽东选集》第 1 卷，人民出版社 1991 年版，第 283 页。
② 李涛：《习近平在北京大学考察时强调抓住培养社会主义建设者和接班人根本任务 努力建设中国特色世界一流大学》，《人民日报》2018 年 5 月 3 日第 1 版。

求,在新时代中国特色社会主义事业发展中二者得到有机统一。新时代中国特色社会主义发展对时代新人的培育提出了要求:坚定的理想信念、过硬的实践能力、强烈的担当意识、不懈的奋斗精神。理想信念为基、实践本领为本、担当意识为梁、奋斗精神为柱,共同支撑时代新人。因此,劳动教育对于理想信念、实践本领、担当意识、奋斗精神的培养起着重要作用。劳动教育的培育给予了大学生与劳动者接触交流的机会,在与劳动者接触中,深刻体会劳动者对待工作的认真态度和奉献精神,使得大学生的理想信念能够有所坚定。在劳动教育中,通过劳动实践,在日常的劳动和创新性劳动中提升大学生的实践本领和奋斗精神,最终在劳动实践和劳动观培育中形成担当意识和奋斗精神。在劳动教育与德智体美劳全面发展的有机融合中要与社会发展、时代特征相结合。一方面,要正视科学技术飞速发展对传统劳动认知的冲击,劳动教育内容和要求的设置要与时俱进,对德智体美劳全面发展的时代新人的要求要有所创新。另一方面,要抵御时代快速发展所带来的浮躁、抵御享乐主义和消费主义的诱惑,在新时代劳动教育的引导下,培养德智体美劳全面发展的社会主义建设者和接班人,为新时代中国特色社会主义事业发展添砖加瓦。

综上所述,新时代大学生劳动教育的内涵可以做这样的界定:新时代大学生劳动教育是一项针对大学生开展的具有时代性、创新性、覆盖性、实践性的教育活动,是属于新时代高水平人才培养体系的重要组成部分。

四 新时代大学生劳动教育的外延

通过对新时代大学生劳动教育的内涵探析,了解新时代大学生劳动教育的本质,除此之外,还有必要对其外延进行分析。所谓外延是指:"具有概念所反映本质属性的对象。"[①] 内涵与外延的辩证统一构成了概念的基本内容。因此,对新时代大学生劳动教育的外延进行分析,将会

---

① 张智光:《概念内涵和外延的辩证法》,《华南师范大学学报》(社会科学版)1993年第1期。

使新时代大学生劳动教育的概念更加完整饱满，并有助于后续研究的顺利进行。本书认为，对新时代大学生劳动教育的外延分析可以从大学生的劳动习惯教育、劳动技能教育、劳动观念教育和劳动精神教育四个层面来研究。

（一）从个人做起培养良好的劳动习惯

新时代大学生劳动教育首先应教育学生立足于个人，从小事做起，加强生活能力的提升。"千里之行，始于足下"[①]，一个人应先着手于自己的生活事务，保持宿舍卫生，勤打扫、勤整理，在生活中养成良好的劳动习惯。劳动习惯本身是从小养成的，在2020年教育部关于印发《大中小学劳动教育指导纲要（试行）》的通知中，劳动习惯的培育首先作为小学劳动教育的一项内容，但当前仍有不少大学生还未养成良好的劳动习惯。产生这个问题的因素有很多，包括从小到大的"唯成绩论"导致家庭和学校只认同学习成绩，虽然学习成绩与劳动习惯没有直接联系，但会导致学习成绩不够突出的学生在家庭和学校的影响下放弃劳动习惯的培养。不论成绩好与坏，劳动习惯是劳动精神培育的基础，也是一个人自律的体现。没有培养出良好的劳动习惯，最终的结果必然是走向急功近利，从内心排斥劳动，劳动只能沦为获得利益的一种手段。因此，新时代大学生劳动教育必须重视劳动习惯的培养，让大学生首先成为自立、自强的人。

（二）加强劳动技能的培育，打造创新型人才

在新时代背景下，劳动技术不单单指工业、农业在生产过程中的劳动技能，劳动技能的培育是一个循序渐进的过程。在掌握劳动工具的基础上，从简单劳动到复杂劳动，并最后形成创造性劳动和创新性思维，将创新性思维投入劳动实践中，体会劳动的快乐和价值的实现。劳动技能是在生产过程中必须具备的能力，但劳动教育不能将劳动技能作为全部的教育内容。劳动工具的掌握，劳动技能的提升，最终将劳动转化为物质财富，能够让学生逐渐形成幸福感和自豪感。在此基础上必须引导

[①] （春秋）李聃：《老子道德经注校释》，中华书局2008年注校释本，第165页。

学生加强创新性思维，进行创造性劳动，否则就会逐渐产生功利主义思想。功利主义实质上是一种效用思想，效用就是衡量价值的尺度，其理想就是最大化地实现所有人的幸福，"但在现实运用中，个人的切身利益常常优先于虚幻的公共利益，最终导致人们成为精致的利己主义者"①。体现在大学生的个人发展中，就会形成以结果为导向，忽视过程的重要性，忽视劳动的本质、劳动的目的、劳动的过程。正如马克思所说："劳动是积极的、创造性的活动。"② 劳动教育的最终目标是实现个人的价值、实现个人的全面发展，因此，不能单纯地掌握劳动技能，为了达到最终目标，必须进行创造性劳动，"在创造性劳动中，人们不仅可以实现生存的意义与价值，还能获得精神上的享受和愉悦"③。

（三）树立正确劳动观念，培养综合型人才

树立正确的劳动观念，不仅对有效开展大学生劳动教育具有重要意义，也是培养德智体美劳全面发展的人的重要途径。要树立正确的劳动观念，就要从以下几个方面出发。第一，从大学生个人来说，应引导学生了解劳动的本质以及劳动的意义，第二"劳动是整个人类生活的第一个基本条件，而且达到这样的程度，以致我们在某种意义上不得不说：劳动创造了人本身"④。在新时代，大学生追求的不再是以形成大量物质财富为主的劳动、不再是作为谋生手段的劳动；恰恰相反，他们追求的是幸福的劳动，是自由自在的劳动。第三"'让劳动本身成为享受'既是社会主义精神的核心主张，同时也是社会主义发展的最终目的。"⑤因此，新时代大学生劳动教育旨在使学生学会劳动，在学会劳动的基础上享受劳动，同时形成奉献精神，将个人的劳动技能服务他人、服务社会，培养社会服务意识，培育社会责任感。

---

① 张运霞：《论功利主义的当代价值》，《中南民族大学学报》（人文社会科学版）2008年第4期。
② 《马克思恩格斯全集》第30卷，人民出版社1995年版，第618页。
③ 生蕾、何云峰：《从劳动功利主义走向劳动幸福——人工智能时代人类劳动价值观的变革》，《财经问题研究》2021年第12期。
④ 《马克思恩格斯全集》第26卷，人民出版社2014年版，第759页。
⑤ 何云峰、王绍梁：《"让劳动本身成为享受"何以可能》，《探索与争鸣》2019年第7期。

党的十九大报告指出，要培养担当民族复兴大任的时代新人。2018年，习近平总书记在全国教育大会上强调，要培养德智体美劳全面发展的社会主义建设者和接班人。二者的有机结合为大学生劳动教育提出了最终目标：培养德智体美劳全面发展的时代新人。对于劳动教育而言，加强劳动教育和培养时代新人是新时代中国特色社会主义事业发展的必然需求。随着社会的进步发展，传统文化对劳动的偏见和刻板印象进一步加剧，享乐主义、消费主义对个体的浸染逐步加深，许许多多的大学生都有着劳动观念淡薄的问题。如贪图享乐、好逸恶劳，对于劳动者，特别是体力劳动者缺乏应有的尊重，对于劳动成果也并不爱惜。基于此类现象，劳动教育作为培养社会主义事业建设者和接班人的"五育"之一，在德智体美的培养发展中离不开劳动教育的塑造。要在立德、增智、健体、育美的过程中端正大学生的劳动观念，培养大学生的劳动习惯和劳动技能。

新时代大学生劳动教育的根本目的是引导学生通过掌握劳动技能和劳动习惯去实践与奋斗、去创新与创造，在体验劳动和创造的过程中形成热爱劳动、尊重劳动和劳动者的良好风尚。大学生在劳动教育中习得的劳动技能、养成的劳动习惯会对其成长发展具有重要意义。大学生能够通过自身的技能去创造、奋斗，个人使命与时代发展同呼吸、共命运。德智体美劳全面发展的时代新人在实现中华民族伟大复兴的过程中离不开劳动教育的塑造，新时代加强劳动教育真正能够从思想和实践中塑造时代新人。

（四）培育新时代大学生的劳动精神是核心目标

劳动精神是推进党和国家事业发展的内在动力，是劳动者的信念和优秀品质，是在新的历史时期发挥巨大量的精神内核。"劳模精神、劳动精神、工匠精神是以爱国主义为核心的民族精神和以改革创新为核心的时代精神的生动体现，是鼓舞全党全国各族人民风雨无阻、勇敢前进的强大精神动力"[①]。新时代实现中华民族伟大复兴的中国梦，必须培

---

① 习近平：《在全国劳动模范和先进工作者表彰大会上的讲话》，《人民日报》2020年11月25日第2版。

育新时代劳动精神。新时代大学生劳动教育在培育大学生的劳动习惯、劳动能力和劳动观念的同时，还必须把握住劳动精神的内核，只有在劳动精神的推动下，才能形成自觉劳动、热爱劳动、甘于奉献的精神，才能在自由自觉的劳动中实现自我的价值。

随着社会的飞速发展，经济的稳步发展和科技的创新性突破，新时代也形成了新的历史任务，劳动作为创造人类历史的一项实践活动，在新时代劳动呈现出新的发展趋势：劳动的内容越来越多样化、劳动分工越来越细化、劳动者的流动性越来越强、劳动生产率越来越高、劳动人才的重要性越来越突出，劳动不再仅仅是一种谋生的活动，热爱劳动的理念也越来越突出。因此，随着劳动内容的逐渐丰富多彩，新时代大学生劳动教育的概念也应不断发展。在此过程中，应把握好新时代大学生劳动教育的内涵及本质，不断地探析其外延，通过完整的、全面的、符合时代发展特性的新概念来指导劳动教育的实践，最终培养出为实现中华民族伟大复兴的中国梦而不断奋斗的时代新人。

（五）劳动教育是实现立德树人的基石

大学生劳动教育的一大目标就是服务于立德树人，助力于立德树人，以劳动教育筑牢立德树人的基石。劳动教育同立德树人一道，有效地回答了我国社会主义教育事业中的一大问题，即"教育要培养什么样的人，要怎样培养人"。立德树人要求教育要培养有良好道德品质的人、全面发展的人；要通过教育健全学生的人格，让每个学生在接受教育后都能够实现自身的价值。

劳动教育有助于实现立德树人对于学生良好道德品质的培养。一方面，劳动教育与立德树人的要求是统一的，立德树人要求德育为先，劳动教育也要把握应有的德育属性。另一方面，树立正确的劳动观念是劳动习惯养成和劳动技能掌握的基础，在劳动教育中的首要任务就是培育学生正确的劳动观，引导学生培养劳动观点、尊重劳动人民。同时，个人的劳动品质也是德育的重要组成部分。劳动教育对学生劳动价值观的培养就是在践行立德树人中德育为先的要求。此外，学生在劳动教育中不仅能够树立正确的劳动观、价值观，也能够习得其他优秀的道德品质，例如勤奋刻苦、积极乐观、崇尚科学、热爱生活等。总之，劳动教育与立德树人的方向是一致的，是立德树人过程中不可或缺的重要环节。

劳动教育有助于立德树人对于学生个体全面发展的要求。学生的全面发展即德、智、体、美、劳的全面发展。一方面，劳育是个体全面发展的重要组成部分，劳动教育直接作用于个体的全面发展，直接满足了立德树人对个体全面发展要求的一部分。个体全面发展需要劳动教育的发展，要有正确的劳动观，要尊重劳动者和劳动成果，要会劳动、有劳动的技能和习惯，而这正是劳动教育的目标和内容。另一方面，德智体美的培育和发展都是在劳动和劳动教育中获得的，个体只有通过劳动和劳动教育才能培育德行、增长智慧、强健体魄、增益美育。具体而言，在劳动教育中培育德行也满足了立德树人对德育为先的部分要求。学生个体在劳动和劳动教育中培育了美好的道德品质。同时，学生对于创新创造也有了新的认知，智育的目标得到了一定的满足和实现。劳动和劳动教育不仅有脑力的也有体力的，在体力锻炼中强健体魄，同时也为后期的劳动奠定基础。在劳动和劳动创造中无论是脑力劳动还是体力劳动都充满了美，学生能够在劳动和劳动教育中创造美、发现美，感受劳动的美，感受创造的美，增益美育。

立德树人要求要通过教育健全学生的人格，让每位学生在接受教育后都能够实现自身的价值。这与劳动教育所赋予学生的能力高度一致。劳动教育有助于学生健全人格的培育。一方面，劳动与劳动教育促进学生的全面发展，脑力劳动有助于学生心智水平的提升与健全人格的塑造，同时体力劳动教育也会不断锻造学生的人格，使学生人格更加健全完整。另一方面，许许多多劳动者有着健全美丽的人格，劳动和劳动教育在健全学生人格的同时能够使学生们了解这些劳动者身上的人格力量，这同样有助于学生健全人格的培育与塑造。最为重要的是，劳动和劳动教育能够教给学生安身立命的本领，给予学生实现个人价值的方法。劳动教育中的重要内容是培育学生掌握劳动的本领。一方面，劳动本领和劳动习惯能够让学生在社会中生存，随着劳动本领的不断提高和不断掌握，学生个体获得的生存资本也就越多。另一方面，虽然不同的学生有着不同的背景、不同的性格、不同的志向，但是劳动和劳动教育会赋予学生实现其自身价值的本领和品质。

第二节　思想政治教育与新时代大学生劳动教育的耦合与同构

一　思想政治教育与新时代大学生劳动教育的耦合

（一）教育主体具有同一性

思想政治教育与新时代大学生劳动教育在教育主体层面具有同一性。从教育主体的范围来看，教育主体的主要力量是高校的教师、各层级领导、各部门工作人员等；同时还具有多元主体的协同作用，包括家庭、社会以及作为教育对象的学生本身的主观能动性。从教育主体来看，其特征既包括主体性，即教育者在进行理论教学、实践活动等教育活动的过程中所具有的主体能动性。这个主体能动性包括教育者在教育活动过程中对教育对象的引导、对教育活动的创新与超越；也包括客体性，即作为教育对象的大学生所具有的主体性、复杂的社会环境对教育活动形成的影响会制约教育活动的开展，在与教育对象的双向互动中成为受到教育对象认识的客体。从教育对象来看，大学生作为思想、行为等层面已经逐渐成熟的群体，其个体意识逐渐发展起来，在教育活动的过程中不会作为单纯的学习者；在学习和实践之余，大学生群体也会进行独立思考，对整个教育活动进行反思与总结，形成一个和教育主体双向互动和自我教育的过程。

首先，高校是大学生劳动教育和思想政治教育的主阵地和重要力量。在高校中，承担思想政治教育任务的教育者不仅是思政课专业教师，还应实现高校全员参与，实现全课程、全专业与思想政治教育理论课的协同发展。这是在当下高校"大思政课"建设和课程思政大力推进的背景下形成的更具凝聚力与创新力的思想政治教育主体。同样，新时代大学生劳动教育在教育主体上也具有同一性。大学生劳动教育也要依托高校的政策、课程设置、实践活动等方面来开展，其中各部门及其领导、各院系及其教师都要参与其中，共同进行劳动教育，实现理论课程的创新发展和实践活动的丰富多样。因此，思想政治教育和新时代大学生劳动教育的教育主体主要力量来源于高校全员化的参与。

另外，在高校教育主体力量的推动下，实现多元主体的协同育人。在进行思想政治教育的过程中，学校、家庭、社会和学生群体之间不同的环境都会对思想政治教育产生积极或消极的影响。因此，必须看到不同的环境与群体在思想政治教育过程中的作用，力求与学校形成合力，共同推进思想政治教育的发展。新时代大学生劳动教育也同样如此，大学生一方面在家庭的长久影响下会形成较为固定的价值观念；进入学校后开始独立思考，高校的教育活动成为劳动教育的主要力量；在学校学习的过程中逐渐接触社会，并受到社会环境和社会信息的影响；在学生群体间同样会互相学习、互相比较、互相影响。因此要看到除学校外，家庭、社会和学生群体的主体作用，在学校力量的推动和引领下，形成多元主体协同发展的良好局面。

（二）教育对象具有同一性

新时代大学生劳动教育和思想政治教育的教育对象从狭义来看基本就是整个大学生群体，不论是思想政治教育还是大学生劳动教育都是针对大学生开展的教育活动。同时，必须明确教育主体与教育对象之间不是单纯的灌输与被灌输的关系，而是互相影响、互相促进的互动关系，教育主体具有客体性，教育对象也具有主体性。在新时代大学生劳动教育和思想政治教育的过程中，大学生作为教育对象，主要包括大学生的思想水平和大学生的实践水平两个层面。

首先，提升大学生的思想水平一般通过理论教育的途径来进行。不论是大学生劳动教育还是思想政治教育都可以通过老师对历史人物及事件的讲授、对理论概念以及方针政策的讲解来进行；都可以通过对书籍、报刊、文献的阅读和学习来开展；都可以通过优秀事迹的宣传、媒体渠道的引导等方式进行影响；都可以通过深入培育创新能力和研究能力的方式来进行学习等。

另外，不论是思想政治教育还是大学生劳动教育，都要以实践作为评价标准，实践是检验理论学习水平的重要途径。同时，通过组织实践活动也能让大学生在学中做、在做中学，成为具有较高综合素质的人才。在之前的教材中，劳动教育是作为思想政治教育的一个实践途径出现的，即"劳动教育是实践教育的主要方式"①，虽然以当前的视角来看，劳动教育逐渐独立化，逐渐以独立的学科出现，不再完全归属于德育的一部分，但由此可以看到，劳动教育和思想政治教育一直以来都是紧密相连的。劳动教育和思想政治教育都是通过实践教育的开展，来培育学生的实践能力、增强学生的理论深度、培育学生的内在精神。

(三) 目的和任务具有同一性

思想政治教育的根本目的就是"提高人们的思想道德素质，促进人们的自由全面发展，激励人们为建设中国特色社会主义，最终实现共产主义而奋斗"②。为了实现思想政治教育的目的，在教育过程中会随着社会的发展不断地设立新任务，从培育有理想、有道德、有纪律、有文化的"四有新人"到新时代以立德树人为根本任务，促进学生的全面发展。与此同时，劳动教育也在与思想政治教育同步进行，以教育与生产劳动和社会实践相结合为主线，不断重视对学生劳动精神的培育，同时随着社会的进步和科技的飞速发展，更加注重学生的创造性劳动，即创新创造能力。在这个过程中，新时代大学生劳动教育和思想政治教育从目的和任务上并未出现分离，二者都是以培育学生理论水平、实践能力、综合素质和内在精神为教育的任务，最终实现学生的自由全面发展。一直以来，新时代大学生劳动教育与思想政治教育都是相互影响、相互促进的。

二 思想政治教育与新时代大学生劳动教育的同构

(一) 教育功能的同构

大学生劳动教育包括对劳动习惯的培养、劳动实践能力的提升、劳动价值观的树立和劳动精神的培育。在劳动教育的过程中，其内容包含了党的各项方针政策，使学生充分认识到劳动教育的重要性；包含了相关理论和概念的诠释，使学生明确劳动的本质，不再分化脑力劳动与体力劳动；包含了模范人物的典型事迹，使学生受到激励，在学习生活中

---

① 郑永廷主编：《思想政治教育方法论》，高等教育出版社2018年版，第315页。
② 陈万柏、张耀灿主编：《思想政治教育学原理》，高等教育出版社2018年版，第79页。

以及未来的职业生涯中能够以劳动精神作为指导。同时，劳动教育也有利于学生树立正确的世界观、人生观和价值观。因此，不能仅仅将劳动教育简单理解为有关劳动的教育，其本质是一种思想教育，这就需要思想政治教育贯穿其中，发挥其个体性功能和社会性功能。

第一，个体性功能。实现个人的全面发展要以个体生存为前提，思想政治教育的个体生存功能在马克思主义理论的阐释中，就是满足一切历史的一个前提："人们为了能够'创造历史'，必须能够生活。"[①] 因此，人们在创造历史之前必须先存在物质生活本身，思想政治教育过程也要明确这一点，首先要满足人们日益增长的物质生活追求。一方面思想政治教育能够教会学生生存的手段，另一方面思想政治教育也要指导学生明确人生的意义。劳动教育则需要以思想政治教育个体生存功能作为基础，使学生形成好的劳动习惯，学会所需要的劳动技能，在此基础上通过思想政治教育的个体发展功能进一步培养个人品德。个体发展功能就是要通过政治引导、行为规范、激发精神动力和塑造人格来发挥其功能。在劳动教育的过程中则主要通过宣传党的方针政策来加深学生对劳动教育的认识；通过讲解相关的法律法规和道德规范来提醒学生诚实劳动的重要性；通过榜样理论、激励、奖励等方式来激发学生的劳动积极性；通过因材施教的方式，使学生寻找自身的兴趣和未来的职业方向，鼓励积极健康的个性发展。最终在思想政治教育的个体享用功能中，学生通过诚实劳动、创造性劳动获得幸福感，满足自身的精神需求。同时，更进一步促进了学生与其他人、与学校、与社会的和谐关系发展，有利于实现个人的全面发展。

第二，社会性功能。思想政治教育的社会性功能首先就是对主导意识形态的传导，劳动教育也应紧紧把握这一功能，使学生牢牢把握马克思主义、牢固树立社会主义核心价值观，将其作为自己行动的指引。在劳动教育中形成热爱祖国、热爱集体、乐于奉献的精神；形成崇高的道德观念、树立实现中华民族伟大复兴的崇高理想信念。其次，思想政治教育的社会性功能还体现在对经济建设的推动。通过思想政治教育能够

[①] 《马克思恩格斯选集》第1卷，人民出版社2012年版，第158页。

调动学生参与经济建设的积极性，体现在劳动教育中，即一方面劳动教育能够使学生学会必要的劳动技能，掌握劳动生产的规律，以较高的业务水平参与经济建设；另一方面，学生们思想品德提高，进一步形成积极的劳动观、健康的职业观，不论是在学校还是未来在工作岗位上，都能够以积极的劳动态度和极高的责任心来应对劳动内容。

（二）师资队伍的同构

当前大学生劳动教育过程中的一个亟须解决的问题就是师资配备不充分。一方面，缺少劳动教育理论与实践的师资力量储备；另一方面，思政课教师的作用应凸显出来。大学生劳动教育和思想政治教育这二者间既存在多方面的同一性，也互相影响、互相促进。因此，劳动教育并不是只能由专门从事劳动教育的人来承担教育主体的责任，思政课教师同样可以成为劳动教育的教育主体。为了给大学生劳动教育提供更加强大的师资力量，思政课教师应当充分认识到自身作为教育主体的客体性。思政课教师一方面作为教育主体，能够充分发挥自身的主导性、主动性、创造性和超越性；另一方面也要根据劳动教育的需求、学生的需求，对教育内容进行改进，与学生形成双向互动，并通过把握自身的客体属性进行自我教育，对自身的综合素质和专业能力进行审视，不断地提升自我。这在个过程中，思想政治教育的师资力量也会不断转化为新时代大学生劳动教育的重要师资力量，推动新时代大学生劳动教育的发展。

（三）教育内容的同构

思想政治教育的育人要素主要体现在世界观教育、人生观教育、政治观教育、法治观教育和道德观教育中。通过这几个方面的教育内容，充分发挥思想政治教育的育人功能，使学生形成以马克思主义为基础的世界观，坚持辩证唯物主义和历史唯物主义，明确认识与实践的关系；使学生树立起积极健康的人生观，把握人生的价值，形成崇高的理想信念；使学生了解我们的国家，培育民族精神与时代精神；使学生牢固树立法治理念，遵纪守法；使学生形成更高的道德品质。同时，这几个方面的内容也是新时代大学生劳动教育必须把握的。

首先，世界观和人生观教育。对于辩证唯物主义、历史唯物主义和马克思主义认识论和实践观的学习，使学生深刻理解劳动的本质，明白只有劳动才能创造历史、创造社会、创造人本身，从而认识到劳动的重要性。人生观教育使学生确立正确的人生目标，认识到要在劳动创造中实现自身的价值，培养正确的劳动价值观，实现自身能力的提高、综合素质的提高和内在优秀品德的形成。同时，树立起崇高的理想信念使学生认识到劳动不仅仅是为了个人的发展，也是为了国家的发展和民族的富强，应为了实现中华民族伟大复兴的中国梦而不懈奋斗。

其次，政治观教育。政治观教育使学生了解党的路线、纲领和各项方针政策，明确劳动教育的发展和重要性；使学生在学习中华民族历史、中华民族优秀文化和中华人民共和国发展历程等内容时，形成归属感和认同感。另外，时代精神的培育也不可缺少，作为大学生而言，需要有积极进取、勇于创新的精神，这就要求学生们要重视创新性思维，在学习研究和未来的工作中都要努力开展创造性劳动，为新时代的发展注入不竭动力。

最后，法治观与道德观教育。法治观教育一方面使学生了解到法律知识，有助于在未来的工作岗位中用法律的武器保护自身的权益；另一方面，通过法治观念的培养，学生成为懂法律、尊重法律和具有法治理念的人，自觉规范自身行为，养成诚实劳动的习惯。通过道德观教育，提升学生的个人品德，以遵纪守法为最低准则，积极用更高的道德标准来要求自己。这就要求学生不能仅仅满足于自身的成绩，在家庭生活中应形成家庭美德，以良好的家庭家教家风来约束自己的行为；在未来的工作岗位上形成高尚的职业道德，以健康的职业观指导自己的行为，树立起从事一份职业是实现自身价值、服务于社会、服务于人民的理念。

三　在耦合与同构中发挥新时代大学生劳动教育的强化作用

(一) 新时代大学生劳动教育对思想政治教育的方法强化

思想政治教育是一项理论与实践相结合的学科，其教育方法包括理论教育方法、实践教育方法、自我教育法、典型教育法等方面的内容。这些方法为思想政治教育的实践提供巨大的推动作用，不仅如此，我们也应看到劳动教育在不同教育方法中对思想政治教育的强化作用。

首先，新时代大学生劳动教育对理论教育方法的强化作用。理论的学习不仅仅是一种概念的灌输，其更多应该是教育者对理论的科学讲解，这种科学讲解除了对概念的诠释，还应包括引人入胜的事例与案例以深化学生对理论的理解，即理论教育法和典型教育法的结合，通过树立正面典型的积极向上的精神或了解负面典型的不良影响，学生在理论学习中以更加生动的方式学习知识。在新时代大学生劳动教育的过程中，典型教育法突出了其作用，通过对劳动模范的宣传，对大国工匠精神的了解，对广大劳动者勤奋品质、敬业精神的学习，极大地丰富思想政治教育的内容。在无数鲜明榜样的引领下，更进一步培养学生对劳动人民的热爱，使个人的品德得到进一步提升，也有利于实践的进一步开展。

其次，新时代大学生劳动教育对实践教育方法的强化作用。实践教育法是以马克思主义认识论和实践观为理论基础的，实践是在理论的指导下进行实践，同时实践也是验证理论的根本途径，因为"人的思维是否具有客观的真理性，这不是一个理论的问题，而是一个实践的问题"①。在新时代大学生劳动教育和思想政治教育的实践过程中，都是检验学生理论学习、价值观树立、个人思想品德的过程；同时在检验的过程中进一步深化，逐渐培育起积极的价值观念和行为习惯；最终使得理论水平、实践能力和个人品德都得到提高。新时代大学生劳动教育对思想政治教育实践教育方法的强化体现在劳动教育本身具有的较高的实践属性，学生们在劳动教育的过程中，通过日常生活的简单劳动、在家庭中积极贡献个人力量、在学校刻苦科研学习、在校外认真调研、在社会上参加志愿服务等方式，不仅培养了自身的劳动习惯、劳动技能，还进一步提升了自身的创造性和创新性思维，最终形成热爱劳动、热爱劳动人民的优秀品德。

最后，新时代大学生劳动教育对自我教育方法的强化作用。自我教育就是受教育者实现其主体性的一种教育方式。思想政治教育者通过引

---

① 《马克思恩格斯选集》第 1 卷，人民出版社 2012 年版，第 134 页。

导的方式，使学生通过自我学习、自我反思等方式提高素质。在新时代大学生劳动教育的过程中，学生不仅能够通过思想政治教育的理论学习进行自我教育，还能够在劳动教育的过程中进一步深化自我教育的效果。这主要体现在劳动教育以理论学习为指导、以典型人物和事例为生动诠释，让学生在日常的生活、学习、社会实践中都能够实现自我修养的提升，实现自我改造、强化自我管理，成为自律、自制的人。要求学生要以个人的全面发展为目标，做好身边的每一件小事，养成良好的劳动习惯、诚实劳动、积极培养自身的创新创造思维，努力将自己塑造成品学兼优的综合型人才。

（二）新时代大学生劳动教育对思想政治教育的载体强化

首先，新时代大学生劳动教育对思想政治教育活动载体的强化作用。在思想政治教育活动载体中，"活动"主要包括"文化娱乐、社会服务、社会调查、参观访问、学习英雄模范人物、精神文明创建活动等，也包括围绕生产、工作所开展的各种有益活动"[1]。可以看到，随着社会的不断发展，活动的种类和形式呈现出多样化、丰富化的特点，人们在日常的生产活动之余，对其他社会活动的需求不断增加，从而满足自身对于精神世界的追求。因此，思想政治教育的活动载体也需要随着人们的需求而不断丰富，在这个过程中，劳动教育则起到了一定的强化作用。在新时代大学生劳动教育的过程中，引导学生在学校刻苦学习、诚实劳动、深入社会调查研究；在家庭中自觉承担起作为家庭成员的责任，养成良好的习惯；在社会上努力磨炼自我，形成正确的职业观。多方面、多渠道增强学生的自我教育能力，使作为教育客体的大学生进一步发挥其主体性作用，并更加丰富思想政治教育活动载体的种类和内容。

其次，新时代大学生劳动教育对思想政治教育文化载体的强化作用。思想政治教育的文化载体主要体现在文化建设上，通过发现文化产品的教育内容，宣扬其中蕴含的具有引导性的思想和道德内容，从

---

[1] 陈万柏、张耀灿主编：《思想政治教育学原理》，高等教育出版社2018年版，第248—249页。

而成为思想政治教育的载体。同时，也要将思想政治教育逐步融入文化建设的过程中，最终形成潜移默化的影响。新时代大学生劳动教育也同样可以以文化载体的形式进行教育，包括书籍、报刊、纪念馆、电影等形式，在文化作品中使学生了解历史、学习技术和知识、向优秀典型看齐。在这个过程中，学生可以学到劳动技能、劳动价值观和劳动精神，其本身是对个人的塑造，最终会与思想政治教育相融合，使思想政治教育在其文化载体上发挥更加强大的作用，形成更为深远的影响。

最后，新时代大学生劳动教育对思想政治教育大众传播载体的强化作用。随着社会的进步和科技的发展，大众传播载体的形式也逐渐多样化。从报纸到收音机，再到电视机和电脑，最终出现手机。这一系列变化既使信息传播的渠道越来越多，也使人们获取信息的速度越来越快，具有覆盖面广、时效性高的特点。在思想政治教育的过程中，通过大众传播载体以更为人们容易接受的方式开展教育，一方面提升了学生的思想道德水平；另一方面也满足了学生的精神需求。在劳动教育的过程中，大众传播载体依然是以多样化的形式进行教育与信息传播，教育内容在这个过程中将更加充实。如方针政策的发布与解读、重大活动与重要会议的直播、对模范人物的嘉奖、对工匠精神及劳模精神的宣传等。这些内容一方面有助于大学生形成良好的劳动观、职业观，满足学生的社会化需求；另一方面也助力于思想政治教育的开展，以更丰富多彩的内容和更多的侧重点强化思想政治教育。

（三）以劳树德实现对高校思想政治教育过程的强化

思想政治教育过程以个人的思想品德形成过程为基础，个人思想品德形成发展的过程与规律都贯穿于思想政治教育过程之中。针对思想政治教育过程各环节的内容，新时代大学生劳动教育能够起到相应的强化作用。

首先，新时代大学生劳动教育对思想政治教育方案制定的强化作用。思想政治教育方案的制订应按照科学的程序进行，在制定方案之前应大量收集信息与数据，发现当前存在的问题；针对现有的问题确立目标与最优的实施方案。新时代大学生劳动教育同样需要实施方案，这就需要各高校通过对政策的解读、对学生的调研、与其他高校的交流，结合自身的情况制定一个利于学生形成劳动习惯、提高劳动技能、树立劳动价值观、培育劳动精神的实施方案。劳动教育的实施方案也绝不仅仅是为了简单地提高劳动水平，而是要坚持教育与劳动生产和社会实践相结合，既提升实践能力，也提升个人品德。高校劳动教育实施方案的制定，将会在思想政治教育方案制定的过程中逐步充实内容，随着时代的发展而不断创新。

其次，新时代大学生劳动教育对思想政治教育方案实施的强化作用。在实施方案的指导下，要开展思想政治教育工作，就要按照方案的各项要求进行。通过理论学习提升学生的理论知识水平；通过实践锻炼，实现从理论向实践的跨越；在理论与实践的结合下，进一步培育学生的内在精神，包括个人行为的培养、良好习惯的养成、个人意志的磨炼和内在品德的提升等方面。大学生劳动教育方案的实施同样也应结合思想政治教育的方向，以马克思主义理论为基础，构建学生的世界观，认识劳动的本质；在日常生活中培养劳动习惯，在专业实践等课程中锻炼劳动技能；理论课与实践课的结合，向学生们宣传积极健康的人生观、劳动观、职业观等，培育学生的劳动精神，提升学生的个人品德。大学生劳动教育的实施虽然以有关劳动的知识、实践为重点培育目标，但其最终目的依然是培养品德高尚、具有崇高理想的综合性人才，其实施过程并非与思想政治教育相互分离，反而是对思想政治教育方案实施效果的进一步提升。

最后，新时代大学生劳动教育对思想政治教育评估的强化作用。评估是思想政治教育过程中的必要环节，思想政治教育的科学评估有利于准确查找教育过程中存在的问题，直观地发现在各个教育环节的不足之处。大学生劳动教育的评估则能够进一步为思想政治教育的评估提供更多的指标。新时代大学生劳动教育可以构建相应的评价指标体系，考察教学工作、学生理论水平、思想水平，甚至家庭和社会的影响因素，综合考察大学生劳动教育的实施现状。而这些评价指标也对思想政治教育的评估有着补充作用，使思想政治教育在评估的过程中能够多角度、多维度地透视问题，实现进一步发展。

第三节　新时代大学生劳动教育的理论基础与理论渊源

劳动教育的思想和理论是古今中外无数思想家和教育家在不断探索的话题，中国的劳动教育思想从古代的对劳动的探索、劳力与劳心之辩、耕读传家的理念；到近代无数思想家教育家的教育救国理念、批判分化脑力劳动和体力劳动的理念、职业教育的实践；再到中华人民共和国成立后在马克思主义理论的指导下，在一定时期内借鉴苏联的劳动教育经验发展国内的劳动教育，最后以中国的现实情况不断发展符合国情的教育方针。如今，中国特色社会主义进入新时代，新时代大学生劳动教育的发展离不开马克思主义理论的指导，离不开中华优秀传统文化的传承。

一　马克思主义经典作家劳动教育理论

（一）马克思主义理论体系中的劳动理论与劳动教育思想

马克思主义理论是指导中国特色社会主义发展的理论基础，是经过实践证明的科学的理论。新时代大学生劳动教育应以马克思主义劳动理论为基础，在其指导下不断开展。"马克思主义是科学的理论，创造性地揭示了人类社会发展规律。"[1] 以马克思主义理论指导新时代大学生劳动教育的发展，首先我们需要探索马克思主义理论体系中关于劳动的理论，这是大学生形成正确劳动观的关键。另外，在明晰劳动理论的基础上，进一步学习教育与劳动生产相结合的思想，这是新时代大学生劳动教育的重要思想来源，同时教育与劳动生产相结合的思想也有利于指导新时代大学生劳动教育的实践。

1. 马克思主义理论体系中的劳动理论

在马克思主义哲学中蕴含着丰富的劳动理论，主要包括马克思主义

---

[1]《习近平在纪念马克思诞辰 200 周年大会上的讲话》，《人民日报》2018 年 5 月 5 日第 2 版。

实践观和历史唯物主义。其中丰富的理论内涵能够进一步深化学生对劳动本身的认识，是劳动教育的重要理论基础。

从马克思主义哲学中去探寻关于劳动的思想与理论，首先可以从马克思的实践观开始。劳动是一项实践活动，实践是解决一切问题的方式。马克思的实践观在《关于费尔巴哈的提纲中》进行了系统的论述，关于科学实践观的内容也逐渐形成。对于实践，马克思认为全部的社会生活在本质上都是实践的，并且作为人来说，其思维的客观真理性也来源于实践，思维的客观真理性是在实践中证明的。对于马克思主义实践观，我们必须深刻理解实践的客观性、社会历史性，理解如何认识世界与改造世界、如何理解劳动价值观。

第一个层面，对客观性的理解。实践是客观实在的，人类在实践过程中虽然会有主观意识，但其本质依然是客观性的活动。在劳动实践的过程中，劳动的人是客观的，劳动的工具是客观的，劳动转化的物质财富也是客观的。实践具有自觉能动性，是一种有目的、有意识的活动，而动物无论产生多么精妙的事物，都只是一种本能行为。"蜜蜂建筑蜂房的本领使人间许多建筑师感到惭愧。但是，最蹩脚的建筑师从一开始就比最灵巧的蜜蜂高明的地方，是在他用蜂蜡建筑蜂房以前，已经在自己的头脑中把他建成了。"[①]

第二个层面，对社会历史性的理解。实践具有社会历史性，即实践是一种社会性活动，一方面受历史条件制约；另一方面又在随着历史的发展而发展。劳动教育也是如此，不同的社会历史条件下诞生的劳动教育产物都与当时的社会需要息息相关。因而，回顾之前各个时期的劳动教育，会发现总有不足之处，都没有准确把握劳动教育的本质，但探究其历史条件就会发现，在一定程度上劳动教育受到了当时历史条件的制约，包括经济水平、社会发展程度等方面。随着时代的发展，劳动教育的理念也一直在发展，逐渐向本质靠近。

第三个层面，对认识世界与改造世界的理解。认识世界和改造世界的过程就是必然走向自由的过程，人们通过认识世界即探寻事物发展的

---

① 《马克思恩格斯全集》第 44 卷，人民出版社 2001 年版，第 208 页。

本质和规律以及改造世界，即依据自身的发展需求来创造新的生活方式这两种活动来创造历史。改造世界不仅要改造客观世界，还要改造主观世界，提升人的认知能力、培养品质、改造世界观，才能更好地改造客观世界。新时代大学生劳动教育的过程就是提升学生对劳动的认知，提高个人的劳动素养，培养出具有高品质、高素质的人，从而更好地开展劳动实践；另一方面，也要在劳动实践中让学生去感悟和学习，使得学生对劳动精神的感悟更加深入。

第四个层面，对劳动价值观的理解。在新时代，大学生劳动教育的目标是树立正确的劳动价值观，在马克思主义哲学中，价值与价值观也是重要的概念，并与实践有着重要联系。因此我们要明确何为价值，价值在哲学中的含义是指"在实践基础上形成的主体和客体之间的意义关系，是客体对个人、群体乃至整个社会的生活所具有的积极意义"[①]。因此，价值是在实践的基础上形成的，劳动价值观的培育也是建立在劳动实践的基础上，而通过劳动实践所形成的物质财富等客体最终会使学生逐渐形成对劳动积极性的肯定，形成价值。同时我们还要明确何为价值观，"任何一种思想在没有被绝对地否认之前，那么这种思想所形成的视角、背景、判断以及它所述说的意义，都会有着一定程度上的客观价值所在，而这种思想的价值则在于它所被认可的程度和意义，就是人对于这种思想的理解感知，这是人性思维里最简单，也是最真实的评定所在，这也就评定出一种思想是否伟大，而这种思想又是否可以成为价值观的由来"[②]。由此，我们可以说价值观也是一种评价的基本观点，用以评价与规范人们的行为。区别于普遍的价值观，社会主义核心价值观是一种凝聚的价值观，是民族、国家、社会、个人都一致认同的价值观，社会主义核心价值观影响着整个社会进程、影响着国家的发展，是每个人的行为指南。劳动价值观是社会主义核心价值观的一部分，它引导着人们树立起健康的职业观、积极的劳动观，让人们在劳动中实现自身的价值，实现人的自由全面发展。

[①] 本书编写组：《马克思主义基本原理》，高等教育出版社2021年版，第90页。
[②] 袁贵仁：《价值观的理论与实践　价值观若干问题的思考》，北京师范大学出版社2013年版，第19页。

历史唯物主义告诉人们，历史上所有事件发生的根本原因是物质的丰富程度，社会历史的发展有其自身固有的客观规律。"历史唯物主义作为马克思主义哲学的重要组成部分，是关于人类社会发展一般规律的科学。在革命、建设、改革各个历史时期，中国共产党运用历史唯物主义，系统、具体、历史地分析中国社会运动及其发展规律，在认识世界和改造世界过程中不断把握规律、积极运用规律，推动党和人民事业取得了一个又一个胜利。"① 人类历史是以一定的物质生产方式为基础的社会演进过程，在历史唯物主义中，劳动就是一个核心概念。"劳动范畴的辩证运用不仅构成了历史唯物主义的理论骨骼，而且是历史唯物主义在社会存在和社会意识的辩证关系、阶级和阶级斗争、国家和社会革命等重要原理的逻辑展开。"②

第一个层面，劳动创造人本身。恩格斯认为劳动"是整个人类生活的第一个基本条件，而且达到这样的程度，以致我们在某种意义上不得不说：劳动创造了人本身"③。这是恩格斯对马克思关于人与劳动关系的高度概括。人类在生存过程中为了占有自然中的物质为己所用，就必须进行劳动，而当人类通过劳动作用于自然并改变自然的时候，也就同时改变了他自身所处的社会生活及人类本身。在《劳动在从猿到人转变过程中的作用》一文中，恩格斯指出，从猿类转化到人类的过程中，首先是手已经开始越来越多地从事其他事情，而不仅仅是作为行走的前肢；另外，随着手部的被开发，逐渐产生劳动行为，其所处的社会成员之间的联系愈发紧密，伴随着劳动同时产生的就是语言。通过语言，各成员之间可以沟通与交流，彼此形成协作。在劳动和语言的推动下，人脑逐渐形成，最终形成完全的人，这就是劳动创造人本身的过程。

第二个层面，人类社会的形成与发展离不开劳动。劳动在创造了人本身后，"由于随着完全形成的人的出现又增添了新的因素——社会"④。

---

① 习近平：《坚持历史唯物主义不断开辟当代中国马克思主义发展新境界》，《求是》2020年第2期。
② 任琳：《关于劳动范畴是历史唯物主义逻辑起点的省思》，《甘肃理论学刊》2013年第4期。
③ 《马克思恩格斯全集》第26卷，人民出版社2014年版，第759页。
④ 《马克思恩格斯全集》第26卷，人民出版社2014年版，第763页。

人与动物除了生物上的区别,核心之处在于人的社会属性,当社会形成,人走入社会之后,才成为真正的人。人类社会的形成与发展必须依靠劳动,在基本的物质需求向更高的精神需求转变的过程中,社会关系也在不断扩大。这种劳动并不是抽象的劳动,而是现实生活的人类实践活动中最基本的形式,即生产劳动。马克思认为:"人们生产自己的生活资料,同时间接地生产着自己的物质生活本身。"① 从这里可以看出,人的生产劳动会生产出人类社会的现实性。那么创造了人类和形成社会的劳动究竟是怎么开始的,除了生物学上的进化外,最重要的是工具,从开始制造工具的那一刻,劳动就开始了。通过工具的制造,人类开始吃肉,从简单的草食性生物逐渐演变成杂食性生物,因此也逐渐学会在各种环境和气候下生存,通过劳动工具的不断发展,人类社会也在不断进步。"由于手、说话器官和脑不仅在每个人身上,而且在社会中发生共同作用,人才有能力完成越来越复杂的动作提出并达到越来越高的目的。"② 回顾人类发展的历史,从生火和捕猎开始,经过畜牧、农业、织布、炼器,通过工业革命大力发展工业水平,探索科学、真理和宇宙,人类从原始部落走向民族和国家,从原始社会向着共产主义社会的终极目标前进。

第三个层面,劳动创造人类历史。劳动创造了人本身,劳动形成人类社会,同时劳动也创造了人类历史。"人们为了能够'创造历史',必须能够生活。但是为了生活,首先就需要吃喝住穿以及其他一些东西。因此,第一个历史活动就是生产满足这些需要的资料,即生产物质生活本身,……是一切历史的基本条件。"③ 因此,人类维持生活所从事的物质生产活动是一切历史的基础,因此,是劳动创造了历史,"人类创造历史的行动蕴含在日常生产劳动之中"④。唯物史观的出现,解决了人类历史上一直以来的问题,也证明了唯心史观的谬误。人类历史的产生并不是依靠某个人的个人意志来形成,是靠每个人、每个劳动者

---

① 《马克思恩格斯选集》第1卷,人民出版社2012年版,第147页。
② 《马克思恩格斯全集》第26卷,人民出版社2014年版,第766页。
③ 《马克思恩格斯选集》第1卷,人民出版社2012年版,第158页。
④ 郭忠华:《马克思的历史观与"创造历史"》,《马克思主义研究》2009年第12期。

在日复一日的劳动中逐渐形成的。恩格斯指出："……首先必须劳动，然后才能争取统治，从事政治、宗教和哲学等，——这一很明显的事实在历史上的应有之义此时终于获得了承认。"① 在马克思的历史唯物主义中，劳动是历史发展的基石、是基本条件。因此，劳动是人类历史的起点，是历史唯物主义的核心概念。②

马克思主义政治经济学中蕴含的劳动理论体现在：在资本主义生产关系的产生和生产方式里，劳动成为一种雇佣关系。马克思基于资本主义社会中的劳动，提出了劳动的二重性、透视了劳动剥削的本质及按劳分配的思想。

劳动的二重性指出，商品是一种劳动产品，能够满足人们的生活需求，其具有价值与使用价值两种属性。使用价值是一种物质关系，"不论财富的社会的形式如何，使用价值总是构成财富的物质的内容"③。价值是商品的社会属性，一切物品只要为人所用就具有使用价值，同时，劳动产品才具备价值，因此，商品交换实质上是一种劳动关系的交换。而劳动具有二重性，即具体劳动和抽象劳动，也就是生产商品具体的劳动形式和人的体力或脑力的耗费。马克思继承并发展了古典政治经济学的理论，明晰了价值来源，同时也给予了价值量化尺度："……在现有的社会正常的生产条件下，在社会平均的劳动熟练程度和劳动强度下制造某种使用价值所需要的劳动时间"④，即社会必要劳动时间。因此，劳动就是商品价值的唯一源泉，商品的价值就是劳动者创造的。不论随着社会的发展劳动形态发生怎样的变化，劳动永远是商品价值的唯一源泉。马克思主义劳动价值论不同于古典政治经济学，马克思透视了无产阶级和资产阶级之间的矛盾。同时，这一理论的形成进一步深化了前期的历史唯物主义，批判了古典政治经济学潜在的形而上学。

社会的发展往往伴随着生产力和生产关系的发展，在不断地发展过

---

① 《马克思恩格斯选集》第3卷，人民出版社2012年版，第723页。
② 陈先达：《走向历史的深处：马克思历史观研究》，中国人民大学出版社2016年版，第204页。
③ 《马克思恩格斯选集》第2卷，人民出版社2012年版，第97页。
④ 《马克思恩格斯全集》第44卷，人民出版社2001年版，第52页。

程中，资本主义社会也开始形成。"资本主义社会的经济结构是从封建社会的经济结构中产生的。后者的解体使前者的要素得到解放。"① 资本主义生产关系的形成是从资本的原始积累开始的，通过暴力的手段夺取农民的土地，对外通过殖民的方式疯狂掠夺财富，这种侵略式的剥夺分离了生产者和生产资料。而通过这种方式，资本主义生产方式形成的进程被加快，生产力和生产关系的快速发展反过来形成了对政治制度强烈变革的要求，资产阶级革命后，资产阶级政治统治制度正式成立。此时的劳动者已经没有了属于自己的生产资料，因此，迫于生计只能出卖劳动力，导致劳动力成为商品，劳动被异化。资本家与工人表面上是自由平等的买卖关系，工人出卖劳动力，资本家购买劳动力，但实际上是资本家对工人的剥削，成为一种雇佣关系。之所以是一种剥削，是由于在资本主义生产过程中剩余价值的产生。在这个过程中，资本家通过延长劳动时间和在同样的工作时间内增加工作量的方式迫使工人产生更多的剩余价值，资本主义的生产方式就是不断地获取剩余价值，"生产剩余价值或赚钱，是这个生产方式的绝对规律"②。此时的劳动已经异化，工人由于穷困，劳动对于他们来说只是手段，即谋取生活资料的手段。人的社会性逐渐消失，最终与自己的固有本质相异化。

为了消灭剥削，消除异化，马克思提出按劳分配思想，"不管他所创造的或协助创造的产品的特殊物质形式如何，他用自己的劳动所购买的不是一定的特殊产品，而是共同生产中的一定份额"③。此时，劳动就是一个唯一的分配尺度，劳动者付出了多少劳动量，就换取相应比例的消费品。多劳多得、少劳少得、不劳不得，这种按劳分配的模式能够有效地消灭剥削，消除不劳而获的现象。不劳而获和剥削本质就是对劳动的弱化和异化，当前这种现象依然存在，这也是新时代大学生劳动教育所要纠正和摒弃的思想和理念。当"一夜暴富""金钱至上"这样的价值观在学生的心中形成，劳动必然会成为被轻视和排斥的对象。一心只想如何多赚钱、如何赚钱快，从个人来看，结果就是抛弃了劳动是人

---

① 《马克思恩格斯选集》第 2 卷，人民出版社 2012 年版，第 291 页。
② 《马克思恩格斯选集》第 2 卷，人民出版社 2012 年版，第 276 页。
③ 《马克思恩格斯全集》第 30 卷，人民出版社 1995 年版，第 122 页。

的本质，成为金钱的奴隶；从整体来看，会对社会发展的进程带来严重的滞后作用，违背社会正义。因此按劳分配的思想就是对不劳而获的一种全盘否定，既否定了不劳而获这种行为，还否定了不劳而获这种具有浓厚剥削色彩的分配制度，更否定了不劳而获的价值理念。按劳分配"体现了对具备不同劳动能力的劳动者有效劳动的承认，也体现了对不同劳动者之间劳动正当、合理性差异的承认"[1]。

科学社会主义中蕴含的劳动理论主要体现在无产阶级革命对异化劳动的消灭和共产主义性质的劳动中。首先，无产阶级革命是对异化劳动的消灭。马克思和恩格斯通过探索人类历史的发展规律，揭露资本主义制度下的剥削本质，论证了科学社会主义的科学性和必然性。为了彻底消除异化劳动必须在无产阶级的革命中逐步实现，既往的革命都具有各自的局限性，"迄今为止的一切革命始终没有触动活动的性质，始终不过是按另外的方式分配这种活动，不过是在另一些人中间重新分配劳动，而共产主义革命则针对活动迄今具有的性质，消灭劳动，并消灭任何阶级的统治以及这些阶级本身"[2]。因此，必须看到生产资料私有制就是形成剥削的本质原因，必须实行公有制并按劳分配，"为了共同的利益、按照共同的计划、在社会全体成员的参加下来经营"[3]。这里的按劳分配则是与资本主义制度下的按资分配相对应的，同时，按劳分配还不是最终的分配方式，其局限于社会主义社会依然存在脑力劳动和体力劳动的差别，劳动依然还是一种谋生手段。无产阶级革命能够实现工人阶级的彻底解放，无产阶级革命消灭了私有制，消灭了异化的劳动，此时的人才是真正的人，此时的人类历史才是真正的人类历史。

另外，共产主义性质的劳动。实现共产主义，一方面是达到社会生产力高度发展，产品极大丰富。在社会生产力高度发展的前提下，共产主义社会将会实现普遍的生产资料公有制，并对个人消费品的分配实行按需分配。目前我们所处的社会主义社会正是共产主义的第一阶段，由

---

[1] 赵云伟：《论劳动正义的逻辑框架——基于政治经济学的分析视角》，《学术论坛》2013年第9期。
[2] 《马克思恩格斯选集》第1卷，人民出版社2012年版，第170—171页。
[3] 《马克思恩格斯选集》第1卷，人民出版社2012年版，第302页。

于此阶段的存在性，依然只能按劳分配；而到了共产主义的高级阶段，劳动将不再是不得已的谋生手段，实现了人的全面发展，进一步地再促进生产力发展，"……只有在那个时候，才能完全超出资产阶级权利的狭隘眼界，社会才能在自己的旗帜上写上：各尽所能，各取所需！"①"各尽所能，各取所需"真正地实现人的平等。另一方面，之所以能够实现人的自由全面发展，是因为劳动不再是获取巨大财富的来源，相对地，劳动时间也就不是财富来源，人们不再需要被迫在超长的劳动时间和超强度的劳动内容中谋求生存。此时，人们就有了充分的时间从事实现自我的事情，劳动就成了一种自然而然去做的事情。当然实现共产主义、实现人的自由全面发展是对未来的展望，以目前的认知和社会发展水平无法给出一个具体说明，什么时候实现，以怎样一种具体的形式去实现需要人们不断地实践，需要一代又一代人在实践中给出答案。

2. 马克思主义劳动教育观

马克思和恩格斯通过历史唯物主义、政治经济学和科学社会主义三个维度对劳动进行了深入的剖析，认为劳动在人从自然界分化出来演化成自然人，进而在成为社会人的过程中发挥了决定性的作用。马克思充分肯定了劳动之于人类和人类历史的意义，"任何一个民族，如果停止劳动，不用说一年，就是几个星期，也要灭亡，这是每一个小孩都知道的"②。在深刻剖析了劳动的本质和发展规律后，马克思和恩格斯还将劳动与教育相结合。

第一，教育与生产劳动相结合的必然性。回顾人类社会发展的整个进程，劳动教育理念的形成经历了很长的发展过程。人类社会刚形成之际，人们通过劳动只是为了满足最基本的生存需要，其中蕴含的教育也只是基本的劳动技能教育，其教育目的只是让人类在不同的环境中生存下去。在资本主义社会制度下，随着生产力的发展，出现了社会分工、体力劳动和脑力劳动的分离，使得"工人的教育逐渐成为多余的和不可能的了"③，并形成了剥削者的教育从劳动中分离，最终成为阶级性的

---

① 《马克思恩格斯选集》第3卷，人民出版社2012年版，第365页。
② 《马克思恩格斯文集》第10卷，人民出版社2009年版，第289页。
③ 《马克思恩格斯全集》第6卷，人民出版社1961年版，第222页。

教育，这种教育只不过是为了强化统治阶级以便更变本加厉地剥削，"资产者唯恐失去的那种教育，对绝大多数人来说是把人训练成机器"①。资本家将教育与劳动分离，使得劳动者没有受教育的权利，成为被资本家压榨的只能制造剩余价值的工具。在资本家的扭曲下，社会教育代替家庭教育变成了消灭亲密关系的行为，马克思和恩格斯无情地揭露了资产阶级的丑恶嘴脸："共产党人并没有发明什么社会对教育的作用；他们仅仅是要改变这种作用的性质，要使教育摆脱统治阶级的影响。"② 可以说，教育是马克思和恩格斯带领无产阶级反对资产阶级压迫的一种形式。同时，马克思和恩格斯还提出："对所有儿童实行公共的和免费的教育。取消现在这种形式的儿童的工厂劳动。把教育同物质生产结合起来，等等。"③ 在《共产党宣言》中，我们看到了马克思和恩格斯从教育的角度揭露了资本主义剥削的本质，同时也提出了教育与生产劳动相结合的建议，这为以后劳动教育的发展奠定了理论基础。

第二，劳动价值观的培育。关于劳动教育、劳动价值观的培育，是马克思和恩格斯没有具体提到的，但并不是说在他们的著作和理论中无法了解到。马克思和恩格斯从历史唯物主义、政治经济学和科学社会主义这三个维度阐释了劳动观，而劳动观中所蕴含的理念就包含了劳动价值观的内容。新时代大学生劳动教育所要追求的就是劳动价值观的树立和培育。从历史唯物主义和政治经济学中，我们首先了解到劳动的本质，了解到劳动创造了历史、社会和人本身，随着资本主义的出现，劳动被异化，沦为仅仅为了赚钱而不得不去进行的手段。那么这就告诉我们，在新时代大学生劳动教育的过程中，要牢牢把握劳动的本质，防止享乐主义、拜金主义等错误的思想形成，防止异化劳动的形成；从而树立起一个健康、积极的劳动价值观，培育学生在劳动的过程中乐在其中，享受其中。在科学社会主义中，我们了解到社会主义发展最终的目标是实现共产主义，那时的人将实现全面自由的发展，因此，必须在学生内心形成这样的崇高理想信念，让学生充分认识到现在的劳动是为了

---

① 《马克思恩格斯选集》第1卷，人民出版社2012年版，第417页。
② 《马克思恩格斯选集》第1卷，人民出版社2012年版，第418页。
③ 《马克思恩格斯选集》第1卷，人民出版社2012年版，第422页。

将来成为一个全面自由发展的人,自由自在的劳动可令学生在实现中华民族伟大复兴的中国梦的道路上积极投身实践,努力拼搏。

(二) 列宁的劳动教育思想

第二次工业革命的开始,标志着科学开始对工业产生巨大的影响。在第一次工业革命所处的"蒸汽时代"中,纺织业、运输业、采矿业等行业的发明鲜有科学家的身影,从1870年以后,科学逐渐大量地应用于工业发展,人类社会进入"电气时代"。同时,第一次世界大战爆发后,俄国革命形势发展迅速,随着俄帝国的解体,列宁将资产阶级民主革命过渡到社会主义革命,通过十月革命夺取政权,确立了苏维埃政权。在这样的时代发展背景下,列宁继承并发展了马克思和恩格斯的思想,为社会主义革命和社会主义建设提出了教育和生产劳动相结合的思想。

1. 教育与生产劳动相结合

在马克思和恩格斯的无产阶级思想的影响下,列宁立足于当时的社会发展现状,同马克思和恩格斯相同,他也对资产阶级教育的弊端进行了深刻的批判。列宁认为资产阶级的教育是与生产脱节的,因为资本家所需要的仅仅是为资产阶级服务的、被奴役的工人。在资产阶级社会中,劳动同教育是相互分离的,劳动只是工人被迫谋生的手段,而教育则是充满了脱离实际的形式主义,"即使在最民主的共和国中,也必然会把一切有生气的、健康的东西扼杀掉"[1]。在批判资产阶级教育与生产相脱离的基础上,列宁还指出:"无论是脱离生产劳动的教学和教育,或是没有同时进行教学和教育的生产劳动,都不能达到现代技术水平和科学知识现状所要求的高度。"[2] 同时列宁认为,教育与生产劳动相结合也绝不是完全依靠单纯的生产劳动,更不是学习一些简单的体力劳动就行的。在列宁看来,这是一种经验主义,这种经验主义容易形成脑力劳动和体力劳动的割裂。因此,教育与生产劳动相结合的根本目的是实现认识与实践的互相影响和互相促进,一方面要通过劳动以熟练掌握所学知识,避免形成知识的过度灌输;另一方面,要利用所学知识进一步

---

[1] 《列宁全集》第38卷,人民出版社2017年版,第182页。
[2] 《列宁全集》第2卷,人民出版社2013年版,第463—464页。

与科学技术和生产实践相联系,避免导致理论与实践相互脱离的情况。这就表明生产力的发展同劳动教育是分不开的,不论是教育还是生产劳动都不可或缺,要在实践中使学生掌握劳动技能,也要在教学中提高学生的科学知识水平。

2. 培育共产主义觉悟

在列宁的《青年团的任务》中,论述了青年应该如何去学习。在这里,学习不是一个笼统的概念,不是说让想要走向共产主义的青年直接去学习共产主义,而是要在实践中学习。针对共产主义的学习,列宁首先提出了一个误区,就是在学习共产主义的过程中不能仅仅局限于著作和书本里的内容,这实际是一种与实践脱离的错误思想。局限在书本中仅仅增加了理论储备,完全不具有任何的实践能力,往往这样的人"不善于把所有这些知识融会贯通,也不会按共产主义的真正要求去行动"①。这就说明,学习共产主义不能脱离实践,必须在斗争和工作中不断地领悟。紧接着就产生了新的问题,即如何将实践与学习结合起来,在这里列宁批判了旧学校和旧科学:"旧学校是死读书的学校,它迫使人们学一大堆无用的、累赘的、死的知识,这种知识塞满了青年一代的头脑,把他们变成一个模子倒出来的官吏。"② 但这里的批判不是说可以摒弃以前的所学知识,因为共产主义的产生是在人类历史发展过程中不断地知识累积形成的。因此,学习共产主义首先要继承和发扬原有的知识,在掌握知识理论的基础上投身于实践,从而将理论融会贯通。那么如何在教育与生产劳动相结合的实践中培育青年的共产主义觉悟?列宁给出了一个例子:"你们完全了解,不识字的人实现不了电气化,而且仅仅识字还不够。只懂得什么是电还不够,还应该懂得怎样在技术上把电应用到工农业上去,应用到工农业的各个部门中去。"③ 因此,落实教育与生产劳动相结合就是让每一个共产主义青年运用自己的知识加入共产主义的建设中,受到良好的现代教育,才有能力建立共产主义社会。只有在分别掌握好现代的知识和共产主义的理论,并通过实

---

① 《列宁全集》第 39 卷,人民出版社 2017 年版,第 329 页。
② 《列宁全集》第 39 卷,人民出版社 2017 年版,第 333 页。
③ 《列宁全集》第 39 卷,人民出版社 2017 年版,第 336 页。

践将理论转化为现实的时候，才真正做到建设共产主义。教育与生产劳动相结合就是为了让新一代青年在接受良好教育的基础上，积极投身生产实践，积极投身共产主义建设中。

3. 综合技术教育

综合技术教育同样也是为培育青年建设共产主义所提出的一项教育措施。"你们都知道，紧接着军事任务即保卫共和国的任务之后，我们即将面临经济任务。我们知道，如果不恢复工业和农业（而且必须不按旧方式来恢复），那么共产主义社会是建设不成的。"① 共产主义的建设涉及各个领域，青年们单凭理论是无法建设的，单凭某一领域的知识也是无法建成的，只有学会如何使用理论指导实践，如何运用知识解决实际的问题，才能够建立共产主义。在《关于综合技术教育——对娜捷施达·康斯坦丁诺夫娜的提纲的意见》中，列宁提出："我们决不能放弃原则，我们一定要立刻尽可能地实施综合技术教育。"② 对于如何实施综合技术教育，列宁提出了非常细致的建议和要求，并用"必须"的程度说明实施综合技术教育的紧迫性和必要性。实施综合技术教育包括两个层面，第一个层面是针对掌握科学知识的学生，为了实现电气化，必须通过参观、实习的方式尽快投入实践；第二个层面，列宁直接提出了当时苏联面临的最大问题，就是经济水平非常匮乏，因此需要大量的工匠，除了要求精通本身的专业技能外，列宁还要求必须具备"最基本的普通知识和综合技术知识"③。可以看到，列宁非常注重青年的综合技术教育，这也是与当时的经济发展情况密不可分的，为了发展经济、为了建立共产主义，必须有一大批综合性人才投身实践当中。

（三）中华人民共和国党和国家领导人的劳动教育思想

1. 毛泽东的劳动教育思想

首先，毛泽东同志的实践观。在《实践论》中，毛泽东同志继承了马克思的思想，同时也针对中国面临的问题提出了思考，探寻了认识

---

① 《列宁全集》第39卷，人民出版社2017年版，第336页。
② 《列宁全集》第40卷，人民出版社2017年版，第228页。
③ 《列宁全集》第40卷，人民出版社2017年版，第230页。

和实践的关系。首先，毛泽东同志提到了如何去认识，"第一步，是开始接触外界事物，属于感觉的阶段。第二步，是综合感觉的材料加以整理和改造，属于概念、判断和推理的阶段"①。这就是感性认识和理性认识，并且理性认识是依赖于感性认识产生的，脱离了感性认识就无法形成理性认识。也就是说，从实践才能开始人们的感性认识，获得经验，如果闭门造车，企图直接获得理性认识是不可能的，同时也就形成了唯心主义。经过了感性认识，并对感性认识不断深化，经过筛选和整理，最终才能形成有体系的理论和概念。在经历了从实践到正确认识的过程后，并不是代表已经结束，还要再将正确的认识继续投入实践当中，否则"如果有了正确的理论，只是把它空谈一阵，束之高阁，并不实行，那么，这种理论再好也是没有意义的"②。

其次，毛泽东同志采取多维举措提高劳动生产率。毛泽东同志一直都是反对贬低体力劳动、抬高脑力劳动的旧思想，这是一种对脑力劳动和体力劳动的分化。因此，他倡导半工半读的教育模式，促进学校、家庭、社会协同发展。此外，他还发现教育和劳动之间具有密切的联系，一方面，教育要培养出有觉悟有文化的劳动者；另一方面，劳动人民也要知识化。不论是在革命战争时期还是1949年以后全力进行社会主义建设，毛泽东同志都赋予了生产劳动非常重要的地位，大力发展生产力在一个国家和社会的进程上有重要作用，毛泽东同志在当时对比了苏联和美国，"苏联的工农业劳动生产率，现在还没有超过美国，我们则差得更远。人口虽多，但是劳动生产率远远比不上人家，还要继续紧张地努力若干年，分几个阶段，把我们的国家搞强大起来，使我们的人民进步起来"③。毛泽东同志明确地指出新中国的劳动生产率依然低下，同时，还立足于中国的实际，提出了解决劳动生产不足的方法。他认为，"提高劳动生产率，一靠物质技术，二靠文化教育，三靠政治思想工作。后两者都是精神作用。"④ 在这三项提高劳动生产率的方法中，可以看

---

① 《毛泽东选集》第1卷，人民出版社1991年版，第290页。
② 《毛泽东选集》第1卷，人民出版社1991年版，第292页。
③ 《毛泽东文集》第7卷，人民出版社1999年版，第226页。
④ 《毛泽东文集》第8卷，人民出版社1999年版，第124—125页。

到毛泽东同志学习了列宁的教育与生产劳动相结合的方法，致力于让手工业、工业、农业等相关产业都逐步实现机械化，强化学生的基础文化知识，提高学生的劳动技能水平，再通过政治思想工作加强学生的个人觉悟，打造全新的社会主义建设者。

最后，毛泽东同志对教育与生产劳动相结合的必要性进行了深入分析，形成了教育与生产劳动相结合的教育方针。并在劳动教育的实践中，半工半读、半农半读逐渐发展成一种教育制度和劳动制度。同时，针对不同的学段的教育，毛泽东同志提出了具体要求。在中小学教育这一阶段，毛泽东同志强调学生都应当参加适量的劳动锻炼，学校要提供生产劳动实践的平台，同时在假期也要求学生积极参加劳动实践，培育劳动技能。在高等教育方面，毛泽东同志指出，大学生不能仅仅局限于课本的专业知识，理科生要多做实验、多实习，而文科生则要积极参加社会实践，融入社会，"不然，学生毕业，用处不大"[①]。毛泽东同志强调，要将教育与生产劳动相结合，培养德智体全面发展的有社会主义觉悟和有文化的劳动者。

2. 邓小平的劳动教育思想

邓小平同志的劳动教育思想不仅体现在对马克思、恩格斯、列宁、毛泽东相关理论和思想的继承，坚持教育与生产劳动相结合的教育方针，同时还实现了新的发展，即邓小平同志进一步强调了科技的重大作用，强调了脑力劳动的作用，对脑力劳动者表示了肯定。具体而言可以从以下几个方面进行论述。

首先，邓小平同志肯定了脑力工作者也是劳动者。邓小平同志明确地指出"科学技术叫生产力，科技人员就是劳动者"[②]。这个观点是当时对知识分子轻视、鄙视的一种深刻批判。针对已经存在的过于强调体力劳动、过于轻视脑力劳动的现象，进行了进一步的融合与平衡。邓小平同志认为，不论从事什么职业，都是劳动者，劳动不分内容、劳动不分场所。种田不一定在农村，劳动不一定必须会使用农业工

---

① 《建国以来毛泽东文稿》第 11 册，中央文献出版社 1996 年版，第 492—493 页。
② 《邓小平文选》第 2 卷，人民出版社 1994 年版，第 34 页。

具，只要在一份职业中、在自己的工作中付出了劳动，那么这个人就一定是劳动者。邓小平对脑力劳动者的肯定，体现了他的期望和要求，即"尊重知识，尊重人才"[1]。

其次，加强科学技术的发展。基于对脑力劳动者的肯定和支持，进一步提出大力发展科技。邓小平同志的这个观点逐渐形成对知识的重视和对脑力劳动的重视。在这个背景下，邓小平同志进一步提出了对高校的要求，他将高校作为科研的重要力量，对高校的教学、学科发展等方面都提出了新要求，着重强调了高校科研水平的深化。而实现科技发展的基础就是要正确认识科技水平就是生产力。

最后，培养学生的革命理想和共产主义品德。邓小平同志指出，高校的学生成长于中小学，因此不能只抓高校的教育，中小学教育更要受到重视。要在这个连续的教育环节中逐步培养学生热爱劳动、热爱科学、热爱人民等优秀的品德，致力于实现学生德育、智育、体育的全面发展，实现学生在脑力劳动和体力劳动层面的融合发展。

3. 江泽民的劳动教育思想

江泽民同志肯定了教育与生产劳动相结合这项教育方针在中华人民共和国成立以来形成的良好教育效果，同时也要求继续将这项教育方针坚持下去。这项方针的实施能够继续培育德智体美等全面发展的社会主义建设者和接班人，同时，通过要求学生积极地接触社会，避免死读书造成脑力劳动和体力劳动的分化。而在国家发展的道路上，也要逐渐摆脱唯经济建设的思路，要将更多的重心转移到提高劳动者素质和提升科技发展水平上来，并在邓小平同志提出的"尊重知识，尊重人才"的基础上做了进一步发展，基于人才强国战略，提出了"尊重劳动，尊重知识，尊重人才，尊重创造"。增加了"尊重劳动"，体现了江泽民同志对劳动的重视，以及劳动在人才队伍建设中的重要作用；增加了"尊重创造"，体现了江泽民同志将创造视为人才培养的重要目标，致力于培养出创造性人才，成为社会主义建设的不竭动力。

首先，科技水平的发展离不开科技人才的培育和劳动者素质的提

---

[1]《邓小平文选》第2卷，人民出版社1994年版，第41页。

升。江泽民同志更加强调了科学精神和创新精神，而科学与创新的关键在于人才培育。随着科技水平的不断发展，劳动的形式逐渐多样化，传统的农业劳动、手工劳动等依靠体力为主的劳动形式，逐渐被工业化、自动化的机械所取代，科教兴国的战略在这个背景下被提出。在江泽民同志看来，一方面，这需要广大劳动者不断提升自身的知识水平和技术水平，从而能够更好地驾驭新兴的劳动工具，实现生产力的大幅提升；另一方面，更需要提高劳动者的整体素质，形成德才兼备的科技人才群体。对此，江泽民同志提出了四种精神："爱国主义精神、求实创新精神、拼搏奉献精神、团结协作精神。"[1] 而高校作为科技人才培育的主阵地，在坚持教育与生产劳动相结合的方针前提下，还应当与科研工作相结合。这是一条生产、教学和科研相结合的道路，进一步推动了生产力的发展。

另外，对教育与生产劳动相结合教育方针的进一步创新发展。基于教育与生产劳动相结合的方针，江泽民同志进一步提出了培养学生的实践能力和创新能力，这就要求教育与生产劳动相结合，同时还要与社会实践相结合。这个观点是基于当时的社会发展水平提出的一项创新性观点。与社会实践相结合使学生在实践中进一步深化理论知识，进一步提升劳动技能，进一步开发创新思维。既有助于实现学生的全面发展，也有利于国家科技人才团队的培育。同时，进一步培育科学精神，一方面提升学生学习科学、运用科学的能力；另一方面树立正确的世界观、人生观和价值观。

4. 胡锦涛的劳动教育思想

胡锦涛同志高度重视人才队伍建设，坚持贯彻"四个尊重"，同时也指出劳动教育对全面发展的重要意义。一方面胡锦涛同志提出在劳动教育的过程中应认识到社会实践、创新能力的重要性，实现综合素质的全面发展。另一方面，胡锦涛同志做出了关于"体面劳动"的重要论述，体现了对劳动者的尊重以及对劳动者权益的保障。

首先，以人才强国战略为基础，推动人的全面发展。胡锦涛同志提

---

[1] 《江泽民文选》第 1 卷，人民出版社 2006 年版，第 436 页。

出的人才强国战略就是要培养出一批高素质、创新能力强的劳动者。不论是经济发展还是社会进步，不论是思想道德水平的提升还是实现人的全面发展都离不开人才。而人才队伍的建设一方面要培育人们的理论水平和实践能力，在研究学习中深刻理解理论知识，在实践中深化理论水平和创新能力，最终在创新实践中形成一批人才队伍。另一方面，在科学技术水平具备的同时，还需要品德的提升，这就要求人才队伍必须提升个人品德和劳动素质，培育自身的爱国精神、科学精神、探索精神和团队精神。

另外，实现广大劳动者的体面劳动。胡锦涛同志关于体面劳动的论述，既是对劳动者自身权益的保护，也是对体力劳动与脑力劳动的再度融合。体力劳动一方面是要保障广大劳动者的各方面权益，包括报酬、工作环境和质量等，最终形成和谐的劳动关系。另一方面是要对所有劳动者都持以尊重的态度，不论是体力劳动者还是脑力劳动者，不论是从事简单劳动还是复杂劳动，都在自己的岗位上贡献着每一份力量，这些力量都是社会主义建设的不竭动力。

5. 习近平新时代关于劳动教育的重要论述

习近平新时代中国特色社会主义思想继承并发展了马克思列宁主义、毛泽东思想、邓小平理论、"三个代表"重要思想、科学发展观，新时代劳动教育依然坚持教育与生产劳动和社会实践相结合的基本方针，依然坚持科技创新的发展目标。在此基础上，习近平总书记以实现立德树人为根本任务，进一步强调了价值观的培育与劳动精神的培育。

首先，坚持创新驱动发展战略。纵观1949年以来党的教育方针、国家的发展战略，科技水平、创新能力都具有很高的战略地位，并且随着国家的发展，其作用愈发重要。实施创新驱动发展战略，人才培育是重要环节，从习近平总书记对创新人才培育的重要论述中可以看到，创新人才的培育离不开以下三个方面。第一个方面，离不开知识和技术的学习。人才培育过程中，必须通过理论知识的学习与实践工作的磨炼方能逐渐练就过硬本领，实践能力是最基本的能力。第二个方面，离不开保障措施的建立。对于广大的创新人才，应当予以经济、政策等各方面的支持，保障人才队伍能在良好的生活环境、工作环境和社会环境中开展本职工作。第三个方面，离不开价值观的培育。如果说实践能力是创新人才培育的基本，那么价值观和内在精神的形成才真正地完成了人才培育的工作。作为国家的创新人才，掌握着尖端技术，应当具备爱国精神、创新精神、劳动精神等高尚品质；应当"弘扬劳动光荣、技能宝贵、创造伟大的时代风尚"①。

其次，强化价值观与劳动精神的培育。在新时代的背景下，习近平总书记将劳动教育作为一项独立的教育形式提出，这体现出党中央对劳动和劳动教育的高度重视，实现国家的创新发展离不开人才的培育，而创新人才的培育离不开劳动教育。不仅仅是创新人才，各学段的学生、各学科的学生都应当加强劳动教育，因为劳动教育不仅是劳动技能的提升和劳动习惯的培养，还能强化人们的内在精神、提升人们的内在品德，劳动教育是实现人的全面发展的必然途径。劳动教育可以使学生能够积极践行社会主义核心价值观，树立自觉劳动、积极创造、甘于奉献的劳动观和职业观；可以使学生以劳模精神、工匠精神为榜样，逐渐形成"崇尚劳动、热爱劳动、辛勤劳动、诚实劳动"②的劳动精神。

最后，落实立德树人的根本任务，培养德智体美劳全面发展的社会主义建设者和接班人。实现立德树人需要依靠在各学段的教育中不断融入社会主义核心价值观，需要强化对学生的道德教育，还需要实现中华优秀传统文化的转化与创新发展，而这些方面的教育内容也贯穿劳动教育的全过程。在落实立德树人根本任务的过程中，逐步使学生以社会主义核心价值观约束自我、以高尚的劳动品德作为人生标杆、以优秀传统文化的新发展作为优秀品质的延续与传承。同时，实现立德树人还离不开"五育"并举。"五育"并举体现了德、智、体、美、劳各自的独立属性和在教育中的重要地位，而在凸显各自独立属性的同时，还要实现五育融合，具体体现在劳动教育中就是"劳动可以树德、增智、强体、育美"③。可以

---

① 中共中央文献研究室编：《习近平关于科技创新论述摘编》，中央文献出版社2016年版，第119页。

② 习近平：《在全国劳动模范和先进工作者表彰大会上的讲话》，《人民日报》2020年11月25日第2版。

③ 本书编写组：《十九大以来重要文献选编》上册，中央文献出版社2019年版，第7页。

看到，劳动教育始终贯穿于"五育"之中，在立德树人根本任务的指导下，又进一步推动立德树人的目标实现，最终培养出具有爱国精神、责任担当、实践能力强、积极创新的高素质综合型人才。

二 中国传统文化视域下的劳动观及近代劳动教育思想

（一）中国古代的劳动教育思想

中华文化源远流长，自人类出现起，也就出现了劳动。在中华上下五千年的历史长河中，劳动思想一直是中华民族延续的理念。从奴隶制社会到封建制社会，实质上是一种贵族政治，劳动者一直都是被压迫的对象，在井田制度下，"溥天之下，莫非王土；率土之滨，莫非王臣"[①]。百姓没有属于自己的生产资料，也没有形成一个系统的劳动思想。各个学派都各抒己见，观点庞杂，并且由于轻视劳动的理念一直存在，鲜有人真正对劳动有所研究。中国古代的思想受到主流文化的影响，物质生产劳动依然是被贬低的，文人士大夫阶层已完全脱离了物质生产劳动。因此我们在回顾古代的劳动思想和劳动教育理念的时候，一定要秉持着"古为今用、去粗取精、去伪存真"[②]的态度和思路，继承并发展、批判性地看待。我国古代的农业水平一直处于向上的发展阶段，在农业的发展下形成了农耕文明。

1. 中国古代的劳动观

从道家的哲学理念来看，首先可以谈到幸福观。道家的幸福观是一种顺其自然、保持自然天性的幸福。如《庄子·马蹄》篇提到的："彼民有常性，织而衣，耕而食，是谓同德。一而不党，命曰天放。故至德之世，其行填填，其视颠颠。当是时也，山无蹊隧，泽无舟梁；万物群生，连属其乡；禽兽成群，草木遂长。是故禽兽可系羁而游，鸟鹊之巢可攀援而窥。夫至德之世，同与禽兽居，族与万物并，恶乎知君子小人哉？同乎无知，其德不离；同乎无欲，是谓素朴。素朴而民性得矣。"[③]

[①] 《诗经》，王秀梅译注，中华书局2012年版，第299页。
[②] 习近平：《在中央党校建校80周年庆祝大会暨2013年春季学期开学典礼上的讲话》，《人民日报》2013年3月3日第2版。
[③] （战国）庄周：《庄子》，孙通海译注，中华书局2007年版，第168页。

这就是说普通的百姓是有其天性的，织布穿衣种粮食做饭都是一种本能，人和动物杂居在一起就不会有君子和小人的区别，没有私欲、质朴纯真，就会一直保持天性。在道家看来，人的劳动行为不过是一种本能，并且人和动物应该是没有差别的，正是因为人从动物里分离了出来才形成复杂的人性，才会丧失幸福，显然这种思想混淆了人和动物的本质区别，混淆了劳动与本能的本质区别。

2. 中国古代的工匠精神

关于中国古代对技艺即劳动技能的描述，著名的"庖丁解牛"就是最好的例子。"臣之所好者，道也，进乎技矣。始臣之解牛之时，所见无非牛者。三年之后，未尝见全牛也。方今之时，臣以神遇而不以目视，官知止而神欲行。"[①] 这就是一种高度熟练的劳动技能，从每月坏一把刀到每年坏一把刀，最终到达庖丁的境界，十几年还是锋利如初，这就是技艺的高超。当然，在这里庄子所要表达的原意是在为人处世时要像解牛一样避开筋骨结合的地方，也就是回避矛盾，这是一种消极的人生观。但是对我们来说，这就是一个发现规律且投入实践的过程。类似的例子还有《庄子·达生》篇里的"佝偻承蜩"的故事，佝偻承蜩之所以能够"犹掇之"，乃是经历了"五六月，累丸二而不坠，则失者锱铢；累三而不坠，则失者十一；累五而不坠，犹掇之也"的艰苦过程，同时"吾处身也，若厥株拘；吾执臂也，若槁木之枝；虽天地之大，万物之多，而唯蜩翼之知。吾不反不侧，不以万物易蜩之翼"，这种"用志不分，乃凝于神"就是达到如此境界的"道"。宋代欧阳修《卖油翁》中所揭示的"无他，但手熟尔"，也是如此。明代魏学洢《核舟记》中记载民间微雕艺人王叔远核舟"技亦灵怪矣"，都反映了古人要将劳动做到极致、成为艺术的哲理，这正是今天我们所倡导的工匠精神的最生动写照。

此外，道家还将使用器械的熟练程度与人心的复杂联系到一起。"子贡南游于楚，反于晋，过汉阴，见一丈人方将为圃畦，凿隧而入井，抱瓮而出灌，搰搰然用力甚多而见功寡。子贡曰：'有械于此，一日浸

[①] （战国）庄周：《庄子》，孙通海译注，中华书局2007年版，第56页。

百畦,用力甚寡而见功多,夫子不欲乎?'为圃者仰而视之曰:'奈何?'曰:'凿木为机,后重前轻,挈水若抽,数如泆汤,其名为槔。'为圃者忿然作色而笑曰:'吾闻之吾师,有机械者必有机事,有机事者必有机心。机心存于胸中则纯白不备,纯白不备则神生不定,神生不定者,道之所不载也。吾非不知,羞而不为也。'"① 宁愿用最为原始的方法汲水,也不愿采用可节省劳动的槔,因为在道家看来,会用器械,就必定有复杂的心思,自然就会破坏本性,成为心神不定的人。这是对技艺的偏见,对物质日益丰富持警惕和反对的态度,而对技艺的偏见阻碍了技术进步。劳动工具使用的熟练程度是一个人日复一日在实践中练就的,这是一种工匠精神的体现,而非心思复杂的体现。在道家的创始人老子那里,早就有这样反对技艺进步的思想,如"大巧若拙""朴散为器"等。因此,道家的思想本质就是一种自然主义,越是接近自然的、原始的,越是素朴。

3. 中国古代的劳动分工理念

早在春秋战国时期,中国的思想家们便提出了劳动分工的观点。虽然中国古代的经济类型是自给自足的小农经济,所谓的劳动分工也不过是男耕女织这种简单的分工,应该跳脱出家庭的单位,看到社会的总体劳动分工。在劳动实践中,随着社会生产力的不断发展,相应的生产技术也在不断提高,当出现了多种多样的劳动形式后,掌握不同劳动技术的人也就出现了,劳动分工是必然的。最早记载的劳动分工是在春秋战国时期,这个时期百家争鸣、人才辈出,形成了很多重要思想,也产生了很多思想流派。针对劳动分工,"凡天下群百工,轮车鞼鲍,陶冶梓匠,使各从事其所能"②。同时期的《周礼·考工记》也包含了大量的科技信息,既记载着先秦时期的手工艺技术,还记载了数学、天文、物理等自然科学知识,其中记录了木工即专门造车等的工人、金工即制造兵器、乐器等的工人;皮革工即造鼓等的工人;染色工即调色或炼丝等的工人;雕刻工即打造玉器、打磨石材的工人;陶工即打造陶器等器皿

---

① (战国)庄周:《庄子》,孙通海译注,中华书局2007年版,第203—204页。
② (春秋/战国)墨翟:《墨子译注》,张永祥,肖霞译注,上海古籍出版社2015年版,第164页。

的工人六大类工种。而通过劳动分工，生产力又得到了进一步提高。但另一方面，管仲提出了四民分业定居论："桓公曰：'成民之事若何？'管子对曰：'四民者，勿使杂处，杂处则其言咙（杂乱），其事易（变）。'桓公曰：'处士、农、工、商何？'管子对曰：'昔圣王之处士也，使就闲燕；处工就官府，处商就市井，处农就田野。'"① 管仲的四民分业定居论使职业世袭化，让士、农、工、商都固定在原来的职业和地位上，让每个人从小受到相应的熏陶，思想就逐渐安定，各自职业的人教育各自的后代，职业会一直传承下去，使职业和地位都世袭化，就保证了劳动技能和劳动力的再生产。管仲的四民分业定居论有其重视工商业，利于生产技术、技能、知识的传授，促进社会生产发展的一面。同时，它也受西周以来的传统影响，把人的职业分工世袭化，有利于统治阶级统治，但极易造成阶层固化，不利于社会流动。

4. 劳力与劳心的价值之辩

在劳动分工的基础上，逐渐形成了脑力劳动和体力劳动相区别的思想。对于如何看待体力劳动与脑力劳动，即"劳力"与"劳心"，每一个学派都有不同的看法。但总的看来，由于中国古代一直以来对政治活动的推崇及其地位的肯定，劳动者一直处于较低的地位，体力劳动也一直被轻视。因此，主流的思想依旧是"劳心"高于"劳力"。"子曰：君子谋道不谋食。耕也，馁在其中矣；学也，禄在其中矣。君子忧道不忧贫。"② 孔子所言表达了对治国之道的追求，耕种难以避免饥饿，但读书与学习一定会有禄，这种对君子、读书与治国之道的追求是一种高尚追求。另一方面，不论是读书还是治国，本质上属于脑力劳动，因此，孔子对脑力劳动具有更高的追求。孟子对脑力劳动和体力劳动的态度与孔子具有相似之处，"无君子，莫治野人；无野人，莫养君子"③。没有官员就无人治理农民，没有农民就没人供养官员，这句话充分地体现了孟子对"劳心"的推崇。同时，在与许行的民粹主义辩论中更是体现了这一观点。许行等人主张"贤者与民并耕而食，饔飧而治"，要

---

① （战国）左丘明：《国语》，上海古籍出版社 2015 年校点本，第 149 页。
② （春秋）孔丘：《论语》，张燕婴译注，中华书局 2006 年版，第 237 页。
③ （战国）孟轲：《孟子》，万丽华、蓝旭译注，中华书局 2012 年版，第 105 页。

求"君臣并耕",这既体现了一种人人劳动的理想,又体现了脑力劳动和体力劳动的和谐发展。孟子则对"君臣并耕"的主张提出了驳斥:"或劳心,或劳力;劳心者治人,劳力者治于人;治于人者食人,治人者食于人;天下之通义也。"[1] 此外,孟子还指出许行一派只看到了耕种的重要性并躬身实践,看不到劳动分工的重要性,认为从事纺织、冶炼等会妨碍耕种,而没有意识到,即使未来提高耕种的生产效率,也需要有专门的人从事纺织、冶炼等劳动。与孔子孟子思想相同的还有荀子的"君子以德,小人以力。力者,德之役也"[2]。无一不是将"劳心"与"劳力"对立起来,并以此作为"君子"和"小人"的分野,认为"君子"应在"勤礼"上下功夫,而"小人"只要做好各种生产即可。

春秋战国以来的知识界特别是儒家对体力劳动的看法,可以说在很大程度上直接影响了此后两千多年中国社会的走向:读书做官,追求"劳心"之途,成为人们普遍的理想信念。由于不重视科学研究这样的脑力劳动,再加上道家对技术的警惕和排斥,结果中国古代精英阶层不仅普遍弱化生产劳动,而且也不关注发明创造这样的脑力劳动。

5. 中国古代的耕读文化

耕读思想是从"劳力"与"劳心"之辩中逐渐形成的,在推崇"劳心"、贬低"劳力"的过程中,人们逐渐意识到"耕"与"读"的重要性,二者不可偏废。将"耕"和"读"结合起来,实现耕读相结合的生活方式也逐渐延续下去,形成了白天务农与晚上夜读的独特耕读文化,这也是一种学习与实践的结合。

对耕读的理解不能仅仅停留于既耕种又读书的半耕半读方式,应该从中看到更高的价值追求。中国的耕读文化是一项优秀的传统文化,常以家教家风的训诫形式出现,这就是教育子女不能忘记生产劳动,脱离了生产劳动是无法当家和为官的。《章氏家训》中记载:"传家两字,曰耕与读;兴家两字,曰勤与俭。"这就是一种优秀的家风建设文化。

---

[1] (战国)孟轲:《孟子》,万丽华、蓝旭译注,中华书局2012年版,第111页。
[2] (战国)荀况:《荀子》,上海古籍出版社2014年标校本,第111页。

清初理学家张履祥则在《训子语》中阐述了耕读之间密不可分的关系，"读而废耕，饥寒交至；耕而废读，礼仪遂亡"①。同时，他还探究了劳心者以耕为耻的原因，在他看来，"近世以耕为耻，只缘制科文艺取士，故竞趋浮末，遂至耻非所耻耳"②，这是在四民分业定居论基础上形成的劳力与劳心的分化，世人只追求劳心以获取更高的社会地位，内心自然地鄙视劳力。曾国藩也始终将"耕读"作为治家的根本，他认为耕读是安身立命与传家的根本之道。曾国藩虽高居庙堂，但他从未将此视为骄傲的资本，反而是在其家训中时刻教导子女要勤劳和节俭，这种可贵的精神依然值得当前我们每一代人、每一个家庭去学习。因此，耕读文化不仅仅是耕种与读书同时进行的一个行为，它代表的也是一种中国农耕文明背景下传承下来的优秀文化，值得我们在新时代劳动教育的实践中继续发扬。

从我国古代的诸多思想中，可以看到人们对于劳动的认识在不断发展，虽然在官本位思想的影响下，劳动并不在主流的教育与思想体系中，同时也包含有一些消极因素；但我们应该取其精华，去其糟粕，认真总结经验和优点，促进今天劳动教育体系的发展与完善。

（二）中国近现代以来的劳动教育思想

近代以来，随着封建主义的腐朽走向极致，清政府看似繁荣实则千疮百孔，此时的西方资本主义国家第一次工业革命的进程已经快要结束，不论从经济发展水平看，还是从科技实力来看，已经完全超越当时的清政府。与此同时，资本主义国家也开启了对外殖民扩张、疯狂掠夺财富的资本积累进程。当外敌入侵之际，清政府完全无力抵抗，无数百姓陷入水深火热之境地。随着1840年第一次鸦片战争以失败告终，便开启了不断割地赔款的屈辱史。这段历史对于当时的中国不仅带来失去领土、失去金钱的极大物质损失，同时也给整个国家和民族带来精神层面的打击。曾经在整个东亚圈甚至全世界综合实力最为强大的国家，如

---

① （清）张履祥：《训子语译注》，张天杰、余荣军译注，上海古籍出版社2020年版，第40页。

② （清）张履祥：《训子语译注》，张天杰、余荣军译注，上海古籍出版社2020年版，第39页。

今在外敌的侵略中毫无还手之力。百姓流离失所、无数仁人志士为了救亡图存而牺牲，这种屈辱感是无以复加的。但是另一方面，在这样的时代背景下，中国几千年来继承下来的坚韧不拔的精神被充分发扬光大，不论是"师夷长技以制夷"，还是建立资产阶级共和制，无数的有志之士都在这场民族浩劫中发挥了自己最大的力量，其中"教育救国"也绽放出了耀眼的光芒。通过对中国传统教育的反思与改良，加上对西方各国先进教育理念的学习，以蔡元培、黄炎培、陶行知等为代表的一大批教育工作者在教育领域通过思想传播、全力办学、大力实践的方式，为无数国人宣传最先进的教育理念和内容。在这样的时代背景下，这些伟大的教育家们深刻意识到劳动教育对于教育、对于民众、对于国家的深刻意义，并以不同的方式进行实践、思考与研究。

1. 蔡元培的劳动教育思想

蔡元培作为我国近代著名的教育家，创立了中国近代最为完整的资产阶级教育体系。南京临时政府成立之初，蔡元培便提出了"五育"并举的教育理念，包括军国民教育、实利主义教育、德育主义教育、世界观教育、美育主义教育五个层面，并指出"五者，皆今日之教育不可偏废者也"[1]。同时蔡元培立足当时中国的发展现状，进一步强调了实利主义教育的必要性和紧迫性，体现了教育救国的思想。其实利主义就是从实用主义出发提高生产力，先解决国家积贫积弱的现状。同时，蔡元培还提出要重视生产劳动、提倡"即工即学"与"工学结合"、宣传"劳工神圣"理念。

第一，重视生产劳动。蔡元培首先抨击了封建社会下对生产劳动的鄙视，抨击了崇尚"劳心"而鄙视"劳力"的错误思想。在这种官本位的错误思想下，无数学子争相考取功名，最终脱离了劳动。清朝覆灭后，虽然清政府不复存在，但这种官本位思想依然根深蒂固，对此，蔡元培提出："如此旧染污俗，永锢国民之身而不洗除，则吾国将来决难立于世界之上。"[2] 这是对旧思想的强烈抨击，如果不能在思想上革

---

[1] 蔡元培：《大学教育》，北京出版社2018年版，第124页。
[2] 高平叔：《蔡元培全集》第2卷，中华书局1984年版，第298—299页。

新，那么国家将难以发展。为了消灭这种旧思想，蔡元培提出重视劳动，培育劳动习惯的理念。一方面要养成劳动习惯。因为劳动是人身体平均发展的必要方式，只用脑不用手，脑力反而会随着年龄增长而衰减；而体力劳动者不能接受教育，光凭一身的力气，只能如同蜜蜂和蚂蚁一般不会有任何进步。"是故研究教育事业，必须脑力、劳力同时互用，否则不能有良好结果。"① 这是一个重要前提：人的发展必须将体力劳动与脑力劳动相结合，形成一种劳动的习惯。另一方面，劳动教育的核心在于在脑力劳动和体力劳动共同发展的基础上，逐渐破解脑力劳动和体力劳动的分化，"打破劳动阶级与知识之界限"②，也就是打破从古至今一直刻在所有人心中的四民分业定居论：士、农、工、商。为官之人高高在上，生产者却一直受到压迫，生产者越来越穷，社会地位也愈发低微，"劳力"与"劳心"的对立也愈发强烈，从而形成了劳心者"常有不劳而获之机会"，劳力者"则过劳而所获乃无几，至不足以赡其生"。③ 蔡元培看到了社会上存在劳动者与不劳动者之间分配不平衡的现象。虽然从教育层面无法根本解决这种不平衡，但蔡元培的劳动教育思想体现了他对生产劳动的高度认可，以及对劳动者的高度认可。

第二，"即工即学"与"工学结合"理念。"工学结合"是一种体力劳动与脑力劳动相结合、教育与生产劳动相结合的思想。1915年，蔡元培和李石曾、吴玉章创立了"勤工俭学会"组织，明确提出了："勤于工作，俭以求学，以增进劳动者之知识为宗旨。"④ 这种半工半读理念的出现，无疑是中华人民共和国成立后所实行的劳动教育相关政策的基础。蔡元培认为劳动是人天生就要去做的事情，而学习就是为劳动做准备。同时他还认为人不是为了生存才去劳动，人本身就是因劳动才存在的。因此，蔡元培批驳了那种仅仅为生而工的人生观，提出了正确的劳动态度与劳动观念。另外，在树立了正确的劳动观后，

---

① 高平叔：《蔡元培教育论集》，湖南教育出版社1987年版，第462页。
② 高平叔：《蔡元培教育论集》，湖南教育出版社1987年版，第462页。
③ 高平叔：《蔡元培教育论集》，湖南教育出版社1987年版，第438页。
④ 高平叔：《蔡元培教育论集》，湖南教育出版社1987年版，第428页。

还要明白人只进行劳动但不去学习也是不行的,"工无大小,无繁简,鲜有不学而能者"①。这也就是说,人需要在学习中不断进步,学习是为了更加高效地生产劳动。在不断学习中提升思考能力,同时也在不断劳动中提升劳动能力,长此以往,相辅相成,这就是蔡元培所提倡的"工学结合"。

之后蔡元培还提出"即工即学"的理念,即在劳动中也可以学到知识。这就要求劳动者能够"择其性之所近者而随时研究之"②。蔡元培提出的"即工即学"就是要求劳动者要在生产劳动的过程中勤于思考,加强学习,能够从生产劳动中了解所进行的这项活动还能够带来什么有用的东西,又能够实现怎样的发展。这与"工学结合"是相互结合的,劳动与学习不能相互脱离,同时在劳动的过程中又能够学习利于个人和社会发展的知识。

蔡元培一生献身于教育事业,伴随着他对旧制度、旧思想的批判,劳动逐渐以更为正确、更为积极的方式为广大民众所知,其劳动教育的思想使人们逐渐形成正确的劳动观念、养成良好的劳动习惯、学会了劳动与学习相互结合。第一次世界大战后,协约国的胜利令蔡元培喊出"劳工神圣"的口号:"我所说的劳工,不但是金工、木工等等,凡用自己的劳力做成有益于他人的事业,不管他用的是体力、是脑力,都是劳工。"③ 这是对劳动者的肯定,是对无产阶级的肯定,同时,蔡元培认为今后的世界将全是劳工的世界,体现了他对未来世界也有着正确的认识。

2. 黄炎培的劳动教育思想

黄炎培作为近现代我国最具影响力的教育家之一,从晚清时期受到蔡元培的影响与教导开始办学、四处讲演,到民国时期大力创办职业学校、宣传职业教育,再到中华人民共和国成立后勤政廉洁、全心全意为人民服务;从饱读诗书并深刻认识中国面临的困境,到亲身去往国内外多地对教育体系进行实地考察,再到投身于创办新式学校的实践,并在

---

① 高平叔:《蔡元培教育论集》,湖南教育出版社1987年版,第78页。
② 高平叔:《蔡元培教育论集》,湖南教育出版社1987年版,第261页。
③ 蔡元培:《大学教育》,北京出版社2018年版,第238页。

政府的教育部门、民间的教育机构等担任过职务。可以看出，黄炎培不论是从认识上到实践上都不遗余力，也证明了其对教育事业发展的贡献巨大。在劳动教育的层面上，黄炎培最大的贡献就是创建并发展了一整套相对完整的职业教育理论体系，为我国近现代职业教育的发展奠定了坚实基础，同时在教学实践中对劳动教育思想进行了积极实践和探索。黄炎培的劳动教育思想主要体现在其所创立的职业教育思想体系中，他提出了实用主义的思想以及开办职业教育的实践路径。其职业教育发展历程经历了关注个人生计问题的实用主义阶段到大力发展和普及职业教育的阶段，对中国的劳动教育发展形成了深远的影响。

第一，实用主义思想。以实用主义为核心，积极推进劳动教育的发展。自 1903 年黄炎培筹建了川沙小学堂后，便开启了其伟大的教育事业。当时的黄炎培希望通过办学使民众都能够受到良好的教育，从而唤醒民众，实现救国救民的理想。但在这种普通的教育过程中，黄炎培逐渐意识到传统教育已经脱离了实际，学生所学知识与日常生活完全分离，学是学、用是用。在其《学校教育采用实用主义之商榷》这篇文章中提道："习算术及诸等矣，权度在前弗能用也；习理科略知植物科名矣，而庭除之草不辨其为何草也，家具之材不辨其为何木也。"[1] 通过对现实中学生所学非所用、所用非所学的问题，黄炎培提出了改进普通教育的方法即实用主义教育。同时，他还做了一个非常生动的比喻，专业知识学习的过程中如果不能够立足于实践、立足于实际生活，那么学科的不断增加就如同运动员衣服不合适，定制一件专业衣服套在不合适的衣服外面，看似很合身，其实里面的衣服依然是宽大的。"夫里衣苟犹是宽大也，将何从袭此特制之衣？袭矣亦安能达其适于运动之目的？彼不从事于普通诸学科之改良，而徒专设学校增设学科，何以异是？"[2] 这表明当时的普通教育只不过是通过学科的增加，机械地给学生灌输更多的知识，但没有看到教育问题的本质，即目前的教学内容已经不适用于学生的发展，不断地增设学科只不过是在宽大的衣服外套上

---

[1] 田正平、李笑贤编：《黄炎培教育论著选》，人民教育出版社 2018 年版，第 17 页。
[2] 田正平、李笑贤编：《黄炎培教育论著选》，人民教育出版社 2018 年版，第 17 页。

合适的衣服，内在依然是不合适的，因此，要想使教育真正地发挥作用，必须脱掉不合身的衣服，换上真正合身的，才能有所进步。之后，黄炎培又相继完成了《实用主义之真谛与一年间之实施状况》和《实用主义产出之第三年》等多篇文章，提出："欲求学校教育之见功，教育主义必注重实用而后可。"[1] 深入分析与大力推广实用主义，加快了实用主义在教育界的推广运用，为中国的教育改革与发展发挥了重要作用。

第二，职业教育理念。在实用主义之后，黄炎培开始构想职业教育，职业教育也是黄炎培教育救国的核心思想。他通过确立职业教育的制度、种类及其性质，借助议会的力量、政府的力量、学校的支持、学生的转变以及职业界的帮助，大力推进职业教育的发展。之后，黄炎培出访美国进行考察，通过访问纽约市教育局、哥伦比亚大学，与教育界专家会谈，看到了先进的职业教育是如何推进的，也看到了中国与之的差距。"凡关于方法上，吾国与各国差度虽大，总不若此一点差度之尤大，此一点维何？活动之精神是也。"[2] 这种活动精神即我国的学生缺少活力，而这种活力是被中国的教育方式所限制。"办职业教育，万不可专靠想，专靠说，专靠写，必须切切实实'做'。"[3] 黄炎培的职业教育理念涉及各个方面，包括职业教育课程、职业教育学科和实习活动等，提倡在学习的过程中以实际的需求为标准，在实践中掌握相应的劳动技能。

中华职业教育社成立后，为了进一步发展职业教育，黄炎培提出了中国职业教育未来发展的看法，提倡平民职业教育的构想。"以前所办教育，总限于中等以上人家子女。实则此等青年，其数不及中等以下之多，其需要职业教育，亦不及中等以下之切。"在此，黄炎培看到了职业教育还没有完全普及，真正有需求的人仍然没有得到应有的教育，但由于教育经费有限，为了能够普及职业教育，黄炎培提出"弟更愿意先生将用于中等以上青年之财力，略事节约，以用于中等以下之青年"[4]。

---

[1] 中华职业教育社编：《黄炎培教育文选》，上海教育出版社1985年版，第24页。
[2] 田正平、李笑贤编：《黄炎培教育论著选》，人民教育出版社2018年版，第188页。
[3] 田正平、李笑贤编：《黄炎培教育论著选》，人民教育出版社2018年版，第405页。
[4] 田正平、李笑贤编：《黄炎培教育论著选》，人民教育出版社2018年版，第290页。

第三,深入实践探索劳动教育的价值。黄炎培终身致力于职业教育,在其《我之人生观与吾人从事职业教育之基本理论》一文中,提出职业教育的目的是:"一、谋个性之发展;二、为个人谋生之准备;三、为个人服务社会之准备;四、为国家及世界增进生产力之准备。"[1]由此可见,黄炎培发展职业教育的目的不仅是解决个人的生计,更重要的是为社会和世界的发展服务。解决生计问题容易,实现服务社会、为世界作贡献却很难,这就要求人们不仅需要具备劳动技能,还要拥有积极向上的劳动观。黄炎培的职业教育的更深一层次目标就是培育人们的劳动价值观、培育人们的劳动精神。1942年,黄炎培审视了中国教育发展的五十年间所显露的问题,认为从旧制度的科举到革命后逐渐的欧化,所显露出来的问题都是一样的,即:"我可以大声地喊给诸位听,就是想和做联系不起来的,言行不一致的,学业和事业没关系的,理论与事实缺乏联系的,文化和社会脱了节的……"[2]种种弊病表现出来就是劳动和教育脱节,实践不足,这也反映出一个问题,就是人们进行劳动的目的依然只是出于一些个人的想法,没有真正形成一种正确的劳动观。同时,黄炎培深刻地认识到,只有实现社会主义和共产主义之后,人类职业的问题才能得到真正的解决,这正是与马克思主义劳动观相契合之处,黄炎培正确认识到了劳动的发展会随着社会制度的革新和进步而不断完善,同时也认识到职业教育不会一成不变,也会在特定经济制度下发展、成长、衰亡,也期盼着职业教育能够继续发展。

总的来看,黄炎培一生致力于我国教育事业的发展,通过其教育救国的愿望大力发展职业教育。在此过程中,黄炎培以其实用主义理念发展了劳动教育的实践,肯定了劳动教育的地位与作用,为扭转民众的封建思想和分化脑力劳动与体力劳动的观念,倾其毕生精力寻求教育救国的途径。在一定意义上对当时的社会风气起到了很好的矫正作用,同时在教育强国层面也作出了具有开创性的贡献。黄炎培对于劳动、劳动者

---

[1] 田正平、李笑贤编:《黄炎培教育论著选》,人民教育出版社2018年版,第490页。
[2] 田正平、李笑贤编:《黄炎培教育论著选》,人民教育出版社2018年版,第519页。

有一种发自内心的深度认同与尊重。黄炎培认为，只有尊重劳动，才能尊重职业教育，才能尊重职业，对劳动的尊重既是职业教育的基本要求，也是学生个人素质的培养。黄炎培对劳动、劳动者的尊重在当时具有重大的进步意义。中国数千年来君主专制与儒家礼教文化造成了社会价值观念对于体力劳动和体力劳动者的漠视，这是在农耕文明时期的四民分业定居论所形成的错误思想。而黄炎培则通过对旧思想的批判，以劳动衡量人的全新价值观念，这些主张更具时代性、先进性。

3. 陶行知的劳动教育思想

陶行知毕生致力于教育事业，对我国教育的现代化作出了开创性的贡献。受到明代理学家王阳明"知行合一"的影响，起名为"知行"，之后在1934年发表的《行知行》一文中写道："信仰知行合一的道理，故取名'知行'。七年前，我提出，'行是知之始，知是行之成'的理论，正与阳明先生的主张相反……"[①] 陶行知虽然受到"知行合一"的影响，但他在实践中依然是先行后知，在实践中检验真理，形成这种马克思主义的实践观。陶行知不仅创立了完整的教育理论体系，而且还进行了大量教育实践。陶行知所做出的教育创新就是要革除不适应时代发展需要的"旧教育"，发展符合社会进步的"新教育"。陶行知以教育作为救国救民的重要路径，在杜威等西方实用主义思想家的影响下，把西方先进教育思想与中国实际相结合，在劳动教育实践中进行了大胆的探索，推动了中国近代教育的进步。

第一，生活即教育。杜威的教育即生活、学校即社会，是陶行知生活即教育、生活即学校的直接思想来源，没有杜威的教育即生活、学校即社会就不会有陶行知的生活即教育、社会即学校，但是陶行知的生活教育理论实质绝不再是杜威原来意义上的生活教育。杜威的生活教育学说产生于美国资本主义社会，是为资产阶级服务的，属于资产阶级改良主义范畴；而陶行知的生活教育理论产生于半封建半殖民地中国，是为人民大众服务的，属于新民主主义革命思想的范畴，二者之间是有根本原则区别的。陶行知提出的生活即教育具有六个特性：其一，生活性。

[①] 胡晓风等主编：《陶行知教育文集》，四川教育出版社2007年版，第345页。

"教育的根本意义在于生活之变化，有什么样的生活便受什么样的教育，生活决定教育。"[1] 其二，实践性。这里是指生活实践，教育的实施要依靠生活实践来进行，任何教育都不能脱离实践。其三，大众性。这是陶行知的平民教育思想，教育本身就是大众化的而非阶级化的，是每个人都可以得到的。其四，发展性。事物都具有发展性，教育也不例外，教育来源于生活，必须随着生活的发展而发展，并且要高于生活。其五，开放性。教育具有了开放性就能够对一切资源进行合理的吸收与学习，一味地安于现状、不愿改变只能导致教育水平的不断滞后，封建时期的旧教育就是如此。其六，传承性。这与开放性是共存的，好的教育不仅能够创新与发展，同时还能够继承优秀的文化传统来充实自我。因此，陶行知认为职业教育就是满足个人的生活需要，在此之后逐渐满足社会的需要，要投身生活、投身实践，教育绝非死读书、读死书，教育就是生活，生活就是教育。

第二，社会即学校。生活即教育确立了教育的范围和教育的内容，社会即学校则是教育的空间和场所。社会就是一所大学校，要让劳动教育充分地融入情境中，要使教育真实化，凡是有学习的地方都有师生的角色，不能仅仅局限于学校这个小范围内。同时劳动教育是大众化、平民化的，社会上的每一个人都有接受教育的权利，任何人都可以是学生、可以是老师，劳动教育是具有普适性的。最终劳动教育能够走出校园、走向社会。正如陶行知所说："整个社会的活动，就是我们教育的范围，不消谈什么联络而他的血脉是自然流通的。"[2]

第三，教学做合一。教学做合一是陶行知生活教育的实施方法，是针对学生在学习过程中的被动性所提出的教育思想。首先，确立了学生与老师的责任，老师负责指导，学生负责学习；另外，老师在指导的过程中，所教授的不是现成的答案，而是解决问题的方法，即在实践中遇到问题时的应对方式。陶行知认为灌输式的教育和被迫式的学习达不到应有的教育效果，"授人以鱼不如授人以渔"，使学生学会如何解决问

---

[1] 陶行知：《陶行知文集》，江苏教育出版社 2008 年版，第 692 页。
[2] 陶行知：《陶行知文集》，江苏教育出版社 2008 年版，第 244 页。

题才是真正的教育目的。之后，陶行知再提出教学做合一，"教学做是一件事，不是三件事。我们要在做上教，在做上学。在做上教的是先生；在做上学的是学生。从先生对学生的关系说：做便是教；从学生对先生的关系说：做便是学"[①]。这就在教学合一上又有了进一步的提升，就是要做，投入实践活动中，不仅要学习还要实践。

从陶行知生平及教育思想的主要成就看，他以西方现代教育作为其教育思想的基础，并结合中国的社会发展现状和教育发展不足，创新西方教育思想，推动中国近代劳动教育的发展。他提出的生活教育理念，真正地将教育带入日常生活，这是对劳动教育载体的丰富。同时，陶行知将乡村平民教育作为重点发展环节，进一步为提升国民整体综合素质作出了巨大的贡献。他的"行是知之始"理念深刻阐释了劳动是实现教育目标的重要手段，劳动教育是教育体系中必不可少的一环。陶行知的劳动教育思想充分挖掘了劳动的价值与意义，以劳动与实践推进了中国近代教育改革、国民素质重塑、乡村教育改革，为近代中国教育写下了浓墨重彩的一笔。时至今日，对推进新时代劳动教育仍具有非常重要的借鉴意义。陶行知的"生活即教育""社会即学校""教学做合一"的教育理念体现了他对劳动和实践的大力推崇，同时也在无形中树立了"劳动最光荣、劳动最崇高、劳动最伟大"的引领示范作用。

三　苏联劳动教育思想及教育理论

（一）马卡连柯（Антон Семёнович Макаренко）的劳动教育思想

马卡连柯的整个教育体系都是以马克思主义的方法论为指导的，同样，其劳动教育思想也是以马克思主义劳动观为理论基础，并从社会主义社会对人的基本要求出发，初步探索了劳动教育的载体及内容。马可连柯从劳动教育的重要性出发，分别阐述了家庭劳动教育和学校劳动教育的途径。

1. 确立了劳动教育的重要地位

马卡连柯的劳动教育思想是在马克思主义劳动理论中产生并发展

---

① 陶行知：《陶行知文集》，江苏教育出版社2008年版，第176页。

的，马克思主义劳动观具有丰富的内涵，究其哲学意义上的劳动内涵主要体现在"劳动创造世界、劳动创造历史和劳动创造人本身这三大主张"[①]。在此基础上，马卡连柯进一步指出，劳动是人类生活和创造幸福的基础，"劳动已经不是剥削的对象，而成了光荣、荣耀、豪迈、英勇的事情"[②]。马卡连柯在马克思主义劳动观的影响下，深刻地意识到劳动不应该具有剥削的性质，劳动也不是为了谋生而被迫做的事情；与此相反，劳动是一项对人类、对社会都有价值的实践活动。同时在明确了劳动的本质与其价值后，马卡连柯发现这是不够的，因为单纯、单一的劳动并不会形成真正的教育，孤立的劳动不会具备教育效果，必须将劳动教育与生活的方方面面结合起来，形成一个综合的体系才能够实现其育人之功能。在马卡连柯看来，劳动必须和政治和社会教育结合在一起，否则就不利于教育的发展。也就是不能让人去孤立地参加劳动，只有在政治和道德上给予一定的教育，劳动才能发挥积极作用。[③] 这也就是马卡连柯关于生产劳动与文化教育相结合的思想，他摒弃了当时苏联存在的劳动教育与教学机械的结合，转向劳动与教学的平行化关系。这种平行化关系就是指学生本身就应该参与生产劳动，生产劳动从来都不是与教学相脱离的，因为在生产劳动过程中所遇到的问题自然而然地就会使学生运用在教学中学习到的知识去解决。马卡连柯直言："我主张学校里应该有生产过程，即使是最简单的、最没什么价值的、最枯燥无味的也可以。因为只有在生产过程中，人的真正性格——生产集体成员的真正性格——才能够得到培育。"[④] 可以看到，马卡连柯意识到了劳动不仅对生产具有意义，还对人的发展具有重大意义，因此，劳动教育是为了每个人未来的生活水平和人生的幸福，在马卡连柯看来，劳动教

[①] 胡君进、檀传宝：《马克思主义的劳动价值观与劳动教育观——经典文献的研析》，《教育研究》2018年第5期。

[②] [苏]马卡连柯：《马卡连柯全集》第4卷，耿济安、高天浪、王云和译，人民教育出版社1957年版，第446页。

[③] [苏]马卡连柯：《马卡连柯教育文集》下卷，吴式颖等编，人民教育出版社2004年版，第369页。

[④] [苏]马卡连柯：《马卡连柯教育文集》上卷，吴式颖等编，人民教育出版社2004年版，第227页。

育就是"人的劳动品质的培养"。①

2. 学校劳动教育的实施路径

关于学校劳动教育,马卡连柯并没有提及太多,阐述更多的是学校劳动教育的发展。在捷尔任斯基公社期间,马卡连柯认为存在理想时期,这个理想时期包括:要求学生们必须参加生产劳动;拥有完备的制度;拥有完备的部门,实现生产盈余,自给自足。同时,马卡连柯还要求不提供工资,他认为劳动生产率的提高不是工资带来的,而是"从集体利益出发来提高劳动生产率;提高持久的、充沛的劳动热情——不是一时突击的热情,也不是这一周或这一个月的眼前目标的热情,而是预见到集体未来远景的稳定的热情……我认为这样的热情,就是最有价值的一种教育"②。可以看到,在马卡连柯看来,劳动教育的核心就是激发人们对于劳动的热情,这种热情来源于对集体的贡献,能够使人们获得集体荣誉感。劳动就是要创造价值,这种价值就是从劳动所能够创造的价值观出发。同时,在捷尔任斯基公社也实现了马卡连柯劳动教育原则的转变,这个转变来源于一个家具生产订单,通过这个订单建立起了一所金属加工厂。之所以有这样的成就,正在于这个家具订单中所实现的劳动分工。此时,劳动教育也逐渐转变为生产教育,这种生产教育不再是学生和教师的角色,而是直接形成了集中的生产。

3. 家庭劳动教育的作用和意义

马卡连柯从五个方面阐述了家庭劳动教育的作用和意义。第一,父母应该明白子女终将是劳动社会的成员,未来在社会上其自身的价值、物质生活水平和幸福都取决于其劳动能力;而这种劳动能力就是通过青年时期的教育所获得的。第二,了解劳动的起源。劳动源自生活的必需,但是从奴隶制社会到资本主义社会,由于阶级的存在和剥削的存在,无法实现劳动的本质,也无法实现劳动的创造,但在苏维埃国家,每一项劳动都应该具有创造性,在家庭中,父母教育子女从事创造性劳

---

① [苏]马卡连柯:《马卡连柯教育文集》下卷,吴式颖等编,人民教育出版社2004年版,第529页。

② [苏]马卡连柯:《马卡连柯全集》第5卷,刘长松、杨慕之、李子卓译,人民教育出版社1956年版,第185页。

动是一项重要任务。第三，培育劳动过程中对其他劳动者的态度，即融入集体为社会作贡献，形成一种正确的、道德的劳动态度。第四，劳动教育不仅是体力劳动和体力上的提升，其最大的功能是实现人们在精神上和道德上的发展，同时这也是无产阶级公民区别于阶级社会公民的最大特质。第五，明确劳动对个人生活的意义，就是实现一个人的独立自主的能力，面对任何问题都能够从容应对，妥善处理。

马卡连柯也十分重视青年学生的劳动教育，关于青年学生的劳动教育，马卡连柯主张采取集体教育的形式，使学生形成一种相互依存的关系，这种相互依存的关系会进一步促进学生的人际交往能力。在劳动教育的过程中，会逐渐地培养并完善学生的学习习惯、道德品质和适应社会的实践能力。学生在教师的引导下体验劳动实践、学会处理各种实际问题的能力。另外，劳动教育还能够进一步丰富教师的教学方式和方法，通过教学方法的创新和丰富，又能够再提高学生对学习的兴趣。在家庭中，父母要培育子女勤于劳动的良好习惯，培育劳动意识，并随着年龄的增长制订不同的劳动计划和内容，多鼓励、勤监督，使子女们成长为独立自主的人，成长为对社会有贡献的人，最终能够让每个人在自觉自发的劳动中感受到劳动的快乐和价值。

（二）苏霍姆林斯基（B. A. Cyxomjnhcknn）的劳动教育思想

苏霍姆林斯基将劳动、创造与建设作为教育的一项重要内容。在他看来，劳动不仅是对世界的认识，也是与心灵对话，实现对心灵的认识。在学生进行的各项劳动中，可以看到一个人的奉献精神、对待人生的态度和他的人性。对此，苏霍姆林斯基指出："孩子对劳动者的爱就是人的品德的源泉。"[①] 苏霍姆林斯基将劳动作为一种品德，即劳动不仅是人的体力、技术、能力等方面的素质，更是一个人的内在品德来源。苏霍姆林斯基对学生的成长之路提出了道德教育、智育、体育、美育、劳动教育五个层面，以及思想教育、情感教育等。总的来说，苏霍姆林斯基是从德、智、体、美、劳"五育"共同发展的角度来进行主

---

① ［苏］苏霍姆林斯基：《苏霍姆林斯基选集》第3卷，蔡汀、王义高、祖晶主编，教育科学出版社2001年版，第82页。

要论述的。针对劳动教育，苏霍姆林斯基将其进行了凝练，即"'应该劳动'、'劳动艰苦'和'劳动美好'这三个概念的和谐统一"[①]。基于对劳动教育概念的凝练，还提到了关于劳动教育的作用、原则和方法。

1. 劳动教育的作用

首先，劳动教育对人的全面发展具有重要的促进作用。关于这一点内容，苏霍姆林斯基指出，劳动不能成为一种负担，劳动无法成为精神层面的追求是一个亟须解决的问题。人的全面发展最重要的就是个性的全面发展，为了实现个性的全面发展，应重视以下的内容。第一，实现人的个性的全面发展首先应当去劳动、去创造。在此基础上，应当为自己的劳动与创造而自豪，为了某个感兴趣的目标、为了实现创造性劳动而入迷地钻研，这才是达到个性全面发展的必要途径。在个性的全面发展的基础上，苏霍姆林斯基进一步探索了全面和谐发展，并指出"劳动是全面和谐发展的基础"[②]。这个观点是通过五育融合的视角进行解读的，即劳动教育对道德、智力、美感、体力等方面的作用和联系。这就要求一方面要重视将劳动简单化的问题；另一方面要保证劳动与各个层面的教育发展时刻保持紧密联系。第二，实现个性的和谐发展需要依靠公民责任感和自豪感，这种责任感和自豪感不是凭空出现的，是要依靠劳动，在劳动中逐渐感受到。一方面劳动可以使人们在认识世界和改造世界的过程中获得自信心、自豪感和无穷的乐趣；另一方面，通过复杂劳动不断地解决一个个难题，形成一种强烈的情感刺激，达到育人目的。因此，实现劳动教育对人的全面发展的促进作用，就必须在劳动与创造中逐渐形成个性的全面发展。

其次，劳动教育能够实现公民的劳动本质。第一，公民的劳动本质与个人的自尊感密不可分。这种自尊感来源于通过劳动给他人带来幸福的过程中所获得的自豪感，这是公民感获得的基础。这种自豪感可以使人们感受到自身的价值与能力，最终将劳动作为人们精神世界的重要组

[①] [苏] 苏霍姆林斯基：《苏霍姆林斯基选集》第5卷，蔡汀、王义高、祖晶主编，教育科学出版社2001年版，第827页。

[②] [苏] 苏霍姆林斯基：《苏霍姆林斯基选集》第3卷，蔡汀、王义高、祖晶主编，教育科学出版社2001年版，第820页。

成部分。在此，苏霍姆林斯基将其作为思想教育与劳动教育的统一。第二，公民的诞生来源于人们成为劳动的主人，成为受人尊敬的人。在一项项创造性劳动中，体现了自身的价值和劳动的价值，最终形成崇高的精神。这种精神是在不断地累积中形成的，在一次又一次的劳动创造中，自我价值得到肯定，形成自豪感和自尊感，同时，自己的价值也得到了别人的肯定，进一步感受到生活的充实，最终形成公民的自觉性。因此，通过劳动教育可以实现公民的劳动本质，是公民诞生的必由之路，在这条道路上，将会诞生一个又一个具有劳动自觉性和崇高精神的劳动者，既受到他人的尊重，也尊重其他一切劳动者。

最后，劳动教育能够培养一个人的劳动习惯。劳动习惯是一个人最基本的品质，因为劳动习惯体现在生活的方方面面，这不仅是行为上的习惯，更是重要的精神需求。苏霍姆林斯基认为，通过劳动教育，将劳动习惯培养成人们的精神需求。在这个过程中，不能够仅仅看一个人做了什么事、做了多少事、做得好不好，重要的是这个人是否真地、由衷地愿意做这件事、愿意去从事劳动这项活动。之所以劳动意愿才是首要的，是因为在苏霍姆林斯基看来，社会发展的脚步不会停歇，人们终将进入共产主义的美好生活中，因此，不能因为享有了共产主义的轻松生活，就放弃了劳动。相反，在共产主义社会中，因为实现了时间的极大空余，如何利用空余的时间才成了最重要的事情。空余时间的充实就是人们在劳动中、在创造中去提升自己、去肯定自己、去实现自己的个性。精神世界的富裕才是一个人真正的富裕，"只有用使精神生活不断丰富的劳动去充实空余时间才能使人幸福"①。

2. 劳动教育的原则

苏霍姆林斯基始终贯彻一个观点，就是将劳动教育渗透到每一个人的精神领域，使劳动成为人们的精神追求，成为人们真正的兴趣。为了实现这个目标，需要在劳动教育中秉持以下原则。第一，劳动教育要与全面发展相结合。这个原则中所提出的全面发展，就是指德、智、体、

---

① [苏]苏霍姆林斯基：《苏霍姆林斯基选集》第3卷，蔡汀、王义高、祖晶主编，教育科学出版社2001年版，第822页。

美、劳的全面发展,这项原则同样也对新时代大学生劳动教育的实施有着重要的参考价值。苏霍姆林斯基认为,劳动成为教育力量的前提,就是使人们的智力生活得到丰富、道德更加完美,以及人们的美感不断提升。因此,一个人的全面发展,不仅要求德育素养、智育素养、美育素养和体育素养得到提高,还需要一个人的劳动素养的创造能力得到提升,才能最终形成全面的发展。第二,在劳动中发展个性。个人的能力和天分在劳动中得到充分的发挥,是形成高于物质需求的精神层面需求所必需的。因此,必须在劳动中充分地发挥与发展一个人的个性,使劳动成为快乐的事情。第三,劳动应具有道德性和公益目的性。苏霍姆林斯基在教育学生时,不会通过报酬的形式作为激励劳动的手段,在他看来,学生在进入社会之前就接触报酬,"可能养成自私、贪婪的恶习"[1]。因此,更多的是要让学生在无报酬的、以社会利益为目的的劳动中形成一种荣誉感和责任感,并在劳动成果中凝聚自己的热爱、能力与经验。第四,劳动的多样性和劳动的连续性。劳动的多样性体现在每一个人的能力和个性中,每一个学生都有自己感兴趣的事情,这就可以在劳动教育的过程中,通过多样的劳动让学生获得不同的技巧和满足感,这也会逐渐显现出一个人的特长与倾向。而劳动的联系性则要求每一位学生都要明确劳动是不分时间和场合的。长期性的劳动和思考才更容易让学生感受到劳动的创造性。第五,劳动是具有创造性的、手脑并用的活动。在苏霍姆林斯基看来,劳动的创造意义和手脑的结合是使学生进行体力劳动的重要驱动力。如农业劳动虽然是简单、单调的劳动过程,但在其中可以开发出创造意图,进一步激发学生们观察、思考、创造和研究的兴趣。除此之外,苏霍姆林斯基也对脑力劳动做出了论述。他认为"思考的过程是解决问题的过程的时候,才能成为名副其实的脑力劳动"[2]。因此,脑力劳动同样需要和实际生活紧密相连,在生活中充分发挥脑力劳动所具有的创造性特点,有利于发展学生的智力。所以

---

[1] [苏]苏霍姆林斯基:《苏霍姆林斯基选集》第4卷,蔡汀、王义高、祖晶主编,教育科学出版社2001年版,第453页。
[2] [苏]苏霍姆林斯基:《苏霍姆林斯基选集》第5卷,蔡汀、王义高、祖晶主编,教育科学出版社2001年版,第69—70页。

脑力劳动和体力劳动的结合，就是在体力劳动中开发创造性思维，在脑力劳动中紧密地与实际生活联系在一起。

3. 劳动教育的方法

首先，德育、智育、体育、美育与劳动教育相联系的方法。这种劳动教育的方法是指"五育"之间并不是各自发展，而是互相具有教育的可能性。在劳动教育中，这种关联性就来源于劳动的不同目的，不同的劳动目的具有不同的教育内容倾向，都分别会与德、智、体、美相互联系，形成互相促进的局面。比如劳动技能的教育，会倾向于方法教育，而劳动道德的教育则有道德情感教育倾向。不同的劳动教育目的会形成不同的教育倾向与教育内容，而最终劳动教育实现的不仅是技能的提升，这只是一个层面的内容，而是通过将思想教育贯穿于劳动教育的方法，使学生在劳动的创造中享受那种自豪感和道德感，将劳动作为自己的精神需求。我们应当看到，苏霍姆林斯基的这种倾向式和融合式的劳动教育方法所具有的实践价值，在新时代大学生劳动教育的过程中，可以作为我们实践的参考。

另外，榜样树立的方法。榜样的树立是劳动教育过程中十分重要的一个环节，这是激发学生劳动积极性的关键。苏霍姆林斯基所提出的榜样主要是指教师。教师之所以能够成为榜样，是因为他们能够与学生共同劳动。在共同劳动的过程中，学生逐渐与老师减少了隔阂和距离感，能够更好地影响学生的兴趣和劳动热情。苏霍姆林斯基将这种教师的榜样力量分为个人所担任的科目与个人日常的爱好。教师所担任的科目不仅能够很好地引导学生对一门学科的兴趣和思考的热情，当然这也源于教师本身对知识和技能的热爱。而教师的个人爱好则基于本身教授的科目，但又超出学科的范围，在"超纲"的教学中，学生培养出更加丰富的兴趣。当然，除了教师以外，同龄人也是榜样的来源，那些具有高尚劳动精神、热衷钻研探究、积极创新创造的学生，同样能够成为榜样。通过苏霍姆林斯基对榜样作用的论述，我们在当前可以拓展其内容，积极发挥劳模精神、工匠精神的榜样作用，激发大学生的劳动热情。

通过回顾苏霍姆林斯基在劳动教育教学实践中的观点和论述，我们可以看到很多在新时代依然具有参考价值的观点。他关于劳动教育作用、原则和方法的论述具有很高的启发意义，他十分重视学生精神层面的提高和综合素质的形成。他不局限于让学生具体去学什么，不局限于学生具有怎样的成绩，更多的是让学生在自主自发的劳动中体会自己的价值，体会劳动之美、创造之美，致力于将学生培养成具有高尚精神的、以劳动为精神需求的劳动者。新时代大学生劳动教育也需要参考其中的价值，在五育融合和"五育"并举的新局面中，形成劳动教育与其他教育的紧密联系和相互促进。在各学科中发掘劳动教育的价值，要以劳动技能和生产技术为基础，进一步激发学生的劳动热情。

第三章 中华人民共和国成立以来劳动教育的历史演进

中华人民共和国成立之前，在新民主主义革命时期，从无数的共产主义者与旧制度抗衡到中国共产党领导广大人民群众进行无产阶级革命，再到中华人民共和国成立后不断地为了中华民族伟大复兴而奋斗。这一路走来，中国共产党领导着人民不断地为了国家的繁荣富强而努力。其间，不论国家和社会处于怎样的境况，都没有忽视教育问题。早在土地革命时期就提出了教育与劳动联系起来的方针，在陕甘宁边区建立时期，更是致力于培养广大劳动人民的劳动品质，使每一个人都积极地投身到生产活动中，极大地改善了不良的社会风气。自中华人民共和国成立以来，劳动教育在党的教育方针中的发展在不断调整优化，在不同的历史阶段形成了各种独具特色的劳动教育形式。通过探索劳动教育在党的教育方针中的历史演进，发现劳动教育发展的各阶段特点以及内涵、目标的变化，对我国劳动教育的发展具有重要的参考价值。本书系统地梳理了1949年以来劳动教育在党的教育方针中的演变过程，以纵向对比的视角在变化中寻找经验。全面了解劳动教育的演变，更好地为新时代大学生劳动教育提供启示，不断完善和优化我国教育方针，充分发挥劳动教育在新时代人才培养中的重要价值。目前，中国特色社会主义进入新时代，中国共产党始终坚持育人为本、德育为先。而劳动作为一项贯穿始终的育人内容，在不同的历史时期和时代背景下发挥着不同的作用，并且被赋予了不同的内涵。新时代以来，劳动教育的发展已经与德智体美形成"五育"并举的局面，同时也已经成为落实立德树人根本任务的一项重要育人举措。在"五育"并举的素质教育观下，劳动教育成为我国教育体系中的重要组成部分，而针对劳动教育的各项方针政策不仅为劳动教育事业提供了明确的发展方向，也为劳动教育的不断完善提供了政策层面的保障。

根据文献的研读梳理，可以发现学界及学者们对于劳动教育历史发展的研究已经取得相当大的进展，具备一定的研究基础和全面性，但从现有研究成果来看，我国劳动政策的研究领域依旧存在待改进的不足之处。一是政策的时间划分阶段方面，虽然前人之归纳总结备矣，然则我国已于2017年迈入发展新时代，目前并未发现将新时代我国劳动教育政策嬗变的时间划分，因此站在前人肩膀上加入新时代时间阶段的划分，可丰富我国劳动教育政策的历史嬗变阶段归纳。二是政策的研究内容方面，大多数学者主要从政策的演变与发展、政策演变与发展的特征以及政策演变与发展的价值取向进行展开，通过分析我国劳动教育政策的发展历程来表达自己的学术观点，并提出个人对未来劳动教育政策的展望。本书通过阐述我国劳动教育政策的发展历程，探讨中华人民共和国成立以来劳动教育在党的教育方针中的演变对当下劳动教育政策建设的经验与历史启示，以求更为全面地认识新中国劳动教育发展的历史全貌，更好地为新时代我国劳动教育的发展提供历史借鉴，更好地改进劳动教育政策，更好地发挥劳动教育在全面育人中的特有价值。

在劳动教育发展的进程中，不仅出台了一系列政策文件，并进行不断的补充和修订，完善了劳动教育的内容，也在目标方面上取得了一定进展。教育与生产劳动相结合是中国共产党长期以来一直坚持的教育方针。新民主主义革命时期，毛泽东同志就把"教育与生产劳动联系起来"列为中华苏维埃政府文化教育总方针的主要内容[①]。1958年《中共中央、国务院关于教育工作的指示》又明确将"教育与生产劳动结合"确定为党的教育工作方针。20世纪90年代，教育"必须与生产劳动相结合"的提法被写进了《中华人民共和国教育法》，并在2015年的修订稿中予以保留。结合中国劳动教育的发展历程和制定劳动教育政策的

---

① 黄济：《关于劳动教育的认识和建议》，《江苏教育学院学报》（社会科学）2004年第5期。

历史背景、价值功能和目标取向,中华人民共和国成立以来劳动教育在党的教育方针中的演变历史过程大致分为三个历史发展阶段。

第一节 完成社会主义革命和推进社会主义建设时期(1949—1976年)

一 以生产技术教育为核心的劳动教育有序开展

1949年9月29日,于中华人民共和国成立前夕,中国人民政治协商会议第一届全体会议正式通过了《中国人民政治协商会议共同纲领》(以下简称《共同纲领》)。通过对《共同纲领》的解读与分析,可以看到在其中的第四十二条与第四十七条都涉及关于劳动教育的相关内容。第四十二条提出了全体国民的五项公德,其中正式将"爱劳动"列为全体国民的五项公德之一[①]。第四十七条则对教育普及做出了新的要求,一方面,要开始针对中等教育和高等教育进行普及,针对劳动者群体和在职干部进行教育;另一方面,要开始注重技术教育,从而保障国家生产建设的进一步开展。[②] 可以看到,在普及普通教育的基础上强调了技术教育,同时也要求加强劳动者的业余教育,增强劳动者的综合素质。同年,时任教育部副部长的钱俊瑞在第一次全国教育工作会议上的总结报告上提出,要在学校内开展政治与思想教育,以逐步建立革命的人生观,并在此过程中自觉参加生产劳动。[③] 这本质上是对列宁劳动教育思想的继承与发展。

1950年徐特立发表了《论国民公德》,在这篇文章中,徐特立依据《共同纲领》提出的国民五项公德分别进行了阐释,在爱劳动这部分,徐特立提出了国家主人翁的观点,即所有劳动者都是国家的主人翁。同

[①] 中共中央文献研究室、中央档案馆编:《建党以来重要文献选编(1921—1949)》中央文献出版社2011年版,第766页。

[②] 中共中央文献研究室、中央档案馆编:《建党以来重要文献选编(1921—1949)》中央文献出版社2011年版,第767页。

[③] 何东昌主编:《中华人民共和国重要教育文献(1949—1975)》,海南出版社1998年版,第9页。

时，提出了区别于旧社会的新劳动观点，即劳动是光荣和高尚的，绝不是在压迫下进行的一项活动。① 这个观点将"劳力"与"劳心"的概念统一在了一起，这是对劳动的尊重，更是对劳动者的尊重。由此可见，徐特立深刻理解了马克思主义理论及其劳动观，在对劳动尊重和劳动者尊重的观点中，进一步树立了正确的劳动观念。同时，徐特立还提出要将劳动的道德、权利和义务三者结合起来，喊出"不劳动者不得食物"②的口号，号召全民劳动，以及"给劳动者以劳动权"③的口号，期望形成就业保障。

同年，时任教育部副部长的钱俊瑞进一步明确了教育为生产建设服务的方针，指出应通过劳动教育发挥劳动创造和劳动改造的作用，即一方面通过劳动教育的价值观传导、激励和调动人们进行劳动创造的积极性；另一方面通过劳动教育把从不参与劳动的人们调动起来，使他们在劳动中逐渐地改造自身的行为和观点。钱俊瑞在《当前教育建设的方针》一文中首先指出："在旧中国，压迫剥削阶级霸占了教育，而把劳动人民关在了教育的门外。"④ 这说明阶级占有了本属于劳动者的教育。因此，钱俊瑞根据中国当前的实际情况，提出要将为工农服务作为当前人民教育的中心方针，同时还提出另一项方针，即"新中国人民教育的另一主要方针和主要目标，就是为恢复和发展人民经济而服务，亦即是为生产建设而服务"⑤。具体内涵就是要提高劳动人民的觉悟，加强劳动人民的团结性，并给予其科学和技术的武装，从而发展社会生产力，同时发展经济。这两个方针表明了一个具体的方向，即教育与生产劳动相结合。同年颁布的《教育部关于实施高等学校课程改革的决定》及后续的一系列文件中，都提出了各个学校的课程建设问题，具体而言，就是要求课程建设应紧紧跟随国家的生产建设需求，不搞特殊化⑥等指

---

① 徐特立：《论国民公德》（中），《人民教育》1950 年第 4 期。
② 徐特立：《论国民公德》（中），《人民教育》1950 年第 4 期。
③ 徐特立：《论国民公德》（中），《人民教育》1950 年第 4 期。
④ 钱俊瑞：《当前教育建设的方针》，《天津教育》1950 年第 3 期。
⑤ 钱俊瑞：《当前教育建设的方针》，《天津教育》1950 年第 3 期。
⑥ 《中央人民政府教育部关于实施高等学校课程改革的决定》，《福建政报》1950 年第 8 期。

导实践的政策和要求，此时劳动教育的主要表现形式是专业技术学习，通过授课和实习的形式，培育有利于国家生产建设的人才。

针对大学生劳动教育的教育方针首先可以从1950年《关于高等学校课程改革的决定》中看到，该文件进一步确立了中国高等学校的宗旨，即"培育高度文化水平，掌握现代科学与技术的成就并全心全意为人民服务的高级建设人才"[①]。具体可以从以下两个层面来说，第一个层面是要破解脑力劳动和体力劳动的分化，一方面贯彻教育与生产劳动相结合，即摆脱空洞的理论教育，与国家建设的实际紧密联系在一起；另一方面要防止狭隘的实用主义和经验主义，注重具有指导性的理论学习。第二个层面从实施角度上做出了高校教学过程中与实践紧密结合的要求，这就要求各个高校应在教学过程中加强与政府部门、企业、机关等单位的联系。[②] 这种密切联系可以使高等学校的学生通过实习、参观等形式形成相关教学内容，同时，政府各业务部门也应积极协助实习和研究。

在高等教育事业发展的过程中，中国借鉴了苏联的教育经验，并且和苏联一样，都是在"共产主义思想体系的指导之下，都是要逐步达到人的个性全面发展，都是要为工农服务、为生产建设服务"[③]。可以看到，当时中国的高等教育方针以共产主义思想体系为指导，这与列宁的劳动教育思想相吻合，列宁的教育思想也致力于培育学生的共产主义觉悟，并将自己所学投入共产主义建设中。同时，在借鉴苏联先进经验的同时，还批判了旧中国高等学校的课程设置，主要针对教育和生产脱节、理论和实际脱节的问题。1953年高等教育部《关于高等学校院系调整计划、改订高等学校领导关系和加强高等学校及中等技术学校学生生产实习工作的报告》中指出，在生产实习过程中，依然存在思想教育

---

① 上海市高等教育局研究室、华东师范大学高校干部进修班、教育科学研究所：《中华人民共和国建国以来高等教育重要文献选编（上）》，1979年版，第4页。（该书出版社不详，下同）
② 上海市高等教育局研究室、华东师范大学高校干部进修班、教育科学研究所：《中华人民共和国建国以来高等教育重要文献选编（上）》，1979年版，第4页。
③ 上海市高等教育局研究室、华东师范大学高校干部进修班、教育科学研究所：《中华人民共和国建国以来高等教育重要文献选编（上）》，1979年版，第22页。

问题，主要表现在学校层面对实习工作的不重视以及脱离实际的教学观点，存在"把现在这种密切结合教学目的、有准备、有计划、有提纲的生产实习，与过去那种脱离教学目的、无准备、无计划、形式主义的实习，等同看待"的问题①。可以看到，在劳动教育实施层面，依然没有完全贯彻1950年关于高等学校课程改革的决定中所提出的要求，依然存在理论学习脱离实际情况，没有很好地破解脑力劳动和体力劳动的分化。

1955年中华人民共和国高等教育部发布了《关于高等学校部分专业初步固定实习场所、编制三年（1956—1958）实习场所分配方案的原则和办法》的通知，在通知中，根据国家发展的第一个五年计划，对高等学校各专业的实习场所进行了分配，并根据各专业不同的特征确立了不同的原则，并对实习的组织要求、实习场所分配的步骤和要求都做了规定。

1949年至1956年，教育的首要目标是全力以赴地进入社会主义社会，为社会主义建设打好经济基础。在这个时期，劳动教育本质是生产技术教育，是作为缓解中小学毕业生升学压力的手段，也为动员更多的人投身国家建设。可以看到，在这个时期，劳动教育包含了非常全面的内容，既包括劳动技术的培训和提升，也包括劳动观点、劳动态度等内在精神的形成，在此基础上初步形成了生产劳动技术教育的体系构建。但这些政策的执行本质上并不是为了培育真正热爱劳动、享受劳动的劳动价值观。一方面，受到当时的社会发展水平和经济实力的影响，没有办法保障高升学率，使学生不得不开展劳动；另一方面，限于实际情况，最终没有培育起学生对劳动的热爱，很多家庭内心依然是轻视体力劳动的，将脑力劳动与体力劳动进行了地位上的划分。

二 使受教育者成为有社会主义觉悟的有文化的劳动者

我国对教育普及的重视以及关于劳动教育各项方针政策实行的效果，通过1957—1977年这一时期的努力，受教育者的数量达到了空前

---

① 上海市高等教育局研究室、华东师范大学高校干部进修班、教育科学研究所：《中华人民共和国建国以来高等教育重要文献选编（上）》，1979年版，第44页。

的程度，以数据为证："1956 年，小学生达 6346.6 万人，是 1949 年的 2.6 倍；初中生达 438.1 万人，是 1949 年的 5.3 倍；高中生为 78.4 万人，是 1949 年的 3.8 倍；中等专业学校学生为 81.2 万人，是 1949 年的 3.5 倍；大学生为 40.3 万人，是 1949 年的 3.5 倍。"[①] 这个数据是教育普及成果和方针政策执行效果的最有力证明，但在另一个层面也造成了教育资源供给与教育需求上的供不应求，国家财政薄弱，没有办法支撑大量的、长期的教育活动，不得已需要大部分人放弃升学投身生产实践。为此，1957 年毛泽东同志在最高国务会议第十一次扩大会议上的讲演《关于正确处理人民内部矛盾的问题》中明确提出了德、智、体全面发展的理念，并要求受教育者在德育、智育、体育三个层面实现发展的同时，还要成为"有社会主义觉悟的有文化的劳动者"[②]。在此，毛泽东同志针对当时知识分子和青年学生的问题，指出需要继续强化思想政治工作，思想政治的薄弱导致了这个群体出现对于祖国前途、人类理想的漠视，对于这个群体的教育方针，虽然没有提及劳动教育，但前提是一名劳动者。也就是说，在当时经济发展水平和生产力相对低下的背景下，需要全民的辛勤劳动来创造富强的国家。从另一方面来看，虽然在努力培育学生热爱劳动、尊重劳动的价值观，但那时依然延续了只局限于体力劳动的劳动教育，同时还强调对学生的政治教育，使得劳动教育的整体走向偏离了轨道。

（一）勤俭办学、半工半读方式下的劳动教育

1957 刘少奇同志提出了勤工俭学、开展课余劳动的建议，在《提倡勤工俭学，开展课余劳动》这篇文章中，刘少奇同志认为勤工俭学可以解决三大问题：第一，学生个人无法负担学费的问题；第二，国家教育经费不足的问题；第三，培养学生的劳动习惯、劳动技能，在劳动实践中形成对劳动人民的深厚情感。[③] 1958 年，时任教育部副部长董纯才在第一届全国人民代表大会第五次会议做了《加强思想教育、劳动教育

[①] 顾明远主编：《中国教育大系·马克思主义与中国教育》（上），湖北教育出版社 1994 年版，第 1638—1639 页。

[②] 毛泽东：《关于正确处理人民内部矛盾的问题》，人民出版社 1960 年版，第 23 页。

[③] 刘少奇：《刘少奇选集》下册，人民出版社 2018 年版，第 312 页。

提倡群众办学、勤俭办学》的教育工作报告。报告中指出："加强劳动生产教育，并且要有步骤地实行半工半读的教育制度。"① 其目的是消除脑力劳动和体力劳动的区别，消除学生轻视体力劳动和劳动人民的错误思想，同时也给毕业生升学的机会；期望能够培养出具有吃苦耐劳品质、良好的劳动习惯、热爱劳动人民的思想感情的一批人才。

（二）将生产劳动列为正式的课程

1958年9月，在《中共中央、国务院关于教育工作的指示》中明确指出，一切学校都"必须把生产劳动列为正式课程"②。同时，明确了党的教育方针是为无产阶级的政治服务，必须坚持教育与劳动生产相结合，这项方针是为了更好地服务于社会主义革命和社会主义建设，同时致力于消灭脑力劳动和体力劳动的差别，这也正式拉开了劳动教育的序幕。在指示中还提出了要培养共产主义社会的全面发展的新人，即"既有政治觉悟又有文化的、既能从事脑力劳动又能从事体力劳动的人"③。指示中对劳动教育的教育方针继承了列宁的劳动教育思想，一方面提出教育与生产劳动相结合的要求；另一方面致力于培养共产主义社会全面发展的新人。

（三）劳动教育的路线偏离

1958年，时任中共中央宣传部部长、中央人民政府文教委员会副主任陆定一发表了《教育必须与生产劳动相结合》一文，文中批判了资产阶级教育的虚伪和脱离实际，"资产阶级的教育方针体现为：为教育而教育，劳力与劳心分离，教育由专家领导"④。与之相对应的共产党人的教育理念为："一切社会科学都要跟政治走，教育学也不例外。人们是为了阶级斗争和生产斗争而需要教育的。"⑤ 同时，陆定一还解

---

① 《加强思想教育、劳动教育 提倡群众办学、勤俭办学 教育部副部长董纯才在第一届全国人民代表大会第五次会议上的发言》，《江苏教育》1958年第6期。
② 何东昌主编：《中华人民共和国重要教育文献（1949—1975）》，海南出版社1998年版，第859页。
③ 何东昌主编：《中华人民共和国重要教育文献（1949—1975）》，海南出版社1998年版，第859页。
④ 陆定一：《教育必须与生产劳动相结合》，《湖南教育》1958年第11期。
⑤ 陆定一：《教育必须与生产劳动相结合》，《湖南教育》1958年第11期。

读了人的全面发展的问题，即在实践过程中使各行各业的劳动者都成为多面手，比如工人兼农民、农民兼工人、干部参加劳动、生产者参加管理等；并提出了实现人的全面发展，必须坚持教育与生产劳动相结合，但另一方面却又指出，教育要为无产阶级的政治服务。[1] 可见，劳动教育在这个时期已经从育人逐渐走向了政治工具的道路，片面地理解了人的自由全面发展，将人的自由全面发展简单地看作有身兼多种劳动技能的能力。1961年发布的《中华人民共和国教育部直属高等学校暂行工作条例（草案）》中，要求学生要通过生产劳动形成劳动习惯，改变对体力劳动和脑力劳动分化的现状，其出发点是培养高等院校学生的劳动观点，但在其中生产劳动的部分，依然强调的是体力劳动，试图通过体力劳动的形式来培育大学生的劳动观点。1965年杭州会议上，毛泽东同志谈革命教育时批评了学校教育理论脱离实际的问题，指出现在的学生已经脱离了实际，成了四体不勤、五谷不分的人。因此"大学需要改造，上学的时间不要那么多了。……要改造文科大学，要学生下去，搞工业、农业、商业。……单下农村还不行，还要下工厂、下商店、下连队。这样搞他几年，然后读两年书就行了"[2]。可见，毛泽东同志认为教学不必太长时间，要把主要精力放在实践上，并特意强调了文科学习，甚至没有在学校学习的必要，完全可以边工边读。

显然，在社会主义探索时期的十年中，劳动教育对于生产建设和提升认识水平的意义依然存在，但与前一阶段相比，劳动教育的育人属性在不断减弱，政治属性在不断增强，生产劳动等实践活动不断占据着劳动教育的更大比重。基于当时的时代发展情况，推动半工半读和勤工俭学是有必要的，但随着"大跃进"的极"左"思潮推动，教育与生产劳动相结合的方针不断偏向单纯的生产劳动。而到了"文化大革命"时期，更是再次分化了脑力劳动和体力劳动，将二者对立，将知识分子与工农群众对立，极大地阻碍了劳动教育的发展与推进。

---

[1] 陆定一：《教育必须与生产劳动相结合》，《湖南教育》1958年第11期。
[2] 何东昌主编：《中华人民共和国重要教育文献（1949—1975）》，海南出版社1998年版，第1383页。

第二节　进行改革开放和社会主义现代化建设新时期（1977—2012年）

一　正式提出教育与生产劳动相结合

随着1977年高考制度重新登上历史舞台，教育事业迎来新转机，社会主义现代化建设开始重点向人才培养方向转移，强调知识与人才在这一时期的重要地位，此时劳动教育主要是为社会主义现代化服务。

邓小平同志于1977年提出"要尊重劳动与知识，不管是体力劳动还是脑力劳动同样都是劳动"[①]，明确了各个领域劳动者作出的贡献都是社会主义建设的一份力量，也为各种学校教育的发展提供了新的发展方向，无论是职业技术教育还是高等教育都是为社会主义培养接班人。邓小平同志又在1978年4月强调了"在教育与劳动相互渗透的基础上发展新的方法"[②]。教育部于同年9月颁发的《全日制中学暂行工作条例（试行草案）》也明确指出了中学教育的培养目标要将劳动观点与劳动习惯作为重点教学内容，并在实际教学工作中将思政教学融入其中，强化"工、农、军"等优秀精神的学习，从多维度培养中学生的劳动观念与爱国情怀。[③] 1981年中国共产党第十一届六中全会通过《关于建国以来党的若干历史问题的决议》，肯定了中华人民共和国成立以来各项事业的重大发展："一九八〇年，全国各类全日制学校在校学生二亿零四百万人，比一九五二年增长二点七倍。三十二年来，高等学校和中等专业学校培养出近九百万专门人才。"[④] 同时，该决议还明确了当前时期党的教育方针，即"坚持德智体全面发展、又红又专、知识分子与工人农民相结合、脑力劳动与体力劳动相结合的教育方针"[⑤]。在1985

---

① 何东昌主编：《中华人民共和国重要教育文献（1949—1975）》，海南出版社1998年版，第1573页。
② 人民教育出版社编辑：《教育改革重要文献选编》，人民教育出版社1988年版，第166页。
③ 《全日制中学暂行工作条例（试行草案）》，《安徽教育》1978年第12期。
④ 《关于建国以来党的若干历史问题的决议》，《文汇报》1981年7月1日第1版。
⑤ 《关于建国以来党的若干历史问题的决议》，《文汇报》1981年7月1日第1版。

年颁布的《中共中央关于教育体制改革的决定》中提出:"教育必须为社会主义建设服务,社会主义建设必须靠教育。"① 这一明确的方针取代了社会主义建设探索时期所提出的教育为无产阶级政治服务的说法。还要造就各个领域、各个行业的优秀人才,同时培育他们的献身精神、科学精神,为社会主义建设的事业而奋斗。继续发展职业教育,科学技术与劳动技术协同发展,同时,针对职业技术教育则提出了"分流"的要求,即在中等教育的过程中,分别在初中和高中阶段进行分流,分别分流进高中职业技术学校和高等职业技术学校。为此必须"要在全党和全社会进行教育,树立行行光荣、行行出状元的观念……今后各单位招工,必须首先从各种职业技术学校毕业生中择优录取"②。

1986年,时任国务院副总理兼国家教委主任李鹏在第六届全国人民代表大会第四次会议上做了《关于中华人民共和国义务教育法(草案)的说明》的报告,指出:"应当贯彻德、智、体、美全面发展的方针,适当进行劳动教育,使青少年儿童受到比较全面的基础教育。"③此项方针的提出,形成了德、智、体、美四育并举的局面,是继德、智、体三育并举后的新发展。同时,劳动教育虽然未在其中,但也被作为基础教育的一部分。同年,时任国家教委副主任彭珮云在中学德育大纲研讨会上的讲话中进一步提出了德、智、体、美、劳全面发展的说法,指出:"把德育作为德、智、体、美、劳五育全面发展的一个有机组成部分,使五育互相配合、互相渗透、互相促进。"④ 1987年的《"七五"期间全国教育科学规划要点》明确提出要培养德、智、体、美、劳全面发展的社会主义事业建设人才,在以往教育理念中从未将此五项共同作为培养目标,这从侧面反映了劳动教育在新发展阶段的重要

---

① 中共中央文献研究室:《十二大以来重要文献选编》中册,人民出版社2011年版,第187页。

② 中共中央文献研究室:《十二大以来重要文献选编》中册,人民出版社2011年版,第193页。

③ 李鹏:《关于〈中华人民共和国义务教育法(草案)〉的说明》,《中华人民共和国国务院公报》1986年第12期。

④ 《关于制定和实验中学德育大纲的问题——国家教委副主任彭珮云同志在中学德育大纲研讨会上的讲话(摘要)》,《中学政治课教学》1986年第12期。

地位。但从实际效果看，劳动教育的实践效果并不理想。1986年全国中学劳动技术教育工作座谈会上，有专家客观指出劳动教育的开展情况不够平衡，在开展数量上，有半数以上的学校没有进行劳动技术教育的课程。在认知上，各层面都不够重视，劳动技术教育的基础设施建设严重不足。① 会议还进一步指出了出现这些问题的原因，认为各方面都过于重视提升升学率，再加上劳动技术教育是一个综合性的新学科，因此不论是认知上还是教育设施上都跟不上发展进程。② 可见，20世纪80年代以后，关于劳动教育的一系列教育方针经历了进一步调整与发展，但在各种因素的影响下，其实践情况并不理想。

1990年后随着市场经济逐步在我国生根发芽，学校教学培养目标中逐步强调劳动教育为社会主义服务。国家教委工作总结会议于同年年底召开，何东昌在会上明确指出"明确大学生的服务对象是很有必要的"③，换言之，就是在未来教育教学中要将劳动教育置于更重要的地位，进一步明确实施劳动教育对大学生毕业后职业发展的重要助力，劳动教育也不再单纯地局限于体力劳动，而是培养既懂知识又懂技术的复合型人才。1993年，高等教育已得到快速的发展，从在校学生数量、学科门类丰富度和形式都实现了巨大的进步④。接下来要继续全面贯彻落实教育方针，提出"教育必须为社会主义现代化建设服务，必须与生产劳动相结合，培养德、智、体全面发展的建设者和接班人"⑤。此时的教育方针已经将教育与生产劳动相结合作为必须实行的方针，但从德育、智育、体育、美育、劳育"五育"并举转化为以德育、智育、体育为主的三育并举，美育和劳育被分别提出。针对劳动教育，虽然未在

---

① 何东昌主编：《中华人民共和国重要教育文献（1976—1990）》，海南出版社1998年版，第2486—2487页。
② 何东昌主编：《中华人民共和国重要教育文献（1976—1990）》，海南出版社1998年版，第2486—2487页。
③ 何东昌主编：《中华人民共和国重要教育文献（1976—1990）》，海南出版社1998年版，第2928—2929页。
④ 中共中央文献研究室：《十四大以来重要文献选编》上册，人民出版社2011年版，第52页。
⑤ 中共中央文献研究室：《十四大以来重要文献选编》上册，人民出版社2011年版，第66页。

"五育"并举之列,但在方针中得到了一定的重视,包括将劳动教育列入教学计划、要为学校的劳动教育场所提供各个方面的保障等。① 这是从顶层设计层面逐步明晰未来教育发展方向与政策指向,推动劳动教育逐步制度化。而之所以转变为三育并举的局面,李岚清指出,德育、智育、体育是经过多年实践得到的一条正确的、可以坚持贯彻的道路②。但是在这里并不是将美育与劳育剔除出去,李岚清依然重视这两项教育的开展,认为劳育应包含在德育和体育之中。由此可见,从20世纪90年代开始,劳动教育不再是一项独立的教育内容,是包含在德育、智育、体育这样一个三育并举的宏观体系内的。1995年《国家教委关于深入推进农村教育综合改革的意见》中,明确指出在偏远农村地区也要逐步开设劳动课程,培养技能学习,由此开始,城市与农村地区皆在政策层面逐步明晰化,教育发展逐步规范化、制度化。国家教委于次年3月的《小学管理规程》中再次提出"要使学生从小养成劳动习惯,加强小学生从事各项劳动教育的能力"③,通过对小学教育教学发展方向做出新的补充,进一步强调培养小学生的劳动观念与劳动习惯。这一时期的劳动教育政策体现出国家对从小培养学生劳动价值观念的重视程度,强调了劳动教育在德智体美教育中的平等地位,促进各教学目标之间相互融合互补,积极为我国社会主义建设培养复合型人才,助力国家现代化建设。

1996年《中共中央关于加强社会主义精神文明建设若干重要问题的决议》中指出,社会主义道德的基本要求就是"爱祖国、爱人民、爱劳动、爱科学、爱社会主义"④。与1949年《共同纲领》相比,由当时的全体国民五项公德发展为社会主义道德,且内容上有了新的发展,但"爱劳动"作为一项道德标准,一直都没有改变。并且在《决议》

---

① 中共中央文献研究室:《十四大以来重要文献选编》上册,人民出版社2011年版,第69页。
② 李岚清:《美育是整个教育不可缺少的重要组成部分》,《人民教育》1994年第10期。
③ 何东昌主编:《中华人民共和国重要教育文献(1991—1997)》,海南出版社1998年版,第3948—3949页。
④ 中共中央文献研究室:《十四大以来重要文献选编》下册,人民出版社2011年版,第142页。

中还进一步要求包括各个级别和各个类别的学校都要加强德育，都要"努力培养德智体等方面全面发展的社会主义建设者和接班人"①。同时，还要求组织学生参加生产劳动和社会实践，由此可以看到，教育与生产劳动相结合的方针在这一时期形成了新的发展，进一步注重了社会实践的开展。

二 造就"四有"新人和德智体美等全面发展的社会主义事业建设者和接班人

1997年9月，党的十五大紧紧围绕劳动教育对我国社会主义现代化建设的重大贡献，进一步对教育目标进行重大调整，明确了未来的任务与方向。从宏观层面进一步规范了教育政策，并要求着力提高全民族的思想道德和科学文化素质，培育"有理想、有道德、有文化、有纪律"的"四有公民"。此后，基于教育与生产劳动相结合的方针，继续注重培养学生在劳动观、劳动习惯等层面的发展和形成，更加注重个体的培育，发挥劳动教育对我国社会主义现代化建设的助推作用。在此基础上党和国家对劳动教育的认识进一步深化。

1998年第九届全国人民代表大会常务委员会第四次会议通过的《中华人民共和国高等教育法》明确提出了高等教育中关于劳动教育的目标和要求，即"与生产劳动相结合，使受教育者成为德、智、体等方面全面发展的社会主义事业的建设者和接班人"②。同时，还进一步对劳动能力和劳动创新做出了要求，创新精神和实践能力得到了更高程度的重视，创新性劳动逐渐走入了教学实践的视野。

通过改革开放20年来的社会主义事业建设，经济建设取得了巨大成就，教育事业也在此过程中进行了重大调整，中共中央、国务院于1999年出台了《深化教育改革，全面推进素质教育的决定》，此项决定旨在强调素质教育在未来发展过程中的重要地位，强化劳动教育和其他

---

① 中共中央文献研究室：《十四大以来重要文献选编》下册，人民出版社2011年版，第143页。

② 何东昌主编：《中华人民共和国重要教育文献（1998—2002）》，海南出版社2003年版，第165页。

各项教学目标的互融互合、协同推进，为社会主义发展培养与时俱进的优秀人才[1]，这项决定是推动我国劳动教育走向21世纪新局面的重大举措。在《决定》中提出，要造就"四有"新人和德智体美等全面发展的社会主义事业建设者和接班人。不仅要将德育、智育、体育、美育等有机统一在教育活动的各个环节，还要加强劳动技术教育和社会实践，"教育与生产劳动相结合是培养全面发展人才的重要途径"[2]。

三 正式提出教育与生产劳动和社会实践相结合

进入21世纪，江泽民同志在党的十六大报告中深刻指出："必须尊重劳动、尊重知识、尊重人才、尊重创造，这要作为党和国家的一项重大方针在全社会认真贯彻。"[3]"四个尊重"的观点既是对马克思主义理论的基础与发展，也是对邓小平同志"尊重知识、尊重人才"的进一步丰富。同时"尊重劳动"的提出，再一次申明了体力劳动和脑力劳动的一致性，劳动是平等的、是光荣的，无论是进行简单劳动的体力劳动者，还是进行复杂脑力劳动的脑力劳动者，都值得被尊重。在这个时期，继续坚持"教育为社会主义现代化建设服务，为人民服务，与生产劳动和社会实践相结合，培养德智体美全面发展的社会主义建设者和接班人"[4]。这个时期的劳动教育实现了新的发展和超越，拓展了劳动教育的路径，在生产劳动之余，强调了综合性社会实践的重要性，这是对中华人民共和国成立以来劳动教育内容的丰富与发展，在新的历史发展时期，单纯的生产劳动已经不能满足社会发展速度，综合性的社会实践比单纯的劳动生产覆盖面更广，增强了劳动教育的丰富程度。

于2001年出台的《基础教育课程改革纲要（试行）》基于社会实

---

[1] 《关于深化教育改革全面推进素质教育的决定》，《中华人民共和国国务院公报》1999年第21期。

[2] 中共中央文献研究室：《十五大以来重要文献选编》中册，人民出版社2011年版，第41页。

[3] 中共中央文献研究室：《十六大以来重要文献选编》上册，人民出版社2011年版，第12页。

[4] 中共中央文献研究室：《十六大以来重要文献选编》上册，人民出版社2011年版，第31页。

践，对各学段的课程做出了新的要求，将综合实践活动作为一项必修课程，从而进一步提高学生的劳动能力和实践能力。① 2004 年《教育部关于加强学术道德建设的若干意见中》指出，在学术研究工作中还存在一系列问题，包括侵占他人劳动成果、论文粗制滥造、弄虚作假等问题，因此要求应"在高等学校倡导并形成崇尚诚实劳动、鼓励科研创新、遵循学术道德、保护知识产权的良好氛围"②。进一步强调了高等学校在学术研究的过程中诚实劳动的重要性。关于《进一步加强和改进大学生思想政治教育的意见》于同年提出，其明确表示大学生要通过社会实践开展生产劳动，并以此培养其劳动观念。③ 2007 年发布的《国家教育事业发展"十一五"规划纲要》继续提出"必须强化青年学生对于劳动的尊重与热爱，培育学生艰苦奋斗精神"，尤其是要在教育目标设计层面提出培养学生的劳动观念及价值取向，并在社会实践中贯彻落实正确的劳动价值观念。④ 《国家中长期教育改革和发展规划纲要（2010—2020 年）》（以下简称《纲要》）于 2010 年 5 月公开发布，《纲要》强调教育教学要与生产劳动、教育教学相勾连，深刻意识到劳动对教育的助推作用，并从大局出发重新审视教育政策与劳动教育的内在联系⑤，具体而言就是通过培养学生的劳动观念以及劳动情感，将劳动教育纳入具体的教育教学环节中去。国务院又于 2012 年 9 月印发《教育督导条例（草案）》，通过减轻在校学生的作业负担，科学规划各学科在教学中所占的课时比例，合理释放学生的休闲娱乐时间，即除了学校教育还要重视学生的课外学习安排，适当照顾学生的身心健康。⑥

---

① 《基础教育课程改革纲要（试行）》，《人民教育》2001 年第 9 期。
② 何东昌主编：《中华人民共和国重要教育文献（1998—2002）》，海南出版社 2003 年版，第 1138 页。
③ 《中共中央 国务院发出〈关于进一步加强和改进大学生思想政治教育的意见〉》，《人民日报》2004 年 10 月 15 日第 1 版。
④ 《国务院批转〈国家教育事业发展"十一五"规划纲要〉的通知》，《时政文献辑览》2008 年第 00 期。
⑤ 《中共中央 国务院印发 国家中长期教育改革和发展规划纲要（2010—2020 年）》，《人民教育》2010 年第 17 期。
⑥ 《温家宝主持召开国务院常务会议 研究部署深入推进义务教育均衡发展和规范农村义务教育学校布局调整工作审议通过〈教育督导条例（草案）〉》，《人民教育》2012 年第 18 期。

进入21世纪以后，劳动教育的外延得到进一步拓展，但从另一方面来看，这种外延的拓展模糊了劳动教育的本质内涵。拔高综合实践教育实际上降低了劳动教育整体的地位，虽然劳动技术教育得到了前所未有的发展，但不得不认识到其形成的发展不平衡的问题。在应试教育的大背景下，"纵观我国劳动技术教育发展的历史，在所有的文件中的表述都是重视劳动技术教育的，而在实践的过程中，却被打了折扣"①。

第三节 开创中国特色社会主义新时代
（2013年至今）

十九届六中全会指出，党的十八大以来，中国特色社会主义进入新时代。在党的十八大报告中提出，应倡导并积极培育和践行社会主义核心价值观。同时指出："要坚持依法治国和以德治国相结合，加强社会公德、职业道德、家庭美德、个人品德教育，弘扬中华传统美德，弘扬时代新风。"② 党的十八大以来，习近平总书记依然没有停止对劳动的探索和对人的全面发展的探索。在同全国劳模代表座谈时的讲话中提道："坚持社会主义公平正义，排除阻碍劳动者参与发展、分享发展成果的障碍，努力让劳动者实现体面劳动、全面发展。"③ 2014年发布的《关于深化考试招生制度改革的实施意见》逐步规范了中学生的综合素质评价指标，重新调整了考试的形式和内容，此项意见标志着高等教育的现代化改革，教育质量、国民素质成为新时期劳动教育的重点内容。④《教育部 共青团中央 全国少工委关于加强中小学劳动教育的意见》于次年出台并再次重申劳动教育的主要目标是促进中小学生的德、智、体、美、劳全面发展。⑤ 在此基础上，《中国学生发展核心素养》

---

① 徐长发：《我国劳动技术教育的发展》，《教育研究》2004年第12期。
② 中共中央文献研究室：《十八大以来重要文献选编》上册，人民出版社2014年版，第25页。
③ 《习近平在同全国劳动模范代表座谈时的讲话》，《人民日报》2013年4月29日第2版。
④ 《国务院关于深化考试招生制度改革的实施意见》，《人民教育》2014年第18期。
⑤ 《教育部 共青团中央 全国少工委关于加强中小学劳动教育的意见》，《中国德育》2015年第16期。

于 2016 年发布，并首次将"劳动意识"加进学生核心素养中，确定了劳动教育在人才培养过程中起着不可或缺的作用和重要地位，不断培育并及时纠正学生的劳动观念，促使其养成良好的劳动意识，塑造既懂知识又懂操作的全能型人才。① 这一时期的劳动教育政策发展历程均表明了我国劳动教育的根本目的从未改变，政策改革紧紧围绕人的全面发展而不断优化调整，是对上一阶段劳动教育政策的不断优化。

党的十九大报告指出："中国共产党第十九次全国代表大会，是在全面建成小康社会决胜阶段、中国特色社会主义进入新时代的关键时期召开的一次十分重要的大会。"② 同时，形成了习近平新时代中国特色社会主义思想，其继承并发展了马克思主义理论及其劳动观，创立了新时代中国特色社会主义劳动观点。习近平总书记强调，在新时代、新形势下，我国劳动教育及人才素质培养面临更大的考验。我们不仅要顺应时代的发展潮流，更要抓住发展机遇，超前谋划，以历史发展为参考，以更高远的历史站位、更广阔的国际视野以及更长远的战略目光对我国当前劳动教育事业提出更高要求。要加快劳动教育现代化进程，对建设教育强国战略进行整体统筹，优先推动教育事业的发展，使教育政策同国家发展布局相适应，同广大人民群众需求相契合，同我国国际发展地位相配合。

2017 年推出的《中小学德育工作指南》强调，当前须加强劳动实践，将校外的劳动纳入校内教育教学计划内，并推进至全学段。③ 习近平总书记在 2018 年的全国教育大会上提出，"新时代下人的全面发展同样对教育及学习提出更高要求，我们应以中国特色社会主义教育为中心，持续为国家培养、输送五育并举的社会主义接班人"④。在 2020

---

① 核心素养研究课题组：《中国学生发展核心素养》，《中国教育学刊》2016 年第 10 期。
② 中共中央文献研究室：《十九大以来重要文献选编》上册，中央文献出版社 2019 年版，第 1 页。
③ 教育部：《关于印发〈中小学德育工作指南〉的通知》2017 年 8 月 17 日，http://www.moe.gov.cn/srcsite/A06/s3325/201709/t20170904_313128.html?eqid=d0acc938007c45f0000000026432974c，2022 年 1 月 31 日。
④ 本报评论员：《牢牢把握教育改革发展的"九个坚持"——论学习贯彻习近平总书记全国教育大会重要讲话》，《人民日报》2018 年 9 月 14 日第 2 期。

年 3 月推出的《关于全面加强新时代大中小学劳动教育的意见》中提出，当前教育中应充分利用劳动教育，促使劳动教育育人功能外溢。①习近平总书记强调须以全面发展的素质教育观提高国民综合素质并促进青年的全面发展；同时将劳动教育吸收进教育中，从全学段、校内外等全方位入手，实行德智体美劳"五育"并举的教育，使学生自身建立正确的三观。新时代中的劳动教育有了全新的意义，以育人为导向，遵循当下教育规律，与新时代背景相结合，构建全方位的劳动教育体系，并从多元化角度对该体系持续提出意见，不断优化。从该意见中能够看出其对劳动教育的深刻解读，对劳动教育的传承，是中国特色社会主义下的产物，让我们清晰认识到加强劳动教育对培养新时代下的接班人具有的重要意义。在推出的《大中小学劳动教育指导纲要（试行）》提出，须在大中小全学段设立劳动教育必修课，且在中小学学段内劳动教育课程平均每周不低于 1 课时②。这样不仅对劳动教育课程的课时提出要求，明确其开展方向，同样体现出劳动教育课程的必要性及意义，有利于劳动教育课程的推进。通过对这一时期的政策研究，能够发现劳动教育课程设置的内容、方式、途径、维度等充分显示国家对劳动教育课程的重视，在保障劳动教育课程的推进过程中，逐步解决存在问题，使劳动教育推进得更为顺利。

可以看出，这一时期下的劳动教育并未局限于经济建设层面，而是向高素质、多方面的人才培养领域推进。对于新时代的劳动教育发展方向，可以从以下三个方面进行剖析。

一 正式提出将立德树人作为教育的根本任务

在全国教育大会上，习近平总书记深刻诠释了劳动精神的内涵，将立德树人的理念融入教育的各个方面，同时确立了"五育"并举的新局面，即"努力构建德智体美劳全面培养的教育体系，形成更高水平的

---

① 《中共中央 国务院关于全面加强新时代大中小学劳动教育的意见》2020 年 3 月 20 日，https://www.gov.cn/zhengce/2020-03/26/content_5495977.htm，2022 年 1 月 31 日。
② 《教育部关于印发〈大中小学劳动教育指导纲要（试行）〉的通知》，《中华人民共和国教育部公报》2020 年第 Z2 期。

人才培养体系"①。劳动精神的弘扬使崇尚劳动、热爱劳动、辛勤劳动、诚实劳动的精神内化于心，这是在教育与生产劳动相结合基本方针的基础上，对内在品质的塑造做了更为具体的要求。同时，为了落实立德树人，就要将立德树人的理念贯穿各学段、各类别、各群体、各环节，从而实现"五育"并举、高水平人才培养体系的构建。由此可以看到，立德树人是教育发展的根本任务，立德树人的理念要贯穿在教育的各个方面。因此，我们要在立德树人的引领下开展劳动教育，培育学生的劳动精神，目前我们的劳动教育目标已经发生了巨大的转变。劳动的本质被深刻理解，劳动的内容丰富多样，劳动教育的目标也更加长远，与中华人民共和国成立以来各阶段的劳动教育相比，当前的劳动教育已经更加注重内化的价值，更加贴近劳动的本质。立德树人已经成为我党教育领域改革的核心导向，也是今后所有关于教育领域改革的基本导向。

纵观中华民族几千年的发展历史，我们能够看出"德"的博大精深，这不仅是一个简单的汉字，更是对中华民族几千年来精神文明建设的引导。国无德不兴，人无德不立。"立德"为做人之本，也为兴国之本。在全社会思想道德建设中，我们必须将人民思想道德建设转变为主动行为。首先要激发人们由内而外形成善良道德的意愿，另外，在这一过程中加以培养与引导，然后进行实践，使善良道德成为大家的习惯，我们国家的发展不仅需要向上的力量，更需要向善的力量。习近平总书记表示，只要我们一代一代持续追求美好崇高的道德境界，我们将永远充满希望。"树人"并非一朝一夕可以完成，在立德树人的过程中，我们要以道德建设为先，通过多途径、多方式的结合，提升道德教育的质量，将立德树人贯彻到底。在持续升华立德树人新境界的过程中努力为我国教育工作输出人才。

二 培养担当民族复兴大任的时代新人

教育不仅是国之大计，同样也是党之大计。随着时代的发展，新时

---

① 习近平：《坚持中国特色社会主义教育发展道路 培养德智体美劳全面发展的社会主义建设者和接班人》，《人民日报》2018年9月11日第1版。

代对培养能够担当民族复兴的时代新人已然成为当下教育的根本任务，科教兴国得到全民族的普遍认同。新时代带来新挑战，随着全球化进程的不断推进，全球经济、科技、教育等行业都迎来新的机遇与挑战。在科技革命的不断冲击下，5G、AI、大数据、区块链等各类新技术不断问世，持续优化产业结构。数字化、智能化的发展正逐步改变国家之间的竞争态势，影响各国的综合实力。要实现中华民族伟大复兴的中国梦，最根本的要素必然是人才的培养，我们必须在教育过程中输出人才，输出能够担当起民族复兴大任的时代新人，这同时要求我们必须推进教育现代化，建立"五育"并举的教育格局，方能提高我国全民素质，培养出有担当的社会主义建设者和接班人。实现中华民族伟大复兴必须靠劳动，习近平总书记指出："劳动是推动人类社会进步的根本力量。"[1] 新时代实现国家的富强、民族的兴旺必须并且只能依靠劳动来完成。在新时代背景下，教育的根本任务是培养出能够担当民族复兴的新人，这些新人就是新时代教育下的全方位人才。他们不仅是德、智、体、美、劳全面发展的专业性人才，也是拥护中国共产党领导、拥护社会主义制度，誓为中国特色社会主义事业奋斗终身的专业型人才。

三 培育德智体美劳全面发展的社会主义建设者和接班人

习近平总书记指出："人类是劳动创造的，社会是劳动创造的。"[2] 这一论述继承了马克思主义唯物史观，诠释了劳动是人类的本质活动。基于马克思主义唯物史观，纵观人类在历史中的前进步伐，可以看到是劳动创造了人本身，人类通过劳动逐渐形成社会。人通过劳动满足了自身的生存需求，也通过劳动创造物质财富与精神财富。因此习近平总书记关于劳动的论述，既是对马克思主义唯物史观的继承与发展，也是"劳动是人类的本质活动"这一思想在新时代中国特色社会主义伟大事业中的生动体现。

---

[1] 习近平：《坚持中国特色社会主义教育发展道路 培养德智体美劳全面发展的社会主义建设者和接班人》，《人民日报》2018年9月11日第1版。

[2] 习近平：《在知识分子、劳动模范、青年代表座谈会上的讲话》，《人民日报》2016年4月30日第2版。

在 2018 年的全国教育大会上，习近平总书记提出："劳动可以树德、可以增智、可以强体、可以育美。这次，党中央经过慎重研究，决定把劳动教育纳入社会主义建设者和接班人的要求之中，提出'德智体美劳'的总体要求。"① 在重新确立了劳动的价值和地位后，德、智、体、美、劳"五育"并举的局面正式形成，同时也可以看到，对于劳动的认识相较于之前有了更加深刻和正确的认识，劳动不再仅仅是提升劳动技能，实现生产力的发展，也不再以一个孤立的形式出现在教育行列中。而是更加强调劳动的内在价值，同其他四育的内在关联。结合我国国情可以明确我国的劳动教育必然是为了培养社会主义的建设者和接班人，为中国特色社会主义事业呕心沥血、奋斗终身的专业型人才。这既是当前劳动教育工作的任务，也是劳动教育工作的目标。习近平总书记在全国教育大会上强调："我们应坚持党的坚强领导，贯彻党的教育方针，在教育事业中坚持中国特色社会主义下的教育发展道路。立足我国国情，遵循教育规律，持续推陈出新，从人心、人格、人力多方面培养社会主义建设者和接班人，办现代化教育、办强国教育、办人民满意的教育。"教育是民族发展、社会进步的基石，更是一项长期发展的德政工程，可以影响到未来几年甚至是几十年的发展导向。教育不仅对我国全民综合素质的提高和人类全面发展产生积极作用，其显性结果也会刺激民族的创新及创造力，维持国家的长治久安，对中华民族伟大复兴事业具有伟大意义。基于此，我们要贯彻党的教育方针，将劳动教育事业作为党和国家各项事业发展的先行者。以马克思主义为指导，以社会主义办学为方向，为国家培养社会主义建设者和接班人，为中华民族伟大复兴奠定基础。

"全面建成小康社会，进而建成富强民主文明和谐的社会主义现代化国家，根本上靠劳动、靠劳动者创造。"② 这一论述进一步深刻诠释了马克思主义实践观，社会主义的发展需要依靠辛勤的劳动与不懈的奋

---

① 中共中央文献研究室：《十九大以来重要文献选编》上册，人民出版社 2019 年版，第 653 页。

② 习近平：《在庆祝"五一"国际劳动节暨表彰全国劳动模范和先进工作者大会上的讲话》，《人民日报》2015 年 4 月 29 日第 2 版。

斗，劳动是实现梦想的必由之路；实现个人梦想和国家发展目标只能靠勤奋不辍、持之以恒地劳动。如果只有梦想、没有行动，所设立的目标往往会流于空谈，成为虚妄的黄粱美梦，而架起梦想与现实之间桥梁的则是实实在在的行动，即劳动实践。从马克思主义理论来看，只有通过劳动实践，才能够将意识层面即人们的梦想、理想、设想等方面的内容转化为实实在在的现实。从我们现实生活的角度来看，社会的进步和国家的富强依靠的就是每一个人的努力，一个人的理想、梦想通过劳动转化成了现实，是一个人的进步，而每一个人的理想、梦想都通过劳动转化为现实，最终就形成了国家和民族的进步。

第四节　中华人民共和国成立以来劳动教育在党的教育方针中发展的经验与不足

近代以来，中华民族实现了站起来、富起来、强起来的根本转变，依靠的是一代又一代奉献自我的劳动者们的辛勤劳动。因此，必须牢固树立崇尚劳动、热爱劳动的思想和"实干兴邦"的劳动实践观，坚持以辛勤劳动、诚实劳动、创造性劳动成就伟大梦想。纵观中华人民共和国成立以来有关劳动教育的党的教育方针的发展历程可以看到，中国劳动教育的发展，一直都以马克思主义劳动理论和劳动教育思想为指导，也在一定时期内借鉴了苏联的劳动教育经验，并继承了优秀的中国传统文化。劳动教育一直把握着育人功能，不断探索其对社会生产建设的作用、对道德和文化建设的作用和对人的全面发展的作用。在劳动教育发展的七十余年中，虽然在一定时期出现了实施路线的偏离、实施效果的不佳，但还是在反复的实践中实现了劳动教育的创新与发展。在劳动教育的创新和发展中，可以学习劳动教育实施的经验，以及对未来劳动教育进一步发展的启示。

一　坚持教育与生产劳动和社会实践相结合的基本方针

中华人民共和国成立以来，始终坚持把马克思主义关于教育与生产劳动相结合的理论作为教育方针的指导；同时这项方针经历了从教育与生产劳动相结合,到教育与生产劳动和社会实践相结合的转变。这项转变标志着中国在经济、政治、文化、科技等各个方面的发展与进步,同时也是对人才培育的全新要求。新时代大学生劳动教育的开展,必须在教育与生产劳动和社会实践相结合的基础上逐步进行。

坚持教育与生产劳动和社会实践相结合,应当看到教育与生产劳动之间不可分割的密切联系。通过回顾中华人民共和国成立以来劳动教育的发展历程可以看到,一直以来,脑力劳动和体力劳动的关系在这项教育方针的指导下能够实现融合与平等,一旦这种平衡被打破,就会出现脑力劳动和体力劳动的割裂,形成过度拔高其中一种劳动形式的情况,对于人才的培养和国家的发展都会产生重大影响。当前,在新时代的背景下,脑力劳动和体力劳动都已经成为应当予以同等尊重的劳动形式,脑力劳动者和体力劳动者也在逐渐地走向平等,不论是从事简单劳动还是复杂劳动的人都值得被尊重。但是随着科技的进步、劳动工具向着多样化和自动化转变,一些个体从心底忽视体力劳动的重要性,将脑力劳动地位拔高,这种观念既不利于人的全面发展,也不利于社会的进步。因此,在新时代大学生劳动教育的开展过程中,必须紧紧围绕教育与生产劳动相结合,防止学生进入学习脱离实际的误区,改善部分学生割裂脑力劳动和体力劳动的思想。

坚持教育与生产劳动和社会实践相结合,应当明确社会实践的重要性。教育与生产劳动和社会实践相结合的教育方针实现创新发展的背景是国家对于科技水平进步的需求,科技水平的进步离不开科技人才的培养。因此,应当在教育与生产劳动相结合的基础上,深化对学生实践能力、创新能力的培养。在科技水平飞速发展的今天,国家依然需要更多的科技人才,同时,我们也应当看到,科技人才是众多行业中的一部分。大学生群体不论学习哪一个专业、未来从事哪一个行业,都应当充分加强社会实践,培养每一个学生的实践能力和创新能力是实现人的全面发展的重要途径。

二 把握劳动教育在社会发展中的规律

以德、智、体、美、劳的发展线路为主线来看,中华人民共和国成立以来劳动教育的创新与发展主要有以下几个阶段：中华人民共和国成立前夕，将"爱劳动"作为全体国民的五项国民公德之一。在推进社会主义建设时期，党的教育方针是要使受教育者在德育、智育、体育几方面都得到发展，成为有社会主义觉悟的有文化的劳动者。到了改革开放和社会主义现代化建设新时期，关于劳动教育的方针出现了几个阶段的发展变化。从开始加强和改善思想政治工作，坚持德智体全面发展、知识分子与工人农民相结合、脑力劳动与体力劳动相结合的教育方针，到贯彻德、智、体、美全面发展的方针，适当进行劳动教育，再到把德育作为德、智、体、美、劳"五育"全面发展的一个有机组成部分，使"五育"互相配合、互相渗透、互相促进。之后又转变为教育必须为社会主义现代化建设服务，必须与生产劳动相结合，培养德、智、体全面发展的建设者和接班人的方针。同时在劳动教育内涵方面，从"教育与生产劳动相结合"拓展为"教育与生产劳动和社会实践相结合"。中国特色社会主义进入新时代，确立了立德树人的根本任务，致力于培养德智体美劳全面发展的社会主义建设者和接班人，实现五育并举、五育融合。同时，开创性地提出以劳树德、以劳增智、以劳强体、以劳育美，并阐释了劳动精神和劳动价值观的深刻内涵。

从以上的发展路线可以看到，中华人民共和国成立以来，劳动教育是一条贯穿于社会发展、道德建设、教育方针的主线，劳动教育的根本目的从未改变，只是在不同的社会发展时期，劳动教育的侧重各有不同，并且在内涵与外延等方面处于不断地创新与发展中。通过对中华人民共和国成立以来各发展阶段劳动教育的回顾发现，劳动教育不仅呈现为培养良好的劳动习惯、掌握熟练的劳动技能，还应当培养优秀的劳动价值观、培育崇高的劳动精神。同时，劳动教育也不仅是服务于社会生产建设、培养建设性人才，随着经济和社会的发展，劳动教育也更加侧重于对个人道德品质的培育，以及实现人的全面发展。因此，应通过对中华人民共和国成立以来劳动教育在党的教育方针中的发展历程梳理，结合新时代劳动教育的新目标和新要求，把握劳动教育发展的内在核心。

三 亟须构建劳动教育实施的评价体系

教育的发展离不开实施过程与教育结果的评价,不论是中华人民共和国成立初期的国民五项公德,推进社会主义建设时期的德、智、体全面发展,改革开放和社会主义现代化建设新时期的德、智、体、美全面发展,还是新时代德、智、体、美、劳全面发展,育人目标虽然在一直发展变化,但实现目标都需要评价体系的支持。之所以将劳动教育的评价体系作为一项重点进行说明,是因为各个学段、各个院校在劳动教育实施过程中更加注重政策和方案的指导,即教育的顶层设计;更加注重课程本身的建设,即教育内容的建设。而劳动教育的评价体系作为一项监测、监督教育实施过程及结果的保障措施,其本身起步较晚,在综合素质评价的大背景下,没有受到重视。同时在教育教学实践中形式依然单一,这种单一性表现在评价指标的单一性、评价对象的单一性等方面。

从改革开放和社会主义现代化建设新时期开始,逐渐注重培养学生的综合素质,以推进素质教育的进程,而综合素质评价也逐渐在各项政策与法律中被提出。从 1999 年《中共中央、国务院关于深化教育改革全面推进素质教育的决定》和 2001 年《国务院关于基础教育改革与发展的决定》可以看到综合素质评价的起步,一方面是对综合素质的重视;另一方面是提出要采用科学的评价方法来评价学生的考试与选拔,但可以看到,关于综合素质的评价方法与要求依然没有体现。2004 年,基于以上两个文件,教育部在各省市设立了 17 个试验区,开始正式实行针对中等教育的综合素质评价,在这个综合素质评价体系中,重点还是针对德、智、体、美的发展,劳动教育并没有涉及。随后在 2008 年、2010 年、2012 年,进一步发展了综合素质评价体系,将其逐步纳入高校选拔招生评价体系中,2013 年《关于推进中小学教育质量综合评价改革的意见》中为了学生的全面发展进行了评价指标的细化与修改,提出了选取创新意识、实践能力等指标,但关于劳动教育的独立指标并没有出现。随后,在 2014 年《教育部关于加强和改进普通高中学生综合素质评价的意见》中,进一步对综合素质评价进行了阐释,同时在延续将综合素质评价作为高等学校录取选拔指标的同时，在具体的评价指标中加入了关于社会实践的指标，这个评价指标就是对学生劳动能力、实践能力的考量，这是一次重大的发展。2020年的《深化新时代教育评价改革总体方案》将教育主体、教育客体都作为评价对象提出了评价意见，同时针对学生的评价提出要强化劳动教育评价。同年《中共中央 国务院关于全面加强新时代大中小学劳动教育的意见》指出，要将学生的劳动素养评价作为一项重要的评价内容，作为毕业、录取和评优等方面的考量标准，健全劳动素养评价制度。2021年《中共中央 国务院关于深化教育教学改革全面提高义务教育质量的意见》提出应健全评价监测体系，并将劳动实践作为学生发展质量评价指标之一。

通过以上的政策文件可以看到，综合素质评价本身起步较晚，而关于大中小学的劳动教育相关评价指标体系更是刚刚起步。针对大学生劳动教育评价指标体系的构建，不论是国家层面的政策文件，还是各高校的实施方案，抑或学者们都还没有形成体系化的内容，指标内容也不够细化。因此，目前在各高校出台劳动教育实施方案的过程中，需要强化评价指标体系的构建，评价指标体系不仅仅是课程学习的成绩与分数，其本身应当是综合性的，是立足于综合素质评价的、体现学生在劳动教育过程中各个环节过程与结果的体系。在这样的背景下，本书通过对劳动教育相关内涵的分析、对理论基础的梳理、对中华人民共和国成立以来教育方针以及政策文件的解读，寻找劳动教育的发展规律和指标内容，助力于新时代大学生劳动教育评价指标体系的构建。

第四章　新时代大学生劳动教育评价体系的构建

纵观中华人民共和国成立以来劳动教育发展的七十余年历程，从教育与生产劳动相结合的基本方针到教育与生产劳动和社会实践相结合的基本方针的转变，可以清晰地看到劳动教育在理论和实践中的发展与变化。随着新时代劳动教育的进一步发展，时代又赋予劳动教育以新的要求，新时代大学生劳动教育作为劳动教育的一个重要环节，应充分吸取中华人民共和国成立以来劳动教育的发展经验，正视当前依然存在的问题。通过对中华人民共和国成立以来劳动教育在党的教育方针中的历史演进研究，发现劳动教育评价体系的构建起步较晚，当前主要以综合素质评价体系为主，针对大学生的劳动教育评价体系还未形成。因此，本书将以马克思主义理论为基础，以新时代大学生劳动教育的内涵、目标和特征等为指标内容参考，进行指标内容的选取，最终以问卷调查的形式，通过结构效度检验与因子分析确定各项指标体系，并以熵权法进行指标体系的权重确定，从而形成最终的新时代大学生劳动教育评价分析体系。

第一节　新时代大学生劳动教育评价体系构建的原则

新时代大学生劳动教育评价分析体系的构建，就是在系统收集劳动教育过程中各项信息的基础上，根据劳动教育的基本目标与基本标准进行对比得出相应价值判断。教育部于 2020 年 7 月发布的《大中小学劳动教育指导纲要（试行）》对于劳动教育的基本理念与内涵、基本目标与内容、基本途径与规划实施以及评价标准等方面进行了具体说明，针对各学段劳动教育做出明确性指导，为劳动教育更好落实提供详细指导思路。该纲要的理念与目标可以看出我国劳动教育各项评价指标的内容构建，其目的在于针对劳动教育实施过程中各个育人环节进行科学评价，发现并解决劳动教育实际过程中存在的问题，从而提升我国劳动教育质量，更好地落实立德树人的根本目标。对此我国劳动教育指标内容的构建原则应包括时代性、导向性、科学性、系统性、教育性、发展性、自我评价与外部评价相结合等原则。

一 时代性与导向性原则

时代性原则表示在构建指标内容时应考虑指标内容的方向性与先进性，方向性与先进性即在构建指标内容时应凸显时代精神与时代特征，应为劳动教育的具体实践做出正确的时代指引。导向性原则指劳动教育指标内容的构建应准确把握并剖析劳动教育中的各个环节，发挥其对劳动教育实践活动的指引，使各学段院校基于劳动教育指标内容实施系列劳动教育实践，为劳动教育事业的进一步发展做出一定参考。

在新时代大学生劳动教育分析体系中，评价指标内容构建的时代性与导向性原则要求把劳动素养并入各学段学生综合素质评价指标体系当中，针对各学段学生劳动教育的培养必须基于我国时代精神及时代特征，对于我国各阶段人才培养需要具备一定目标导向，同时要将我国劳动教育目标与我国人才培养目标统一起来，建立劳动教育目标与人才培养目标相统一的劳动教育指标内容，将各学段学生的劳动素养与人才培养进行有机结合，为学生自身素质培养及适应社会发展的人才需求提供相应帮助。

二 科学性与系统性原则

科学性原则就是在坚持科学思想指导下保证指标内容构建的科学严谨、协调统一，同时要求劳动教育指标构建与各学段学生身心健康及发展特点相一致，不能违背国家相关政策文件基本要求及相关学科基本理论。新时代大学生劳动教育分析体系中各项评价指标的相关内容构建过程具有一定复杂性，主要体现在劳动教育的内隐性强，加大了指标内容构建难度，因此，劳动教育评价指标内容构建必须坚持科学性原则，只有基于科学性原则才能科学分析并把握劳动教育的全貌。系统性原则体现在劳动教育指标内容的条理清晰、客观完整，能够客观、真实、全面地反映劳动教育的整个过程。

在新时代大学生劳动教育分析体系中，评价指标的内容构建在科学性与系统性原则要求下，需要以促进各学段学生的全面发展为出发点，基于科学指导思想确定劳动教育目标，并在具体实施过程中确定详细的标准体系，制定合理的评价指标，与时俱进地运用现代化的评价方法替代传统的主观评价、经验评定，因此，构建劳动教育指标内容不仅要具有全面完整性，还要符合我国劳动教育的初衷，尽可能详细地收集各个环节的信息，从而为评价过程的科学性及系统性提供相应支持。

三 教育性与发展性原则

教育性原则是指在劳动教育中应围绕教学工作而建立相应的指标内容。而发展性原则则关注学生的全面可持续发展，通过完善配套措施、积极引导学生德智体美劳全方位发展。《基础教育课程改革纲要（试行）》中明确提出：课程评价要把学生的发展作为落脚点和关注点，而不再局限于为社会选拔人才，更加重视其发挥的社会作用。[①] 另外，尤其是在指标内容构建中要把促进学生的发展作为根本性任务，重视过程性评价与结果性评价相结合，及时关注个体的发展与进步，并通过多种途径激发其自身的发展潜力，将过程性评价与结果性评价形成激励机制，在促进个体发展中及时改进不足。简言之，任何劳动教育指标内容构建都是围绕学生的发展而建立的，而教育性原则和发展性原则是劳动教育指标构建的目的。

---

① 中华人民共和国教育部：《基础教育课程改革纲要（试行）》2001年6月8日，http://www.moe.gov.cn/srcsite/A26/jcj_kcjcgh/200106/t20010608_167343.html，2022年5月3日。

根据劳动教育分析体系中评价指标内容构建的教育性原则和发展性原则，要求劳动教育评价指标构建要引导学生树立正确的劳动价值观，进一步优化指标内容，解决已有劳动教育实行过程中存在的现实问题，提高劳动教育的质量和水平，充分发挥"五育"在我国劳动教育中的育人功能。此外，在实施具体的劳动教育指标内容中，还应注意不同学生群体的差异性，尤其是个体间的差异，根据不同阶段学生的特点制订具有差异化的教育目标和劳动教育计划，对在劳动教育中表现优异的同学进行公开表扬，以学生为中心树立模范，通过客观评价反映每位学生在劳动教育中的具体情况。

四 自我评价与外部评价相结合原则

新时代大学生劳动教育分析体系的评价指标内容构建之所以要坚持自我评价与外部评价相结合，其主要原因是要体现指标内容的客观性和全面性。因此，要将学校和社会两个不同主体紧密结合，将社会评价纳入劳动教育评价指标内容中，不再局限于学校的自我评价，构建学校（内部）—社会（外部）协同育人的人才培养模式和劳动教育评价机制，通过社会组织对学校业务进行指导，而学校负责整体的规划安排，通过内外协同完善劳动教育的指标构建。在自我评价与外部评价相结合的基础上，还要与《纲要》内容协同推进，重视过程性评价与结果性评价，通过对学生不同发展阶段的评价及时找出劳动教育发展中存在的问题与偏差并及时纠正，充分发挥劳动教育评价对育人的过程反馈与导向作用。另外，学校在实行自我评价过程中，要根据培养目标明确考核要求，对具体的劳动实践次数、时间进行明确规定，在过程评价中切实反馈培养效果，并在劳动教育实践中联合社会进行动态监测评价，反映学生在实践中的收获与不足，及时将信息反馈学校从而进行经验总结和改进，为后续劳动教育活动的开展提供经验借鉴，以更加针对性的举措完善劳动教育活动，充分发挥自我评价与外部评价对劳动教育的指导优势。

第二节　新时代大学生劳动教育评价指标体系的构建依据

一　新时代马克思主义人的全面发展理论的客观要求

习近平总书记在党的十九大报告中指出："我们要在继续推动发展的基础上，着力解决好发展不平衡不充分问题，大力提升发展质量和效益，更好满足人民在经济、政治、文化、社会、生态等方面日益增长的需要，更好推动人的全面发展、社会全面进步。"[①] 在"十四五"规划中提出了要提升人的全面发展的能力，通过建设高质量教育体系，培养德智体美劳全面发展的社会主义建设者和接班人。在十九届六中全会上则进一步提出要在推动人的全面发展层面取得实质性进展。可以看到，党的各项方针政策对于人的全面发展的目标体现了共产主义事业与人类追求全面发展的一致性。

（一）个人需求的全面满足

个人需求是人的全面发展的基础、是人的本能，人的需求决定了个人的行为，在人不断满足自身需求的过程中，也是人类历史和人类社会不断演进的过程。人的需求是多样性的，是在不断地发展中的。就多样性而言，个人需求的多样性是由社会的多样性所决定的，从最基础的生产需求到高层次的精神需求都不可或缺。而在满足自身需求的过程中，会随着不同层次的需求被满足而产生更高层次的需求，这是一个具有层次性的过程，是不断发展的。而就个人需求的发展性而言，我国的社会主要矛盾也随着社会的发展进行了多次转变：从党的八大提出的"落后的农业国与先进的工业国之间、人民日益增长的物质文化需要与落后的社会生产之间的矛盾"，到十一届六中全会提出的"人民日益增长的物质文化需要与落后的社会生产之间的矛盾"，再到党的十九大以来"人

[①] 中共中央文献研究室编：《十九大以来重要文献选编》上册，中央文献出版社2019年版，第8—9页。

民日益增长的美好生活需要和不平衡不充分的发展之间的矛盾"。可以看到，随着经济的发展和社会的进步，人的需求从物质文化需要转变为美好生活需要，这种需求的转变代表着国家整体的发展，也代表着人们对实现个人全面发展的渴望。

（二）个人能力与综合素质的全面提高

个人能力与综合素质的全面发展是实现人的全面发展的重要内容。个人需求的满足需要依靠自身的实践活动来实现，这也就要求人们的实践能力的不断提升。个人能力和综合素质的提升，能够通过实践创造更多的物质与精神财富。随着个人更高层次的需求被满足，在这个过程中所产生的物质与精神财富也会对社会的发展起到推动作用，并使人们逐渐走向全面发展。就个人能力和综合素质而言，其包含的内容是多方面、多层次的。马克思认为，人的体力、智力、自然力和社会力组成了人的才能的全部内容。而这几个能力的全面发展就能够实现个人能力和综合素质的全面发展。人的体力是为了实现生存所需要的基本能力，这就需要最基本的体力劳动来进行，同时这也是人所具有的自然力。而人的智力就是人们通过认识世界和改造世界所掌握的规律和所学习到的知识解决问题的能力，这就是人们对劳动技能的掌握和创新。社会力是人在社会关系中经过学习、实践和锻炼形成的能力，其中生产力是社会力的重要组成部分。通过个人能力和综合素质的全面发展，能够进一步实现社会的发展，也能够满足人们更高层次的需求。

（三）人的个性的全面发展

人的个性的全面发展在人的各方面发展中处于最高层次，也是实现人的全面发展的最高要求。人的个性的形成是具有能动性的个人发挥其主体性的过程，人的个性是区别于其他人的、具有独特性的。人们通过能动性认识世界、改造世界，在这个过程中，随着个人能力和综合素质的增强，逐渐形成人的创造性，形成对现实世界的突破。由于不同的个体都存在不同的需求，在此基础上也实现了不同的发展，最终形成了每个个体的独特性。在新时代大学生劳动教育的过程中，最需要关注的就是学生的个性问题，要尊重个性、尊重差异，通过了解学生们不同的诉求来寻找能够满足学生需求、提升学生能力和综合素质、实现个性全面发展的实践路径。

因此，必须牢牢把握马克思主义关于人的全面发展的理论，这是当前大学生劳动教育的重要理论依据。为了实现学生的全面发展，教育主体一定要以人的全面发展理论为实践导向，了解诉求、培养能力、尊重个性，找到新时代大学生劳动教育的正确路径，促进学生的全面发展。

二 立德树人的价值实现

高校立德树人的宗旨是将学生培养成德、智、体、美、劳全面发展的社会主义建设人才，而劳动教育则是德育、智育、体育与美育发展的基础。新时代大学生劳动教育的开展，有利于当前五育并举的发展局面，有利于畅通五育融合的发展途径，以劳树德、以劳增智、以劳强体、以劳育美。

（一）以劳树德培育高尚品格

劳动教育不仅是为了保证学生能够具备劳动的能力，还要进一步培养劳动品德，即从劳动习惯、劳动技能的形成向劳动价值观的树立和劳动精神培育的升华。劳育与德育一直以来都是不可分割的两个教育形式，劳育的开展有利于实现德育的育人目标。首先，劳动教育通过理论学习与实践训练，逐步养成学生的劳动习惯，掌握劳动技能，同时形成尊重劳动、尊重劳动人民的思想。并且，通过实践也更能够感受国家从经济落后到繁荣昌盛的复兴之路；感受中华民族从被侵略、被殖民到如今受到全世界的尊敬都是由劳动人民的辛苦付出实现的，今天的美好生活也是由劳动人民的双手创造的。从而树立起热爱祖国、热爱人民的情怀，形成民族自豪感，主动担起实现中华民族伟大复兴的重任。另外，劳动教育有助于培养学生严于律己的品性与笃志实干的个人品德。学生通过劳动实践能深刻地体会劳动的辛苦，领悟到只有辛勤付出、坚持不懈才能有所收获。最终在学习和实践中，逐渐了解诚实劳动的重要性，在劳动中逐渐提升自己的品德。

（二）以劳增智实现创新发展

学生们在理论学习与劳动实践中不断地通过认识指导实践，再通过实践思考认识，在这个过程中通过自主思考不断掌握知识和技能并形成创新能力。大学生劳动教育促进学生智育发展主要表现在两个方面，一方面，通过劳动教育能让学生更广博、更深入、更系统地学习知识与技能，进而积累人生智慧。劳动实践的方式与收获是多样的，每一种劳动实践都包含不同的知识与技能，大学生通过种类多样的劳动实践，可以掌握丰富的技能与知识，实现理论与实践的良好结合。另一方面，学生在进行劳动实践的过程也是培养创新思维的过程。劳动技能的训练不仅仅是使学生掌握一项技能或一门手艺，更多的是希望学生通过实践思考解决问题的方法，在深化理论学习和提升实践能力的过程中培养自己的创新思维，最终能够在诚实劳动的基础上，激发自身创造性劳动的潜力。

（三）以劳强体促进身心健康

人们满足自身的生存需求就需要劳动，在进行劳动的过程中人们满足了自身的生存需求，也强健了自身的体魄。因此，劳动在为人们带来财富的同时也为人们带来了身心健康。劳动教育促进学生身心健康主要体现在两个方面：一方面是身体素质，另一方面是心理素质。从身体素质的角度来看，随着科学技术日新月异的发展，更多信息化、技术化的便利性操作逐渐取代了人们的体力劳动，人们劳动的内容、劳动的方式逐渐走向自动化和智能化。从积极的方面来看，这种发展解放了人们的双手，但其弊端也十分明显，就是逐渐形成了懒惰的习惯，弱化了自身的身体素质。因此劳动教育可以通过不同的劳动实践形式，既训练学生的思维，也锻炼学生的体魄。从心理素质层面来看，懒惰的习惯和安逸的氛围容易消磨人的意志。大学生在这种氛围中可能会缺少奋斗精神，凡事追求捷径，容易陷入享乐主义的陷阱。因此，劳动教育在增强学生身体素质的同时，也要强化学生的内在精神，让学生在劳动实践中磨炼意志，形成吃苦耐劳的优良品德。

（四）以劳育美贯彻工匠精神

人们在认识世界和改造世界的过程中，通过不断地实践与创新，创造出了无数的劳动工具,同时,创造出来的劳动产品以及其中蕴含的对劳动本身的追求无不体现着劳动之美。首先,劳动教育以劳动的独特内涵和发展过程,使学生深刻理解内在美的含义;在劳动实践的过程中看到劳动之美、奉献之美、敬业之美等内在美;树立正确的审美观与价值观,向身边的模范学习。其次,劳动教育可以提升学生对劳动的认知,使学生认识到劳动可以创造美。日常生活中的一切满足人们物质生活追求的物质生产离不开劳动,而体现人们对精神世界更高层次追求的文艺作品、艺术创作等也离不开劳动。各行各业都有精益求精的劳动者,这些劳动者形成的劳动产品蕴含着劳动之美,也蕴含着工匠精神。这种工匠精神是每一位学生都要学习并付诸实践的内在精神。最后,学生通过形成对内在美的认识和对工匠精神的学习与实践,逐渐形成对待劳动精益求精的态度和习惯,形成美好的内在精神。

三 教育发展评价价值的多样化

新时代的教育评价体系将更加注重立德树人与评价育人这两大理念,由单一的"成绩论文评价体制"走向更加多元的综合评价机制,更加注重学生的全面发展与人格培养。重点克服"唯论文、唯成绩、唯分数、唯文凭"的片面评价机制,让高校学生在受教育阶段充分而广博地学习专业知识,了解专业发展方向,深耕厚植自己的内在品格,意识到自己对集体、对社会、对国家发展的重要意义与自身的重要价值。将劳动教育纳入新时代的教育评价体系并与各方面的教育有机融合,更能完善之前教育体系中"重智育、轻素质"的体系缺陷,也更能助力高校学生的全面发展。

(一)劳动教育是落实素质教育的重要手段

劳动教育不论是在生活中还是在学习中都是必不可少的一门课。是劳动教育告诉我们,劳动是创造财富的最直接源泉;也正是通过劳动,人们知道了只有脚踏实地、踏实肯干才能有所收获。新时代的教育评价机制中,劳动教育不能缺席。首先,作为培养学生素质、锤炼品格意志的"人生大课",劳动教育以一种"润物细无声"的方式将正确的价值观传递给高校学生,并指引着他们一点一点发现自己的价值,一步一步实现自己的价值，这正是教育体系中素质教育期望达到的目标。其次，"劳动育人"的理念也在一定程度上丰富了高校学生的课余生活，鼓励学生通过实践培养自身的能力、发掘自己的内在潜能，让教育与学习成为一种丰富人生的路径，而不是"为应试而教，为应试而学"的功利教育与功利学习。最后，劳动教育能够让学生主动发现生活之美、感悟生活之美，并用自己的劳动创造生活之美，这正是新时代劳动教育的目标与导向，也是我国素质教育付诸实践的重要一环。

（二）劳动教育是开展思想政治教育的重要途径

劳动教育是新时代高水平人才培养体系的重要内容之一，也是新时代思想政治教育开展的重要途径。在教育发展评价的过程中，劳动教育的重要地位从来不曾动摇。在我国走向现代化、建设制造业强国与科技创新大国的道路上，工匠精神、劳模精神与社会主义核心价值观都表达了对新时代劳动者奉献的高度评价与崇高敬意。首先，劳动教育与思想政治教育的结合有助于学生思想观念的提升。劳动教育与思想政治教育的结合更能让高校学生在劳动实践的过程中感悟劳动者的平凡与伟大，更能让学生树立平等的职业观与正确的就业观，为自己的人生做好规划，立大志，明大德，成长为合格的社会主义建设人才。其次，劳动教育是思想政治教育的实践过程。高校教育讲求"知行合一"，学生不能一味地学习理论而不去运用理论解决实际问题，劳动教育无疑为思想政治教育的实践打开了一扇窗。"00后"大学生的成长环境较为复杂，也较少参与劳动实践，在这样的背景下，劳动教育为思想政治教育提供了一个很好的教育平台与丰富的教育素材，将思政课所教授的价值观与方法论有机结合，加深学生对人与自然、人与社会的认知，为思想政治教育提供了一个新的路径。最后，劳动教育与思想政治教育有着较多的契合点，通过劳动实践，学生能够对马克思的劳动观、劳动价值理论与人的全面发展理论有一个更加清晰的认知，从而促进高校思想政治教育的发展。

（三）劳动教育是鼓励创新教育的素质基础

新时代大学生是我国创新的主力军，创新能力需要知识的积累，更需要将积累的知识运用于实践。"劳动教育+创新教育"的模式将在我国高素质劳动力培养过程中发挥重要作用。在创业品格培养方面，劳动教育的引入，有助于学生树立正确的创业观与创新精神。创业本质上也是一种劳动、是一种将想法付诸实践的方式。在劳动实践过程中创造属于自己的价值，培养自己的创业意识，拓宽视野，培养本领，实现"以劳促创"。在创业想法实践方面，劳动实践积累的经验可以为创业的可行性与创业意义提供一定的思考。同时，通过深度剖析劳动实践过程中的有价值、有意义的社会问题，可以为大学生的创业实践提供更具前景的创业方向，让高校学生的创业活动立足现实，解决现实生活中亟待解决的诸类问题，让创业实践为社会服务，促进社会发展。

（四）劳动教育是教育评价价值转变的关键

教育部提出要培养"担当民族复兴大任的时代新人"，劳动教育作为全面发展教育体系的重要组成部分，对我国学生的全面发展与国家高素质人才培养都具有重要的现实意义，更是我国教育评价机制转变的关键与教育评价价值多样化的体现。在新时代，教育评价不应只局限于智育，而应注重德智体美劳全面发展；教育体系也应由单一走向多元，对劳动教育的重视正是教育评价价值转变的关键，标志着我国的教育体系更加注重知识与实践的结合、学识与人格的共同培养、身体与心灵的共同发展。因此，劳动教育在高校教育体系中有着不可忽视的作用，对高校人才培养有着深远意义。

第三节 新时代大学生劳动教育评价指标选取

一 新时代大学生劳动教育评价指标构成

在新时代的背景下，大学生作为未来中国特色社会主义事业的建设者与接班者，不仅事关其自身德智体美劳的全面发展以及能否适应激烈的社会竞争，而且事关其能否肩负起中华民族伟大复兴的战略实名。因此，建构大学生劳动教育的核心指标是先决条件。需要指出的是，新时代劳动教育的内涵极为丰富，不仅囊括了大学生掌握过硬的劳动技能，而且也寄希望于大学生能够树立起正确的劳动理念。那么，什么才是劳动教育的维度呢？通过对文献、资料和政策的梳理与整合，本书认为新时代大学生劳动教育应从劳动实践、劳动技能、劳动价值观、劳动精神四个维度构建评价指标体系。

1. 劳动实践的评价指标

劳动习惯的形成必须通过劳动实践，实践性是劳动教育的主要特征。马克思主义坚持实践的观点，提出在实践的基础上获得认识，并且认识又反作用于实践。由此可以得知，只有通过劳动实践的方式，受教育者才能不断形成劳动习惯，培养正确的劳动观念。无论是劳动习惯还是劳动观念，如果离开了劳动实践，就会成为无源之水，无本之木，最终无法实现劳动教育的终极目标与价值。因此，教育者应认识实践的重要性，使劳动教育在理论与实践层面都能够发挥功能，通过教学、激励等方式引导学生积极参加劳动实践，在实践中明确生活的美好和人生的目标。使学生在动手实践的过程中认识世界，并且通过改造世界来塑造自己的意识和能力，进而实现新时代教育立德树人的根本目标。中国特色社会主义进入新时代，习近平总书记多次强调要培养堪当大任的时代新人，把人才的培育作为伟大复兴过程中的重要任务和推动力，这些论述都为劳动教育提供了指引。要使劳动教育在育人的过程中充分发挥作用，培养学生能劳动、会劳动的意识和能力，就要从劳动习惯的培养做起，不断提升学生乐于劳动、热爱劳动的观念，形成劳动不分高低的理念。在新时代奔向伟大复兴历史任务的过程中，不断促进受教育者的全面健康发展，为社会主义建设提供源源不竭的动力以及永续发展的人力保障。

2. 劳动技能的评价指标

实现受教育者的高水平劳动技能是劳动教育的最基本要求，劳动教育旨在通过教育和实践的方式，不断提高受教育者的劳动技能和技巧，为国家建设、发展提供更加优质的劳动力资源。劳动教育登上我国教育舞台最显著的标志是1988年中共中央出台《关于改革和加强中小学德育工作的通知》，该通知明确要求从小学生抓起，鼓励其参与力所能及的个人与家庭劳动实践，把劳动教育作为教育教学的重要内容之一，并重点考核。1999年，我国出台《关于深化教育改革全面推进素质教育的决定》，该决定强调学校教育不仅仅要盯住智育，更要予以德育、体育、美育、劳育等更多关注，全面推进素质教育，以促进学生的全面健康发展。以上国家政策都体现出关于教育改革和发展的趋势，即更加关注劳动教育，重视受教育者劳动技能的提高。2020年我国出台的《关于全面加强新时代大中小学劳动教育的意见》更加明确地指出劳动教育的总体发展目标，指出把受教育者必备劳动能力作为劳动教育的总体目标之一，用以指导劳动教育的具体教育教学实践。同时，为了避免"一刀切"的情况出现。教育部出台《大中小学劳动教育指导纲要（试行）》，要求对不同学龄和阶段的学生进行劳动能力评估，并通过贯通式、一体化的劳动教育指导思想，有甄别地展开劳动教育，提升不同层次的学生的劳动技能。在此需要特别注意的是，重视受教育者劳动技能的提升，不是一味地强调教育过程中对于受教育者劳动技术、技能层面的培养，而是将劳动教育与德育、智育、美育等教育目标相结合，发挥劳动在诸多教育目标中的正向影响，以实现立德树人的根本任务，培养有理想、有道德、有文化、有纪律的社会主义接班人。

3. 劳动价值观的评价指标

新时代大学生劳动教育所追求的就是劳动价值观的树立和培育。我们首先了解劳动的本质，了解劳动创造了历史、社会和人本身，随着资本主义的出现，劳动被异化，沦为仅仅为了赚钱而不得不去进行的手段。那么这就告诉我们，在新时代大学生劳动教育的过程中，要牢牢把握劳动的本质，防止享乐主义、拜金主义等错误的思想形成，防止异化劳动的形成；从而树立起一个健康、积极的劳动价值观，培育学生在劳动的过程中乐在其中、享受其中。了解社会主义发展最终的目标是实现共产主义，那时的人将实现全面自由的发展，因此，必须在学生内心形成这样崇高的理想信念，让学生充分认识到现在的劳动是为了成为一个全面自由发展的人，形成自由自在的劳动，令学生在实现中华民族伟大复兴中国梦道路上积极投身实践，努力拼搏。劳动价值观是学生对劳动价值本质的认识以及对人和事物的评价标准、评价原则和评价方法的观点体系。可以说劳动价值观是一种评价的基本观点，评价与规范学生关于劳动的各方面指标。劳动价值观是社会主义核心价值观的一部分，它引导着人们树立起健康的职业观、积极的劳动观，让人们在劳动中实现自身的价值，实现人的自由全面发展。要让学生明确劳动创造人类、劳动创造社会、劳动创造历史，劳动没有高低贵贱之分，每一位劳动者进行的每一项劳动都是光荣的，只要用心投入劳动并充分实现自身的价值，就是光荣的、是值得尊敬的。对于享乐主义、拜金主义等消极价值观有正确认识，了解劳动是推动人类社会发展的根本力量，是实现人的全面发展的唯一途径。要让学生意识到劳动不仅仅是一项普通的实践活动，其本身更是具有深远伟大的意义。深刻理解"劳动最光荣、劳动最崇高、劳动最伟大、劳动最美丽"[①]的重要意义。

4. 劳动精神的评价指标

培养和树立受教育者的正确价值观是教育的重要意义，而劳动教育也不例外。在全国劳动模范和先进工作者表彰大会上，习近平总书记阐释了劳动精神的深刻内涵，即："崇尚劳动、热爱劳动、辛勤劳动、诚实劳动的劳动精神。"[②] 劳动教育的形式虽然很多时候是实践层面上的，但是它不仅以劳动本身为目的，很大程度上也在于发挥劳动的育人功能，使受教育者形成内在的劳动精神。第一，崇尚劳动的精神。随着生产力水平的日益发展进步，社会上出现了更加多元的价值观念，在对待劳动的问题上，很多人产生了不劳而获、厌恶劳动的错误观念。尤其是青少年群体，作为国家未来发展的主力军，很多青少年被错误的劳动观念所影响，不会劳动也不想劳动。故而，我国当前的劳动教育就是要打破这种现状，在教育的过程中宣传和培养正确的劳动观念，使全社会形成热爱劳动、以劳动为荣的价值观念，培养观念正确的劳动者。第二，热爱劳动的精神。热爱劳动就是要让人们发自内心地愿意劳动，随着社会的快速发展，劳动分工也逐渐细化、具

[①]《习近平谈治国理政》第1卷，外文出版社2018年版，第46页。
[②] 习近平：《在全国劳动模范和先进工作者表彰大会上的讲话》，《人民日报》2020年11月25日第2版。

体化，每个人都从事着不同种类的劳动，但并不是每个人都热爱自己从事的劳动。这是因为劳动目前仍在一些人的心中存在等级划分，导致一部分人无法正确认识劳动，对劳动的本质认识产生了偏离。因此必须重树对劳动的认识，要让每个人都意识到自身在劳动中所实现的价值，让每个人都能够意识到劳动对社会带来的价值，重拾对劳动的热情和热爱。第三，辛勤劳动的精神。从古至今，勤劳都是为所有人所赞颂的价值观，不论时代如何发展变迁，人们都以恪守勤劳的品质为荣，但这也是最难做到的。辛勤劳动的前提是要正确认识劳动，要在崇尚劳动、热爱劳动的基础上才能够真正做到辛勤劳动，否则再辛苦的劳动都会伴随着内心的排斥，最终演变为异化的劳动。第四，诚实劳动的精神，诚实劳动与辛勤劳动是相伴随的。不愿辛勤劳动的人往往不会诚实劳动，因为在劳动过程中总是希望能够找到捷径，找到偷懒的方法。对于广大青年学子而言，在科研学习的过程中最为忌讳走捷径，这是对知识的不尊重，也是对劳动的不尊重。除此之外，不仅要树立起崇尚劳动、热爱劳动、辛勤劳动和诚实劳动的价值观，还要树立起尊重劳动的态度。虽然劳动的形式有体力和脑力之分，但是它们并不代表着劳动地位的不同，只是劳动分工存在差异，劳动者都是光荣的，没有高低贵贱之分。所以，在社会中从事各种劳动的工作者，不论技术含量高低，只要努力认真工作，都可以被称为光荣的劳动者。习近平总书记也多次强调："任何时候任何人都不能看不起普通劳动者。"任何一种劳动形式都有意义，任何劳动者和职业都值得尊重。劳动教育的重要意义也在于此——体会劳动之美，感悟劳动魅力，尊重劳动，尊重劳动者，并身体力行做一名合格的新时代劳动者。

二 新时代大学生劳动教育评价指标体系初步确定

基于对文献的研读梳理，本书将从劳动实践、劳动技能、劳动价值观、劳动精神四个维度对新时代大学生劳动教育进行评价。对于新时代大学生而言，学校和社会为大学生提供了广阔的劳动实践平台和空间，因此劳动实践将从学校实践和社会实践两个维度进行指标选取与评价。

对劳动技能的评价更加注重大学生对于劳动技能的认知状态和掌握情况。就劳动价值观而言，大学生不仅要树立正确崇高的劳动价值观，更要明晰异化的劳动价值观，因此要针对正向价值观和负向价值观两个层面进行评价；对于劳动精神，同样将从正向与负向两个层面进行评价。新时代大学生不仅要学习和弘扬劳动精神，更要抵制好逸恶劳等消极精神的侵蚀，因此对劳动价值观和劳动精神的评价都将从正负两方面来进行评价（详见表4-1）。

表4-1 新时代大学生劳动教育评价指标体系（初步）

一级指标	二级指标
劳动实践	社会实践
	学校实践
劳动技能	技能认知掌握
劳动价值观	树立崇高劳动价值观
	明晰异化劳动价值观
劳动精神	自觉抵制消极精神
	学习弘扬积极精神

第四节 新时代大学生劳动教育评价指标体系构建

一 新时代"00后"大学生劳动教育的问卷设计

根据初步确立的新时代大学生劳动教育的评价指标体系，本书针对劳动实践、劳动技能、劳动价值观、劳动精神及其二级指标进行调查问卷设计。

"'00后'大学生劳动教育现状研究"问卷是以电子版发布的，主要由两部分构成。为保证调查结果的真实性与客观性，问卷前7题从受访者性别、年龄、家庭居住地、大学年级、专业门类、政治面貌与学生干部等维度对受访大学生的基本情况进行统计，能为本书辨析大学生劳动教育的差异性提供证据。"00后"大学生劳动教育调查的主体部分一共涉及40个题目，具体包括39道单选题和1道有关于"'00后'大学生的劳动教育问题，您的补充建议或意见"开放式问题，希望通过不同答题方式窥探"00后"大学生的基本事实。具体到问卷，问卷中第1、2、3、4等题均为矩阵式问题，全面调查了大学生的劳动教育等内容，反映了大学生对劳动的认知能力、价值判断、劳动实践、劳动技能等多方面内容；问卷中第9、11、12、13、14、15等题调查了大学生对未来就业的研判，并可以看出大学生劳动教育与就业关系的认知，有助于掌握大学生对劳动教育重要性的认知；19、20、21、22、23、24等问题包含了学校、家庭、社会与自我对劳动教育内容的调查；其他问题还调查了大学生的家庭背景等，利用调查问卷的数据结果，探寻当代大学生在劳动教育中获得的知识、技能与品质，为本书的研究提供实证参考。

二　新时代"00后"大学生调查样本的基本情况及可靠性分析

本书主要对"00后"大学生关于劳动教育进行实地调研和网络问卷调查，网络问卷调查涵盖东部、中部及西部的部分普通高等院校，收到调查问卷5004份，删除部分缺失的样本，有效样本4995个。样本中，男生占比为24.05%；女生占比为75.95%。从年级来看，大一学生占比为66.53%；大二学生占比为25.53%；大三学生占比为7.17%；大四学生占比为0.41%；大五学生占比为0.36%。从政治面貌来看，共产党员占比为4.92%；民主党派占比为0.12%；共青团员占比为88.39%；群众占比为6.57%。从家庭住址来看，城市占比为35.66%；县城占比为24.82%；乡镇占比为39.52%。从专业来看，理科学生占比为51.42%；工科学生占比为10.96%；文科学生占比为37.62。从担任过学生干部情况来看，校学生会干部占比为7.88%；院系学生会干部占比为7.76%；班级学生干部占比为18.54%；社团干部占比为10.66%；未担任学生干部的学生占比为51.54；其他占比为3.62%。

对本次调查结果运用Stata软件进行数据的统计与分析。统计得出的样本分布结果可详见表4-2。

表 4-2 "00 后"大学生调查样本的基本情况

项目	样本	人数（人）	占比（％）
性别	男	1201	24.05
	女	3794	75.95
年级	大一	3323	66.53
	大二	1275	25.53
	大三	358	7.17
	大四	21	0.41
	大五	18	0.36
政治面貌	共产党员	245	4.92
	民主党派	6	0.12
	共青团员	4415	88.39
	群众	329	6.57
家庭住址	城市	1781	35.66
	县城	1240	24.82
	乡镇	1974	39.52
专业	理科	2568	51.42
	工科	548	10.96
	文科	1879	37.62
学生干部情况	校学生会干部	395	7.88
	院系学生会干部	388	7.76
	班级学生干部	926	18.54
	社团干部	532	10.66
	未担任学生干部	2574	51.54
	其他	180	3.62

对大学生劳动价值观教育调查问卷的信度分析采用李克特态度量表法，利用 Stata 16.0 统计软件对回收的 4995 份有效问卷进行了数据处理，通过 Cronbach's Alpha 信度检验，得出问卷的整体信度 $\alpha = 0.789 > 0.5$ 且在 0.8 和 0.9 之间，表明问卷的整体信度较好，问卷设计具有较好的内部一致性，为之后的数据分析提供了可靠性支撑（详见表 4-3、表 4-4）。

表 4 – 3　被访者个案处理摘要

		N	%
观察值	有效	4995	100.0
	已排除	0	0
	观察值	4995	100.0

表 4 – 4　基于过程中所有变量的成列删除

可靠性统计	
克隆巴赫 Alpha	项目
0.789	35

三　劳动教育指标结构效度检验及因子分析

因子分析法从研究指标相关矩阵内部的依赖关系出发，将信息重叠、具有错综复杂关系的变量归结为一个或多个不相关的公共因子。因子变量法通过将解释某个变量的多个题目降维处理，既可以评价问卷的结构效度，也可以寻找变量之间的潜在结构。

结构效度需要利用因子分析法进行 KMO 检验和 Bartlett 球形检验。当 KMO>0.5 时，测量表结构效度良好，适合做因子分析，同时 KMO 越大，越适合进行因子分析；KMO<0.5 时则不适合进行因子分析。Bartlett 球形检验显著性系数 p<0.05 时表明测量表结构效度良好，适合做因子分析；Bartlett 球形检验显著性系数 p>0.05 时则不适合进行因子分析。

因此，本书在进行评价指标体系构建时，将分别通过因子分析法进行结构效度检验，通过显著性系数来确定是否可以进行因子分析，从而确立相应指标体系。

(一) "劳动实践" 结构效度检验及因子分析

本书利用 Stata 16.0 统计软件对 "劳动实践" 结构效度进行检验。结果现实 KMO 值为 0.528、大于 0.5，Bartlett 球形检验显著性为 0.000、小于 0.001，表明可以进行因子分析。在对 "劳动实践" 部分进行因子分析后，采用"最大方差法准则"进行因子正交旋转，排除因素负荷量小于 0.45 或共同性值低于 0.2 项，最终提出 2 个公因子（详见表 4-5、表 4-6）。

表 4-5 "劳动实践"结构效度检验

检验指标		系数
Bartlett 球形检验	上次读取的卡方	295.416
	自由度	10
	显著性 Sig.	0.000
KMO 检验		0.528

表 4-6 "劳动实践"提取公因子旋转后成分矩阵

题项	公因子 1	公因子 2
	社会实践	学校实践
A1：田野调查		0.8733
A2：校内勤工助学		0.5540
A3：志愿服务	0.4935	
A4：兼职打工	0.7720	
A5：假期实习	0.5358	

根据以上的结构效度检验以及因子分析，最终得到"劳动实践"的最终指标体系（详见表 4-7）。

表 4-7 "劳动实践"最终指标体系

一级指标	二级指标	题项
劳动实践	社会实践	A3：志愿服务
		A4：兼职打工
		A5：假期实习
	学校实践	A1：田野调查
		A2：校内勤工助学

(二)"劳动技能"结构效度检验及因子分析

本书利用 Stata 16.0 统计软件对"劳动技能"结构效度进行检验。结果现实 KMO 值为 0.917、大于 0.5，Bartlett 球形检验显著性为 0.000、小于 0.001，表明可以进行因子分析。在对"劳动技能"部分进行因子分析后，采用"最大方差法准则"进行因子正交旋转，排除因素负荷量小于 0.45 或共同性值低于 0.2 项，最终提出 1 个公因子（详见表 4-8、表 4-9）。

表 4-8 "劳动技能"结构效度检验

检验指标		系数
Bartlett 球形检验	上次读取的卡方	10596.813
	自由度	10
	显著性 Sig.	0.000
KMO 检验		0.917

表 4-9 "劳动技能"提取公因子旋转后成分矩阵

题项	公因子 1
	技能认知掌握
B1：重要性	0.9317
B2：获得方式（实践）	0.9042
B3：获得方式（学习）	0.9528
B4：可应用性	0.9455
B5：时代发展性	0.9522

根据以上的结构效度检验以及因子分析，最终得到"劳动技能"最终指标体系（详见表 4-10）。

表 4-10 "劳动技能"最终指标体系

一级指标	二级指标	题项
劳动技能	技能认知掌握	B1：重要性

续表

一级指标	二级指标	题项
劳动技能	技能认知掌握	B2：获得方式（实践）
		B3：获得方式（学习）
		B4：可应用性
		B5：时代发展性

（三）"劳动价值观"结构效度检验及因子分析

本书利用 Stata 16.0 统计软件对"劳动价值观"结构效度进行检验。结果现实 KMO 值为 0.822、大于 0.5，Bartlett 球形检验显著性为 0.000、小于 0.001，表明可以进行因子分析。在对"劳动价值观"部分进行因子分析后，采用"最大方差法准则"进行因子正交旋转，排除因素负荷量小于 0.45 或共同性值低于 0.2 项，最终提出 2 个公因子（详见表 4-11、表 4-12）。

表 4-11　"劳动价值观"结构效度检验

检验指标		系数
Bartlett 球形检验	上次读取的卡方	12031.673
	自由度	28
	显著性 Sig.	0.000
KMO 检验		0.822

表 4-12　"劳动价值观"提取公因子旋转后成分矩阵

题项	公因子 1	公因子 2
	树立崇高劳动价值观	明晰异化劳动价值观
C1：时刻保持劳动积极性	0.9270	
C2：每个人都应拥有良好劳动习惯	0.9508	
C3：尊重他人劳动成果	0.9444	
C4：劳动不分高低贵贱	0.9317	
C5：赚钱是劳动的动力		0.6894

续表

题项	公因子1 树立崇高劳动价值观	公因子2 明晰异化劳动价值观
C6：体力劳动很低级		0.9019
C7：父母把生活方方面面安排好		0.8995
C8：校园环境与宿舍卫生不是学生操心的		0.9071

根据以上的结构效度检验以及因子分析，最终得到"劳动价值观"最终指标体系（详见表4-13）。

表4-13 "劳动价值观"最终指标体系

一级指标	二级指标	题项
劳动价值观	树立崇高劳动价值观	C1：时刻保持劳动积极性
		C2：每个人都应拥有良好劳动习惯
		C3：尊重他人劳动成果
		C4：劳动不分高低贵贱
	明晰异化劳动价值观	C5：赚钱是劳动的动力
		C6：体力劳动很低级
		C7：父母把生活方方面面安排好
		C8：校园环境与宿舍卫生不是学生操心的

（四）"劳动精神"结构效度检验及因子分析

本书利用Stata 16.0统计软件对"劳动精神"结构效度进行检验。结果现实KMO值为0.870、大于0.5，Bartlett球形检验显著性为0.000、小于0.001，表明可以进行因子分析。在对"劳动精神"部分进行因子分析后，采用"最大方差法准则"进行因子正交旋转，排除因素负荷量小于0.45或共同性值低于0.2项，最终提出2个公因子（详见表4-14、表4-15）。

表 4－14　"劳动精神"结构效度检验

检验指标		系数
Bartlett 球形检验	上次读取的卡方	11158.935
	自由度	36
	显著性 Sig.	0.000
KMO 检验		0.870

表 4－15　"劳动精神"提取公因子旋转后成分矩阵

题项	公因子 1 自觉抵制消极精神	公因子 2 学习弘扬积极精神
D1：劳动是每个人都要参与的		0.8891
D2：劳动最光荣		0.9102
D3：劳动是实现人生价值的根本途径		0.8749
D4：劳动是自发的		0.8313
D5：劳动推动着时代发展		0.8168
D6：能避免的劳动就避免	0.9078	
D7：劳动需要在强制下才能进行	0.9122	
D8：安于现状，无须付出过多劳动	0.9394	
D9：享乐生活更加快乐	0.7208	
D10：上学阶段很浪费时间	0.9169	

根据以上的结构效度检验以及因子分析，最终得到"劳动精神"最终指标体系（详见表 4－16）。

表 4－16　"劳动精神"最终指标体系

一级指标	二级指标	题项
劳动精神	自觉抵制消极精神	D6：能避免的劳动就避免
		D7：劳动需要在强制下才能进行
		D8：安于现状，无须付出过多劳动
		D9：享乐生活更加快乐
		D10：上学阶段很浪费时间

续表

一级指标	二级指标	题项
劳动精神	学习弘扬积极精神	D1：劳动是每个人都要参与的
		D2：劳动最光荣
		D3：劳动是实现人生价值的根本途径
		D4：劳动是自发的
		D5：劳动推动着时代发展

四　新时代"00后"大学生劳动教育的评价指标体系权重确定

权重是评价指标体系的重要组成部分，确定权重的方法可分为两类：主观赋权法和客观赋权法。为了增强新时代大学生劳动教育评价指标体系的科学性和客观性，该指标体系权重确定采用客观赋权法中的熵权法。

熵权法是根据各项指标值的离散程度来确定指标的权重，数据信息量大，该数据的不确定性小，最终的熵值越小，该数据对应的权重则越大。

本书利用 Stata 16.0 统计软件按照熵权法步骤进行操作后，计算出了劳动教育的评价指标体系权重，最终得出了劳动教育的评价指标体系（详见表4-17）。

表4-17　新时代"00后"大学生劳动教育评价指标体系

一级指标（权重）	二级指标（权重）
劳动实践（28.58%）	社会实践（14.29%）
	学校实践（14.29%）
劳动技能（14.28%）	技能认知掌握（14.28%）
劳动价值观（28.57%）	树立崇高劳动价值观（14.28%）
	明晰异化劳动价值观（14.29%）
劳动精神（28.57%）	自觉抵制消极精神（14.29%）
	学习弘扬积极精神（14.28%）

各项指标权重确定后,根据四项一级指标,即劳动实践、劳动技能、劳动价值观和劳动精神及其权重,构建出新时代大学生劳动教育的分析体系模型,即:

$$劳动教育有效性 = 28.58\% \times 劳动实践 + 14.28\% \times 劳动技能 + 28.57\% \times 劳动价值观 + 28.57\% \times 劳动精神$$

通过评价模型和各指标的权重确定,运用该评价分析体系在新时代大学生劳动教育的应用研究中进一步对各项一级指标及其下设的二级指标、三级指标进行打分,完成对新时代大学生劳动教育有效性的评价。同时,结合影响因素分析深入探索当前大学生劳动教育从哪些维度凸显出了问题,力求以实证调研与数据分析直观地展现新时代大学生劳动教育的发展现状及其发展困境。

第五章　新时代"00后"大学生劳动教育评价的现实问题及影响因素

培养德智体美劳全面发展的社会主义建设者和接班人是当前立德树人的重要落实内容。面临多元社会思潮的冲击，大学生出现了价值缺失和信仰错位的问题，劳动教育有利于提升道德自律能力和价值判断能力，最终实现人的全面发展的教育目标。新时代大学生劳动教育在当前的任务就是通过劳动教育实现人的全面发展，落实立德树人的根本任务。但是，任何研究均要规避以下三种责难：首先，任何学术研究均要来自社会现实，不能凭空创造及自我制造；其次，更不能采取"闭门造车"，脱离社会现状进行剖析；最后，虽然梳理现有文献能为我们研究提供理论基础及窥探研究不足，但是社会现状是发展变化的，停滞以前可能缺乏对现有事物的认知。上述三个责难均"不约而同"地指出：只有调查才能窥探新时代大学生劳动教育的基本现状。鉴于此，本章节首先建构出新时代大学生劳动教育的基本维度；然后根据建构的基本维度，深入现实调研，根据问卷描述统计新时代大学生劳动教育的基本事实；最后根据调查问卷，建构最小二乘法模型，窥探影响新时代大学生劳动教育的因素。所以说，从某种程度上看，本书结论具有科学性、真实性及时代性。

新时代大学生作为本书被调查的对象，在年龄层次上选取了"00后"大学生，这是在比较了各时代大学生的代际差异后得到的选择，"00后"大学生不仅在新时代的背景下成长，同时与其他时代大学生既有共性也有特性。在代际差异的比较中，选择了"60后""70后""80后""90后""00后"五个年代的大学生，通过探寻他们的劳动观、职业观等方面的价值观念，可以看到每一代人的代际特征和他们之间的代际差异。

第一，"60后"大学生（本科在读为1978—1987年）。1978年，刚刚恢复高考制度，作为第一批进入高校的大学生，他们经历了劳动教育路线的偏移，以生产劳动代替教育的方式，在进入高校后，逐渐出现轻视体力劳动、忽视知识分子与工农相结合的现象。因此，当时更加强调大学生参与体力劳动，在汗水中磨炼自身的坚强意志和艰苦奋斗精神，将劳动教育与德育、智育、体育相结合，形成好的劳动观念。"60后"大学生群体在国家与个人关系上的主流取向是以国家利益以及社会利益作为自身发展的选择，以集体利益为重，努力成为国家需要的人才。[①] 呈现出一种集体主义价值观。

第二，"70后"大学生（本科在读为1988—1997年）。1987年的《"七五"期间全国教育科学规划要点》明确提出要培养德、智、体、美、劳全面发展的社会主义事业建设人才的教育方针，这反映了劳动教育在新发展阶段的重要地位。在这一时期，"70后"大学生群体依然存在分化脑力劳动和体力劳动的问题，尤其是存在动手能力差的问题，这时的劳动教育不仅以生产劳动为主要途径，还加强了与科研等方面的联系。1992年党的十四大正式提出建立社会主义市场经济体制。在社会主义市场经济背景下，更加注重提高科技水平和劳动者素质，社会工作岗位和大学生形成了双向选择的局面，对大学生的综合素质提出了更高的要求。同时，也是在社会主义市场经济体制的影响下，"70后"大学生群体开始从集体主义转向个人利益的考量。

第三，"80后"大学生（本科在读为1998—2007年）。针对"80后"大学生，有学者通过1200名大学生的抽样调查发现，"24.5%的学生认为'劳动是并非必要的'；36%的人认为劳动是一种额外负担；25%的人'根本不想参加'"[②]。在7年后，又有学者对其所在高校的150名学生进行了抽样调查，发现在接受调查的所有学生里，"一致认为目前大学生体力劳动观念'比较淡薄'或'非常淡薄'，无一人认为

---

① 余双好：《大学生代际特征对思想政治教育的影响及发展趋向》，《思想教育研究》2014年第9期。
② 凌有江：《加强大学生的劳动教育》，《高校理论战线》1998年第8期。

'很强'或'比较强'"①。虽然只是基数较小的抽样调查，但还是可以看到"80后"大学生的劳动观念存在一定的缺失。"80后"大学生作为伴随改革开放，同时在社会主义市场经济体制下成长的一代人，由于其成长环境拥有不同于其他年代所有的优越程度，一度被负面评价所包围。但其本身是具有不同于之前年代所具有的多元化价值观，突破了传统观念。

第四，"90后"大学生（本科在读为2008—2017年）。进入21世纪后，劳动教育逐渐从教育与生产劳动相结合的方针，向与综合实践活动相结合的方向发展。课程形式虽然逐渐多样化，但劳动教育课程本身的受重视度却在下降。与此同时，一些学者通过对"90后"大学生群体有针对性的研究，发现在"90后"大学生中，拜金主义和享乐主义开始盛行，过度的物质追求和休闲娱乐越来越普遍②。一方面，"90后"大学生群体的成长背景处于工业化高速发展的时代，缺少了农业社会时期对劳动的认识③。在这一代大学生的身上，依然延续了"80后"这一代人形成的多元化价值观，并且由于网络和新媒体的迅猛发展，获得了更加多渠道的信息来源，而这些信息来源良莠不齐，形成了更加多样的价值观。另一方面，随着社会的发展，高升学率也导致大学生数量的增加，"90后"大学生的非正规就业成为常态，出现了就业率下降、离职率上升的情况。有学者指出："麦可思公司的调查数据显示，2010—2013年全国大学生半年内离职率为34%，2011年为41%，2012年为33%，2013年为34%。"④ 与此同时，"90后"大学生还存在劳动权利、劳动报酬不足等方面的问题，这都对"90后"大学生的劳动观念产生了影响。

---

① 钟玮：《关于大学生劳动意识淡薄现象的思考》，《西华师范大学学报》（哲学社会科学版）2005年第6期。
② 郑银凤、林伯海《劳动认同视角下"90后"大学生敬业价值观的培育》，《思想教育研究》2015年第5期。
③ 郑银凤、林伯海：《"90后"大学生劳动观教育目标确立的三个维度》，《学校党建与思想教育》2015年第5期。
④ 吴立保、杨欣烨、焦磊：《大学生非正规就业的体面劳动问题研究》，《江苏高教》2016年第5期。

第五,"00后"大学生(本科在读为 2018 年至今)。"00后"大学生是本书研究的对象,之所以选取"00后"大学生作为研究对象,一是因为当前的大学生群体基本的年龄段都为"00后",是直接的数据调研对象,同时也是中国特色社会主义进入新时代以来入学比例逐渐上升的大学生群体。二是因为"00后"大学生相比于"90后"以及之前年龄段的大学生,又产生了新的价值观变化。一方面,当前的科技发展水平相较于"90后"大学生群体的时代又产生了新的发展和变化,不仅增加了信息获取渠道,信息获取的难易度也大大降低,"00后"大学生的信息获取来源从以前的报纸、电视、电脑,到现在直接可以通过手机迅速获取大部分信息。手机的便携、5G 网络的快速发展,使得"00后"大学生可以更加容易、快速地获取信息。同时,在自媒体时代,人们开始通过经营个人网络账号进行价值观输出,对"00后"大学生的价值取向产生着冲击和影响。另一方面,升学压力和就业压力的增加,使得"00后"大学生在求学和就业的道路上逐渐产生了以下两种具有鲜明特色的态度。第一种态度是"内卷"。关于"内卷化"这一概念,可以从 Clifford Geertz 的著作 *Agricultural Involution*: *The Process of Ecological Change in Indonesia* 中看到,在书中,Clifford Geertz 通过研究爪哇人的农业模式,发现了农业内卷化这一现象,他对于农业内卷化进行了这样的描述:"就像 1920 年的数据显示的那样,他们慢慢地、稳定地、无情地被迫进入了劳动力填充型稻田模式:大量的人口聚集在极小的稻田中,特别是在糖类种植灌溉改善地区;随之而来的是每公顷的产量提升;并且,在 1900 年后旱作种植的帮助下,生活水平可能基本稳定或缓慢提高。水稻种植,能够以其非凡的能力保持边际劳动生产率,总是设法在不严重下降人均收入的情况下使得更多人参与其中。至少是间接地吸收了西方人进入以后所产生的几乎所有多余人口。对于这样一个自我战胜的过程,我称之为'农业的内卷化'。"[1] 在书中,Clifford Geertz 指出,他的农业内卷化的概念来自美国人类学家 Alexander Goldenweiser,

---

[1] Geertz Clifford, *Agricultural Involution*: *The Process of Ecological Change in Indonesia*, Berkeley, CA: University of California Press, 1963, p. 80.

他通过对毛利人发饰的艺术和要素研究，发现复杂的设计下并没有产生更多的要素，形成了一种在单调的要素下进行发挥却排除了更多要素出现的模式，他将此称为"内卷化"。可以说"内卷化"就是一种发展到一定阶段和模式后，难以突破当前状况、向更高级模式发展的现象。当前"00后"大学生不论是升学还是求职都面临着"内卷"的问题，有的人乐在其中，通过各方面的学习来提升自己，实现自己的多元价值，而更多人是一种被迫的状态，越来越多的人去竞争越来越稀缺的资源，获得个人收益的难度越来越大。在这种"内卷"的状态和氛围下，一大批"00后"逐渐走向另一个价值取向——"躺平"。第二种态度是"躺平"。"躺平"现象的出现可以说是对"内卷"现象的一种无声反击，许多人在经历了激烈的竞争后，或主动或被动地产生了消极心态。在升学方面，硕士、博士的报考人数与录取比例是一个持续上升的态势；而在求职层面，考取公务员的报考人数和录取比例也处于一个上升态势，也就是说竞争越来越激烈，越来越多的人选择了升学或考取公职。选择一份职业或人生方向是个人的规划，但是否真的热爱这份职业还有待考量。

针对以上对"60后""70后""80后""90后""00后"大学生群体代际特征的分析，可以做出以下假设：第一，"00后"大学生依然存在脑力劳动和体力劳动的分化；第二，"00后"大学生在选择职业时，存在热衷于社会地位或财富，忽视劳动热情；第三，"00后"大学生的劳动观念和劳动态度受到学校、家庭和社会的影响；第四，"00后"大学生对个人利益的考量更大。第五，"00后"大学生在激烈的竞争下，容易形成消极的价值取向。

第一节 新时代"00后"大学生劳动教育的整体评价与现状

本节内容将重要描述"00后"大学生劳动教育的评价结果和现状调查，首先利用上文所构建的评价指标体系对新时代大学生劳动教育的实施进行整体性评价，通过各项评价指标的权重对新时代大学生劳动教育的各项指标进行打分。之后，对于调查问卷所显示的数据进行现状分析。本书将劳动教育的评价划分为劳动实践、劳动技能、劳动价值观与劳动精神四个维度，因此，将分别对上述四个劳动教育的维度进行描述分析，以期捕捉"00后"大学生对劳动教育的认知现状和实践现状；并在后续的因子分析中从高校作为劳动教育重要主体、家庭作为劳动教育多元主体、学生作为劳动教育过程中具有主体性的客体和社会对劳动教育氛围的营造四个层面发现其中存在的问题。

一　新时代"00后"大学生劳动教育有效性整体评价结果

本书将根据正式的问卷调查结果，使用第四章构建的新时代大学生劳动教育评价指标体系，结合评价指标体系中得到的各项指标权重，最终得出劳动教育有效性评价整体结果（详见表5-1）。

表5-1　劳动教育有效性整体评价结果　　　　（得分）

劳动实践	劳动技能	劳动价值观	劳动精神	总分
4.18	3.86	3.95	4.24	3.98

通过对各项一级指标的打分，可以看到本次劳动教育的整体得分为3.98分，表明本批次劳动教育有效性总体较好。在四个一级评价指标中，得分最高的是劳动精神（4.24分），其次是劳动实践（4.18分）、劳动价值观（3.95分），得分最低的是劳动技能（3.86分）。

（一）劳动实践整体情况

从调研情况来看，劳动实践总体得分4.18分，表明本次劳动实践具有较为正确的目标，设立了合理的劳动实践方案，对于整个劳动教育活动的开展产生了积极效果。具体来讲，在下设的2个二级指标中，社会实践与学校实践分别得到3.97分与4.22分；下设的5个三级指标中，得分最高的是勤工助学（4.25），随后依次为田野调查（4.13）、兼职打工（4.04）、假期实习（3.92）及志愿服务（3.85）（详见表5-2）。

表5-2 劳动实践各指标评价结果

一级指标（得分）	二级指标（得分）	三级指标（得分）
劳动实践（4.18）	社会实践（3.97）	志愿服务（3.85）
		兼职打工（4.04）
		假期实习（3.92）
	学校实践（4.22）	田野调查（4.13）
		勤工助学（4.25）

二级指标"社会实践"共有3个三级指标。其中，三级指标"志愿服务"共有1个题项，针对"劳动教育目标明确，能够促进大学生在社会上参与志愿服务"问题，有89.14%的人"非常认同"或"认同"该观点；"兼职打工"共有1个题项，针对"课余时间兼职打工"问题，有94.25%的人"非常认同"或"认同"该观点；"假期实习"共有1个题项，针对"假期在专业相关单位实习"问题，有92.14%的人"非常认同"或"认同"该观点；"田野调查"共有1个题项，针对"跟随老师进行社会实践、田野调查"问题，有82.47%的人"非常认同"或"认同"该观点；"勤工助学"共有1个题项，针对"在校勤工助学"问题，有96.26%的人"非常认同"或"认同"该观点。

（二）劳动技能整体情况

基于调查数据发现，劳动技能总体得分3.86分，表明本次调查以劳动技能较好地反映了大学生劳动教育中针对劳动技能的看法与态度，佐证了劳动技能在大学生劳动教育中的作用。具体来讲，下设的1个二级指标中，技能认知掌握得到3.86分；下设的5个三级指标中，得分最高的是重要性（4.15），随后依次是获得实践（3.98）、时代发展性（3.82）、可应用性（3.74）、获得学习（3.68）（详见表5-3）。

表5-3 劳动技能各指标评价结果

一级指标（得分）	二级指标（得分）	三级指标（得分）
劳动技能（3.86）	技能认知掌握（3.86）	重要性（4.15）
		获得实践（3.98）

续表

一级指标（得分）	二级指标（得分）	三级指标（得分）
劳动技能（3.86）	技能认知掌握（3.86）	获得学习（3.68）
		可应用性（3.74）
		时代发展性（3.82）

需要说明的是，三级指标"劳动技能重要性"共有1个题项，针对"劳动知识与技能很重要"问题，有98.4%的人"非常认同"或"认同"该观点；"劳动技能获得实践"共有1个题项，针对"通过实践能够获得劳动知识与技能"问题，有85.3%的人"非常认同"或"认同"该观点；"劳动技能获得学习"共有1个题项，针对"通过学习能够获得劳动知识与技能"问题，有92.14%的人"非常认同"或"认同"该观点；"劳动技能可应用性"共有1个题项，针对"劳动知识与技能能够提高学习能力"问题，有84.6%的人"非常认同"或"认同"该观点；"时代发展性"共有1个题项，针对"劳动知识与技能应符合时代发展"问题，有91.2%的人"非常认同"或"认同"该观点。

（三）劳动价值观整体情况

基于调查数据发现，劳动价值观总体得分3.95分，表明本次调查大学生劳动价值观端正，这有助于我国积极推动大学生劳动教育。具体来讲，劳动价值下设的2个二级指标，分别是树立崇高劳动价值观与明晰异化劳动价值观，其中前者得到3.98分，后者得到3.86分，可见树立崇高劳动价值观得分更高。此外，劳动价值观下设的8个三级指标中，得分最高的是赚钱是劳动的动力（4.14），随后依次为父母把生活方方面面安排好（4.02）、劳动不分高低贵贱（3.96）、校园环境与宿舍卫生不是学生操心的（3.93）、每个人都应拥有良好劳动习惯（3.92）、时刻保持劳动积极性（3.90）、尊重他人劳动成果（3.88）与体力劳动很低级（3.68）（详见表5-4）。

表 5-4 劳动价值观各指标评价结果

一级指标（得分）	二级指标（得分）	三级指标（得分）
劳动价值观（3.95）	树立崇高劳动价值观（3.98）	时刻保持劳动积极性（3.90）
		每个人都应拥有良好劳动习惯（3.92）
		尊重他人劳动成果（3.88）
		劳动不分高低贵贱（3.96）
	明晰异化劳动价值观（3.86）	赚钱是劳动的动力（4.14）
		体力劳动很低级（3.68）
		父母把生活方方面面安排好（4.02）
		校园环境与宿舍卫生不是学生操心的（3.93）

首先，在树立崇高劳动价值观方面，三级指标"时刻保持劳动积极性"共有1个题项，针对"时刻保持着积极的劳动态度"问题，有92.4%的人"非常认同"或"认同"该观点，有7.6%的被访者不赞同此观点；"每个人都应拥有良好劳动习惯"共有1个题项，针对"每个人都应拥有良好的劳动习惯"问题，"非常认同"或"认同"该观点的被访者占比约为90%，但是有10%的被访者不赞同此观点；"尊重他人劳动成果"共有1个题项，针对"尊重他人的劳动成果"问题，"非常认同"或"认同"该观点的被访者约占91.4%，但是约有8.6%的被访者不赞同此观点；"劳动不分高低贵贱"共有1个题项，针对"劳动不分高低贵贱"问题，有94.6%的人"非常认同"或"认同"该观点，有5.4%的被访者不认同此观点。

另外，在明晰异化劳动价值观方面，三级指标"赚钱是劳动的动力"共有1个题项，针对"赚钱是劳动的动力"问题，有95.4%的人"非常不认同"或"不认同"该观点，有4.6%的被访者赞同此观点；"体力劳动很低级"共有1个题项，针对"体力劳动很低级"问题，"非常不认同"或"不认同"该观点的被访者占比约为93.2%，但是有6.8%的被访者赞同此观点；"父母把生活方方面面安排好"共有1个题项，针对"希望父母能把生活的方方面面都安排好"问题，"非常不认同"或"不认同"该观点的被访者约占91.8%，但是约有8.2%的被访者赞同此观点;"校园环境与宿舍卫生不是学生操心的"共有1个题项,针对"校园环境与宿舍卫生不是学生应该操心的"这项问题,有91.2%的人"非常不认同"或"不认同"该观点,有8.8%的被访者认同此观点。

(四)劳动精神整体情况

基于调查数据发现,劳动精神总体得分4.24分,表明本次调查大学生劳动精神得分较高,有利于我国积极推动大学生劳动教育。具体来讲,劳动价值下设的2个二级指标,分别是自觉抵制消极精神与学习弘扬积极精神,其中前者得到4.12分,后者得到4.28分,比较二者可以发现学习弘扬积极精神得分更高。此外,劳动价值观下设的10个三级指标中,得分最高的是享乐生活更加快乐(4.26),随后依次为劳动最光荣(4.24)、劳动是实现人生价值的根本途径(4.15)、劳动是每个人都要参与的(4.10)、上学阶段很浪费时间(4.02)、安于现状(3.97)、劳动需要在强制下才能进行(3.94)、劳动推动着时代发展(3.93)、能避免的劳动就避免(3.89)与劳动是自发的(3.85)(详见表5-5)。

表5-5 劳动精神各指标评价结果

一级指标(得分)	二级指标(得分)	三级指标(得分)
劳动精神(4.24)	自觉抵制消极精神(4.12)	能避免的劳动就避免(3.89)
		劳动需要在强制下才能进行(3.94)
		安于现状(3.97)
		享乐生活更加快乐(4.26)
		上学阶段很浪费时间(4.02)
	学习弘扬积极精神(4.28)	劳动是每个人都要参与的(4.10)
		劳动最光荣(4.24)
		劳动是实现人生价值的根本途径(4.15)
		劳动是自发的(3.85)
		劳动推动着时代发展(3.93)

首先,在自觉抵制消极精神方面,三级指标"能避免的劳动就避免"共有1个题项,针对"能避免的劳动就避免"问题,有8.4%的人"非常认同"或"认同"该观点,有91.6%的受访者不赞同此观点;

"劳动需要在强制下才能进行"共有1个题项，针对"劳动需要在强制下才能进行"问题，"非常认同"或"认同"该观点的受访者占比约为9.2%，但是有90.8%的被访者不赞同此观点；"安于现状"共有1个题项，针对"安于现状，无须付出过多劳动"问题，"非常认同"或"认同"该观点的受访者约占8.2%，但是约有91.4%的受访者不赞同此观点；"享乐生活更加快乐"共有1个题项，针对"享受生活更加快乐"问题，有89.8%的人"非常认同"或"认同"该观点，有9.2%的被访者不认同此观点；"上学阶段很浪费时间"共有1个题项，针对"上学阶段劳动很浪费时间"问题，有7.2%的人"非常认同"或"认同"该观点，有91.8%的被访者不认同此观点。

另外，在学习弘扬积极精神方面，三级指标"劳动是每个人都要参与的"共有1个题项，针对"劳动是每个人都要参与的"问题，有95.8%的人"非常认同"或"认同"该观点，有4.2%的被访者不赞同此观点；"劳动最光荣"共有1个题项，针对"劳动最光荣"问题，"非常认同"或"认同"该观点的被访者占比约为96.2%，但是仍有3.8%的被访者不赞同此观点；"劳动是实现人生价值的根本途径"共有1个题项，针对"劳动是实现人生价值的根本途径"问题，"非常认同"或"认同"该观点的被访者约占93.5%，但是约有6.5%的被访者不赞同此观点；"劳动是自发的"共有1个题项，针对"劳动是自发的"问题，有89.9%的人"非常认同"或"认同"该观点，有10.1%的被访者不认同此观点；"劳动推动着时代发展"共有1个题项，针对"劳动推动着时代发展"问题，有90.2%的人"非常认同"或"认同"该观点，有9.8%的被访者不认同此观点。

二 新时代"00后"大学生对劳动教育的认知和实践现状

（一）新时代"00后"大学生对劳动教育四个维度的指标认知

表5-6报告了"00后"大学生对劳动教育重要性的认知状况，发现"00后"大学生对劳动技能、劳动精神、劳动实践与劳动价值观的认同度较高，且劳动精神与劳动价值观是认同度最高的两个维度。有近半数大学生都对劳动教育的四个维度具有较高的认同度，但仍有近半数

大学生认同度不够高或者不够认同。

表5-6 "00后"大学生对劳动教育的认知状况 (%)

	劳动技能	劳动精神	劳动实践	劳动价值观
非常不认同	5.29	3.92	5.76	4.45
比较不认同	5.41	6.69	8.14	9.67
一般	15.78	17.83	12.79	14.52
比较认同	26.42	19.79	23.33	17.89
非常认同	47.10	51.78	49.98	53.48

(二)新时代"00后"大学生劳动教育与未来就业的认知

图5-1显示的是"'00后'大学生认为劳动教育对未来就业的影响"。4995名受访大学生对于"劳动教育在未来就业中的影响"这个问题,4.56%的大学生认为"没有影响",29.21%的大学生认为"有一些影响",27.90%的大学生认为"有影响",20.85%的大学生认为"比较有影响",而17.48%的大学生认为"非常有影响"。大学生对于这个问题的总体态度呈现倒"U形"曲线,认为"有一些影响""有影响""比较有影响""非常有影响"的受访者占据绝大多数,表明认为"没有影响"的大学生仅占4.56%,表明大学生普遍认为劳动教育在未来就业中"有影响"。但同时,此问题回答的最高频次出现在"有一些影响",这种态度属于一种中等偏下的倾向,表明大学生对于该种"影响"并不十分重视。

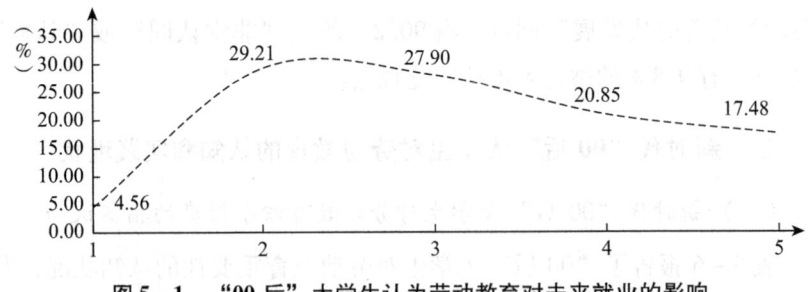

图5-1 "00后"大学生认为劳动教育对未来就业的影响

(三)新时代"00后"大学生参与劳动实践的状况

图5-2显示的是受访大学生参与社会实践形式占比情况。在

"平时参与的社会实践活动"问题下,从4995个受访大学生所提供的答案数据来看,有1299人次在社会上参与志愿服务,是在所有选项中被选频率最高的选项;另外,1149人次跟随老师进行社会实践和田野调查,699人次在校勤工助学,999人次课余时间兼职打工,749人次在假期期间进入专业相关单位实习,100人次选择其他。结果显示:各种实践活动形式分别占比为26%、23%、14%、20%、15%和2%。其中,"在社会上参与志愿服务""跟随老师进行社会实践""课余时间兼职打工"三个选项占比较大,是受访大学生参与实践活动的主要形式。"在校勤工助学"和"假期在专业相关单位实习"占比相对较小,是在大学生选择的社会实践形式中相对次要的选项。

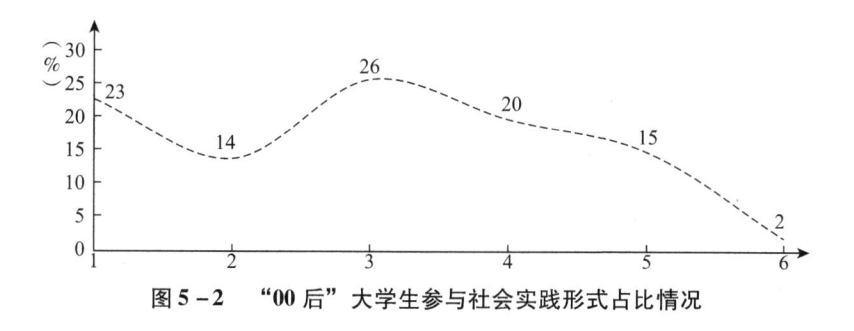

图5-2 "00后"大学生参与社会实践形式占比情况

三 新时代"00后"大学生对学校、家庭和社会劳动教育满意度的状况

(一)新时代"00后"大学生对学校劳动教育的满意度

表5-7 "00后"大学生对学校劳动教育的满意度　　　　(%)

	劳动观念	劳动教育课程	劳动教育师资
非常不满意	0.89	6.16	7.23
比较不满意	1.78	8.53	7.70
一般	21.33	27.43	35.96
比较满意	54.62	41.47	29.98
非常满意	21.39	16.41	19.14

首先,在表5-7显示的关于劳动观念的满意度方面,大学生对于自己的劳动观念满意度水平处于中等偏上,仅有极少部分大学生不满意自己的劳动观念。其次,在对于学校开设的劳动教育课程的满意度方面,表示比较满意的大学生占比最多,将近受访大学生的半数,这表明,受访大学生对于现有劳动教育课程的满意程度比较高。但同时,也有近45%大学生表态"一般"或以下,这表明学校开设的劳动教育课程还有很大的进步空间。最后,在劳动教育师资方面,近40%的大学生表示一般,这说明学校现有的劳动教育师资处于中等水平,仍有很大的发展空间。

(二) 新时代"00后"大学生对家庭劳动教育的满意度状况

表5-8 父母对大学生劳动教育的影响状况　　　　　(%)

	父母让参加家庭劳动	父母认为劳动教育的重要性	父母对大学生劳动价值观的影响
从不	2.60	8.95	7.23
偶尔	35.55	33.35	29.98
经常	61.85	57.70	19.14

表5-8显示的是父母对于劳动教育的看法以及对孩子的影响。首先,在参加家庭劳动方面,大部分父母都让孩子参与到家庭劳动当中,只有极少部分父母,从来不允许孩子参加家庭劳动。其次,在父母对于劳动教育重要性的认知上,这一组数据与父母是否让孩子参加家庭劳动的数据比较相似,可以认为,父母对劳动教育的重视程度很大程度上决定了父母是否让孩子参与家庭劳动。最后,在父母对自己劳动价值观的影响上,绝大部分大学生认为父母对自己的劳动价值观是有影响的,也就是说,父母的所作所为会影响大学生对于劳动的看法和态度,但也有近30%的大学生认为父母不会对自己的劳动价值观产生影响,这是在开设劳动教育课程和其他劳动教育实践的过程中应该重点关注的问题。

(三) 新时代大学生对社会劳动教育的满意度状况

图5-3显示的是"劳动教育在社会上的受重视程度"。其中选择

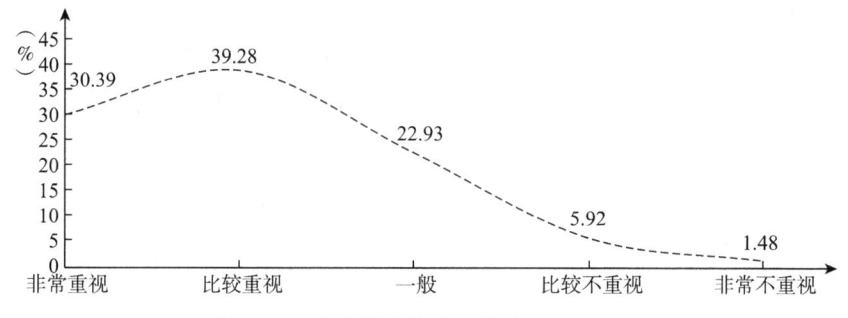

图 5-3 劳动教育在社会上的受重视程度

"非常受重视"和"比较受重视"的大学生占据大多数，二者占比之和达 70% 以上，这表明大部分大学生认为劳动教育在社会上的受重视程度比较高。另外，22.93% 的大学生表示劳动教育在社会上的受重视程度一般，表现为一种中立态度。只有不超过 10% 的极少数大学生认为劳动教育在社会上的受重视程度欠缺。总的来说，在大学生的认知中，劳动教育在社会上是受重视的。

第二节 新时代"00后"大学生劳动教育存在的问题

通过对劳动实践、劳动技能、劳动价值观和劳动精神四个指标的数据分析，发现"00后"大学生劳动教育过程中存在的问题，这些问题覆盖了学校、家庭、个人和社会这几个层面，现将集合数据对这几个层面的问题进行分析与梳理。

一 高校劳动教育的开展依然不够全面和彻底

在近几年关于高校学科建设和教育教学指导的文件和说明中，可以看到劳动教育正在从一项不被重视的教育形式向着大中小学各级学校共同努力实施的一项教育实践活动不断转变。从 2018 年出版的《普通高等学校本科专业类教学质量国家标准》中对各学科专业类培养目标设置来看，各专业类均未提及劳动教育目标，可见劳动教育在高校教育中处于缺失状态或边缘地带。到了 2020 年，中共中央、国务院发布的《关于全面加强新时代大中小学劳动教育的意见》和教育部发布的《大中小学劳动教育指导纲要（试行）》，体现了大学生劳动教育在新时代已经进入了新的发展高度。在此基础上，全国各高校也相继推出劳动教育的实施方案来响应国家的号召。但从此次调研的数据中可以看到，目前各高校的劳动教育依然处于初始探索阶段，关于高校劳动教育的实施程度、劳动教育实践的开展方式、师资力量的配备等方面依然准备得不够充足。

（一）学校对于劳动教育的重视程度依然不足

从学生认为学校在劳动教育过程中发挥引领作用的占比中，有近三分之二的学生都认为学校在劳动教育过程中的引领作用不足，这说明学校在当前虽然制定了劳动教育的实施方案，但还没有全面彻底地投入实践中，这使得学生在日常的学习与生活当中并没有充分地感到劳动教育的氛围。当前高校劳动教育肩负着重要责任，由于学生在基础教育阶段并没有受到系统化的劳动教育，导致学生们在劳动习惯、劳动技能、劳动价值观和劳动精神等层面都存在或多或少的缺失。因此，高等院校在同样处于系统化劳动教育的探索阶段中会担负起更多的责任，包括实施方案制定、专业化师资力量培养、教材和课程的规划、实践场地开拓等方面内容，这些都是当前高校场域内重视程度有所不足的地方，同时开展起来也具有一定的挑战性。

（二）劳动教育的课程体系建设不足

第一，劳动实践的开展仍然不够充分。本次调研中，有超过三分之二的学生认为学校进行劳动教育存在重理论轻实践的情况。同时，在实践层面上，由于重视程度不足、形式单一化，也存在考核机制和激励机制的缺失。以实习实训为例，表现为缺少对劳动教育教学的统筹设计，缺乏对实习实训的过程管理和考评机制。就实习来说，目前实习方式包括学校集体组织或学生自愿选择，且多以学生自愿选择实习单位为主，这导致学校很难制定统一的实习标准，实习中教育的效果更多取决于大学生自主学习的意愿和实习单位的重视程度。然而，由于实习考核方式单一，多以实习报告为考核依据，缺少激励学生积极主动参与实习的动力，多是被动地接受实习单位安排，特别是当实习单位对实习工作不重视时，学生就常被安排到属于较低层次的劳动岗位上，从事缺少专业技术含量的工作，乃至实习期间无所事事，相关专业技能得不到锻炼，因此实际培养的人才达不到人才培养目标的要求。

第二，理论课程的开展仍然不够聚焦。虽然当前已经形成一批针对高等院校的劳动教育教材，但还未能完全形成统一、全面的内容。同时，在课程上关于劳动教育的必修课还未全面开展，如何将劳动教育融入思政课程、融入专业教育和创新创业教育也正在探索中。除了专业性的课程、教材以外，劳动教育的其他课程资源也有待开发，如依托于各高校学科特色开展的案例、竞赛、专题报告等形式的劳动教育课程。

(三) 师资力量的配备依然不够合理

本次调研过程中，发现超过一半的学生都认为劳动教育的师资力量配备不够合理。出现这个问题的原因首先在于劳动教育一直以来都处于被忽视的境地，不论是方针政策上还是各学校的培育目标上，都鲜有劳动教育的身影，这必然造成劳动教育师资力量的缺失。因此，一方面亟须进行长远规划，针对劳动教育进行人才力量的培育和储备；另一方面对现有的师资团队把握不足，应以培训的形式使不同专业的教师都能够了解和领会劳动教育的深刻内涵和内在精神，因为劳动教育是综合性教育，应伴随着高校"大思政课"的建设同步发展，使全校上下形成合力。目前，新时代劳动教育的大力发展，也提高了各高校对劳动教育的重视程度，但不可否认的是，意识上虽然已经达到足够的高度，但由于长期的忽视，导致从教学资源到师资力量都没有充足的准备以应对当前大学生对于劳动教育的需求。在这样的情境下，难免会使得大学生对于劳动教育的重视程度出现下滑。

二 家庭劳动教育缺少正确的家庭家教家风建设

劳动教育的顺利推进不仅仅靠学校提供理论指导与实践支持，家庭教育同样重要。大学生虽然已经长期在学校内学习和生活，但在假期时间，仍然是以家庭生活为主。在此期间，父母在大学生的人生观、价值观、未来的职业观等诸多方面会形成举足轻重的影响。习近平总书记在多次讲话中都论述了家庭家教家风建设的重要性，从中可以看到家庭教育在子女形成价值观的过程中起到的重要作用。但在调研中发现，劳动教育在家庭教育中仍有一定的缺失，主要体现在父母对劳动教育的忽视和对劳动教育的简单化理解。

（一）父母重学业而轻劳动

从调研数据中可以看到，在父母重学业而轻劳动的调查中，有超过四分之三的学生都表示了一定程度的赞同，完全赞同的学生比例有一半之多。这个数据直观地体现了在家庭教育过程中，父母依然是以成绩为主导，而这种以成绩为主导的教育方式必然造成劳动教育被边缘化和被忽视。这种以成绩为主导的教育方式一开始是以成绩好坏作为教育成功与否的标准，从小就以考上重点大学为教育目标；在子女进入大学校门之后，这种教育方式也演化为以找到一份好工作来衡量成功与否的标准。中国从新民主主义革命开始，无数的教育家和思想家为了破除旧思想都付出了极大的努力，到了现在，中国特色社会主义进入新时代，整个社会的职业也形成了多元化和高度包容性的良性发展。但不可否认的是，依然有一些家庭仍受到旧思想的影响，衡量子女职业好坏的标准仍旧是工资高低、社会地位高低、是否有编制等，这些思想无疑会影响子女的职业观，因此造成当前一些大学生找工作眼高手低、经常更换工作岗位，甚至长期啃老。由此可以看到家庭教育在劳动教育过程中的重要性，以及劳动教育被忽视后形成的不良后果。

（二）父母的劳动价值导向不足

调研中，有近一半的学生都认为父母的劳动价值导向不足。在一些家庭中，由于父母对劳动教育的理解不到位，将劳动教育理解为单纯的体力劳动或者惩罚子女的手段。因此一些父母在这些传统观念影响下，误用劳动教育。一方面，由于对成绩和职业的过于重视，导致一些父母在进行劳动教育时，仅仅以督促子女在家打扫卫生、整理内务为主，仍停留在最基础的养成良好劳动实践的层面，不会特意地培养子女的劳动价值观。在这种情况下，学生难以形成良好的劳动价值观，难以将劳动精神内化于心，只能粗浅化地理解劳动。另一方面，在一些学生的成长过程中，只要一犯错就会被父母以劳动的方式进行惩罚，这种强制性的劳动实践只会伤害他们的自尊心，并使学生对劳动产生排斥心理。这种单一化和错误化的劳动教育常常适得其反，违背了教育的初衷。惩罚性的劳动只会扭曲学生的心理，阻碍人性的自由发展，使得与劳动的本质背道而驰。

三 大学生在劳动教育的过程中依然较为被动

不论是学校还是家庭，都是以一种外部的教育形式来影响学生的价值观形成，而劳动教育的实施效果如何，最终还是要回归到学生本身。大学生群体面临着学习、生活、工作等诸多问题，在这样一个较为复杂的环境下，形成积极正确的劳动价值观尤为重要。因此，有必要考量大学生对于劳动的认同度、对职业的规划和个人价值观的情况，由此发现，目前大学生群体在这三个方面依然存在一定的不足之处。

(一) 对劳动的认同度不高

当前大学生大都具有较高的劳动的认同度，但仍有部分学生不太认同劳动，甚至有学生把劳动仅看作一种单纯的体力劳动，认为知识比劳动更重要，忽视了学习也是一种劳动。这部分学生在学习中具有较强的功利性，对于提升就业能力、考研升学等即时显性反馈的学习任务，多表现出积极的态度，而对于培养个人劳动品德、劳动态度的学习任务则多表现出消极的态度，如在实习实训时只流于表面地完成学分任务，不能更深入地体会其中蕴含的劳动价值与意义，容易形成功利性的劳动，以追求"捷径"、追求结果导向来指导自己的劳动观。

(二) 没有形成具体的职业规划

调查中，有超过一半的大学生没有形成具体的职业规划。职业规划是一个人形成良好职业观的重要组成部分，因为职业规划不仅仅是简单地决定未来要做什么工作、从事什么职业，其根源还是一个人对于劳动本质的认识程度。而之所以有很大一部分大学生没有形成自己的职业规划，是因为他们还没有正确地认识劳动，并且可能存在轻劳动、重享受、轻付出、重收获等错误价值观，这部分大学生在这些错误价值观的影响下，难以从内心热爱劳动，也难以将职业规划与劳动联系在一起，最终偏离正确的轨道。

（三）存在享乐主义和拜金主义的错误价值观

在此次调研中，发现有部分学生存在享乐主义和拜金主义的错误价值观。对于劳动教育而言，错误的价值观会导致大学生无法形成良好的劳动价值观。劳动价值观作为社会主义核心价值观的重要组成部分，引导着人们树立起健康的职业观、积极的劳动观，发扬社会主义职业精神，让人们在劳动中实现自身的价值，实现人的自由全面发展。在享乐主义和拜金主义等错误价值观的影响下，大学生群体会出现排斥劳动、鄙视劳动的错误认知，对于劳动教育的理论和实践学习内容应付了事，安于现状、不思进取。并且在进入社会后，产生错误的职业观，热衷于收入和社会地位，难以在岗位上持续发光发热。同时，在对劳动教育的态度上，可以看到总体的态度处于一种中等偏下的水平，是一种劳动教育对未来成长有影响，但影响却可有可无的状态。这就是当前"00后"大学生一方面能认识到劳动教育的意义和价值；但另一方面，在"内卷化"氛围和"躺平"观念的影响下，更容易对与学习和发展之间没有直接提升关系的劳动教育活动产生消极态度。

四　社会还未完全营造出崇尚劳动的良好风气

劳动与每个人的日常学习和生活密不可分，劳动教育要依靠国家、学校、家庭和企业及全社会的共同参与。在经济和社会快速发展的今天，科技水平和信息流动速度已经处于高度发达的程度，为了快速获取更多、更新的信息，大学生在日常的生活和学习中都离不开网络。网络作为一把"双刃剑"，其好处就在于信息的流动与分享，人们可以在很短的时间内就获取自己所想要的信息内容，增加了工作和学习的效率；但另一方面，网络因其多元化和包容性，也存在很多良莠不齐的信息，这些内容部分则在传播着消极价值观。作为外部环境因素，不可否认这些负面的信息在一定程度上影响着大学生的劳动观，也阻碍了劳动教育的顺利开展。在本次调研中，通过了解大学生群体在日常网络信息中获取的信息内容，笔者发现了外部环境中主要存在社会上一部分人对劳动精神不够推崇和社会整体对劳动实践的重视程度不够高这两个问题。

(一)社会对劳动的崇尚度不足

通过学生日常所接受的外界信息来看，社会对劳动的崇尚度不足50%，这是一个不可忽视的问题。在信息与网络高度发达的今天，大学生在接受国家正向引导的同时，也会受到形形色色的自媒体引导，其中就有很多偏离正轨的思想和信息出现，比如劳动者不能被同等看待、少劳多得等。大学生对步入社会的憧憬便逐渐被这些信息影响，形成了以金钱和地位来衡量劳动的心理。同时，不仅仅是父母和学校，社会上也依然更看重个人所获得的成绩，看重脑力劳动，这也在一定程度上分化了脑力劳动和体力劳动，不利于大学生树立正确的劳动观。不论是脑力劳动还是体力劳动，都是一种劳动实践活动，都是人类的本质活动，割裂脑力劳动和体力劳动对劳动教育的开展十分不利。另一方面，当前社会依然存在很多用人单位为了获取更多剩余价值而不断延长劳动者的剩余劳动时间，将劳动异化，导致很多劳动者逐渐将劳动作为维持生活的一种手段，不论是对进入实习状态的大学生还是对仍未进入社会的大学生来说，都会形成一种对劳动的排斥心理。

(二)影视节目存在享乐主义、拜金主义不良价值观导向

在调研中，大学生学习之余所观看的各类节目中，关于美食、旅行和奢华生活分享类的视频在各项节目组以59%的比例高居榜首。从一定意义上来讲，这些节目是为了分享美好事物、分享生活心得，其初衷是好的。但随着此类节目越来越多，相关节目的发布者良莠不齐，一些视频节目的导向逐渐走偏，向着享乐主义与拜金主义靠拢。一些本应是分享生活的想法演变为一种炫耀，使大学生容易迷失其中，产生金钱至上和享乐至上的心理，享乐主义、拜金主义等不良价值观正在侵入式地影响大学生的价值观建立，这将对劳动教育的开展形成一定的阻碍。

第三节 新时代"00后"大学生劳动教育评价的影响因素

上文我们已经分析了大学生对劳动教育各维度指标的认知，掌握了大学生劳动教育的基本事实。但是在现实状况下，大学生劳动教育过程中还存在何种问题呢？如果劳动教育存在问题，势必会影响新时代大学生劳动教育的后续发展。基于此，我们首先分析新时代大学生对劳动认知的影响因素，之后依然从大学生所在高校、家庭、大学生自身与社会四个因素中去寻求大学生劳动教育过程中存在的问题，以期破解大学生劳动教育问题的原因。

一 新时代"00后"大学生劳动认知形成的影响因素

（一）新时代"00后"大学生劳动认知形成的指标选取

在分析"00后"大学生劳动认知形成因素之前，我们首先根据"00后"大学生劳动教育调查数据，建构劳动认知这一核心因变量，即我们根据调查问卷问题"4. 劳动价值观的基本情况，下列说法您是否同意：a. 时刻保持着积极的劳动态度，b. 每个人都应拥有良好的劳动习惯，c. 尊重他人的劳动成果，d. 劳动不分高低贵贱，e. 赚钱是劳动的动力，f. 体力劳动很低级，g. 希望父母能把生活的方方面面都安排好，h. 校园环境与宿舍卫生不是学生应该操心的"进行建构，每项小问题的回复均为"很不同意、不太同意、一般同意、比较同意、很同意"五种，我们将它们分别赋值"1-5"，得分越高，大学生劳动价值观越正确。

需要说明的是，我们将可能影响"00后"劳动认知的因素分为四类，分别是个体因素、家庭因素、学校因素与社会因素，具体如下。

1. "00后"大学生的个体特征

年龄和性别是大学生劳动认知研究中最常见的影响因素。诸多研究证实，年龄一方面是影响劳动价值观的重要因素，另一方面对劳动认知的影响可能是非线性的。由于男性和女性的生理特征、社会分工和人生追求等有所不同，性别对劳动认知具有独特的影响。由于不同年级的大学生授课不同，大学生对劳动认知的理解与认知也不相同，进而会影响他们对劳动认知的评价等。政治面貌作为影响人们价值观重要的因素，自然对大学生劳动认知具有至关重要的作用，尤其是在当前不断深入学习马克思主义理论、习近平新时代中国特色社会主义思想，更能形成良好的劳动认知。户籍类型与劳动认知具有密不可分的联系，农村长大的大学生由于做过农活，可能对劳动教育更具有认同度；而城镇生活的大学生未能接触体力劳动，但是受到了更好的劳动教育理念，也可能对劳动认知具有重要作用。专业性质对大学生劳动认知具有直接影响，宏观上来看，主要体现在文科与理工科之间的学科差别。一般而言，理工科与人文社科学生对劳动教育的理念不同，进而影响不同专业的学生对劳动教育观的认同感不同。学生干部经历对劳动认知影响不同，有学生干部经历的学生与没有学生干部经历的学生在劳动认知上也会存在不同，有学生干部经历的学生在校内实践、校外实践、社会公益实践中获得的经验更加丰富，劳动认知水平也相对更高。

2. "00后"大学生的家庭特征

大学生作为还未完全独立的个体，除了学校的生活外，长期与父母一起居住，家庭则是大学生劳动教育的重要一环。因此，不同的家庭情况会对大学生的劳动教育各层面内容形成一定的影响，且这种影响往往是潜移默化的，因此不可忽视。在回归分析中加入父母职业、父母收入、家务劳动、父母教育劳动作为影响大学生劳动教育观的因素。父母职业作为父母重要的身份特征，他们的生活理念、职业特点与职业性质无疑会影响自身的劳动观，并进一步影响他们对待子女的劳动教育观，通过代际传递的形式潜移默化地影响子女的劳动观。父母收入层面一方面会形成家庭的整体消费理念和生活理念；另一方面，这种理念的传递不仅会影响大学生的消费观念，而且也会影响他们对劳动价值的判断，进而影响他们劳动观的形成。家务劳动作为劳动实践的重要载体，其影响作用也不容忽视。父母是否参与家务劳动、参与家务劳动的态度等都会深刻影响大学生的劳动习惯和劳动认知形成。父母作为子女的第一任老师，具有"言传身教"的职责，如果父母在子女的成长过程中重视劳动教育，无疑会影响大学生的劳动观。

3. "00后"大学生的学校特征

高等院校是培养大学生劳动认知的最重要地方，在大学生劳动认知形成过程中无疑起到不容忽视的作用，因此我们将学校特征变量引入到回归模型中，具体包括以下几个变量：是否开设劳动教育课程，劳动教育课程的数量是否充足，劳动教育课程的内容是否翔实，劳动教育形式是否多样四个变量。是否开设劳动教育课程是影响大学生劳动教育观的先决条件，开设劳动教育课程有助于大学生劳动教育观的形成。当然，开设劳动教育课程只是第一步，重要的是劳动课程数量是否足够、种类是否丰富、内容是否翔实，劳动教育课程的数量、种类和质量都是不可或缺的，任一维度出现缺失，都会形成劳动教育课程不能满足大学生对劳动教育的需求，进一步可能降低大学生对劳动教育的积极性。

4. "00后"大学生的社会特征

目前，社会就业形势更加激烈，更需要大学生能够掌握德、智、体、美、劳的协同发展，如果大学生不能形成良好的劳动教育观，将可能不利于未来职业的选择与职业的发展。因此，我们寻求社会因素对大学生劳动教育观形成的影响，主要包括以下几个变量：社会重视劳动教育，社会重视劳动精神，社会重视劳动技能与社会重视劳动法律四个变量，其中回答分别为"非常重视、比较重视、一般、比较不重视、非常不重视"，我们将其操作化为连续变量。事实上，如果社会重视大学生劳动教育，不仅会影响大学生对劳动教育的认同，也会提高大学生对劳动教育学习的热情。

基于上述分析，结合本项调查数据，将具体的变量和定义进行操作化。具体变量选取、变量定义与统计描述如表5-9所示。

表5-9 变量的选取与定义

	变量	定义	均值	标准差
因变量	劳动认知	连续变量	23.16	8.12

续表

	变量	定义	均值	标准差
个体因素	性别	男性为1，女性为0	0.54	0.55
	年龄	被调查年份—出生年份	19.62	8.46
	年级	大四为3，大三为2，大二为1，大一为0	1.68	1.28
	政治面貌	中共党员为1，共青团员为0	0.21	0.56
	户籍类型	城镇为1，农村为0	0.64	0.59
	专业类型	理工科为1，人文社科为0	0.79	0.35
	学生干部	是为1，否为0	0.16	0.24
家庭因素	父母职业	公务员为2，企业职工为1，农民为0	1.15	1.26
	父母收入	连续变量，取对数	6.89	5.84
	家务劳动	连续变量，分钟	68.12	12.15
	父母教育劳动	是为1，否为0	0.78	0.42
学校因素	开设劳动课程	是为1，否为0	0.68	0.57
	劳动教育课程是否足够	是为1，否为0	0.69	0.58
	劳动课程是否翔实	是为1，否为0	0.36	0.27
	劳动教育形式是否多样	是为1，否为0	0.31	0.34
社会因素	社会重视劳动教育	是为1，否为0	0.65	0.76
	社会重视劳动精神	是为1，否为0	0.75	0.64
	社会重视劳动技能	是为1，否为0	0.68	0.62
	社会重视劳动价值观	是为1，否为0	0.62	0.58

（二）新时代"00后"大学生劳动认知形成的检验

通过调查数据，大学生劳动认知得分是连续变量，因此我们建构最小二乘法（OLS）估计方法进行分析，模型构建如下：

$$H_i = \alpha_0 + \alpha_x X_i + \varepsilon_i$$

其中，H_i 表示大学生 i 劳动认知，是因变量；X_i 表示影响大学生劳动认知的变量，包括大学生个体特征变量、家庭特征变量、学校特征变量与社会特征变量；α 为待估参数，ε_i 为随机扰动项。表 5-10 显示了大学生劳动认知的影响因素回归结果。

表 5-10 "00 后"大学生劳动认知的影响因素分析

变量	模型 1	模型 2	模型 3	模型 4
性别	0.0204*** (0.005)	0.0358*** (0.006)	0.0363*** (0.006)	0.0226*** (0.006)
年龄	0.403*** (0.086)	0.428*** (0.099)	0.239* (0.132)	0.422*** (0.101)
年级	-0.0765 (0.122)	-0.266 (0.270)	-0.247 (0.292)	-0.0524 (0.147)
中共党员	0.193*** (0.025)	0.170*** (0.029)	0.161*** (0.030)	0.262*** (0.030)
户籍	-0.061*** (0.014)	-0.068*** (0.014)	-0.044*** (0.014)	-0.052*** (0.015)
理工科	0.344** (0.174)	0.383** (0.176)	0.920** (0.377)	0.873** (0.400)
学生干部	0.232 (0.233)	0.215 (0.258)	0.327 (0.274)	0.414 (0.297)
父母公务员		-0.193*** (0.025)	-0.170*** (0.029)	-0.161*** (0.030)
父母企业职工		-0.065*** (0.018)	-0.068*** (0.015)	-0.062*** (0.019)
父母收入		-0.344*** (0.128)	-0.257* (0.137)	-0.472*** (0.128)
父母教育劳动		0.106*** (0.008)	0.090*** (0.016)	0.074*** (0.017)

续表

变量	模型1	模型2	模型3	模型4
劳动课程			0.057*** (0.013)	0.052*** (0.014)
劳动课程足够			0.032*** (0.005)	0.030*** (0.005)
劳动课程翔实			0.059*** (0.021)	0.073*** (0.021)
劳动课程多样			0.151* (0.080)	0.209** (0.083)
社会重视劳动教育				0.536*** (0.069)
社会重视劳动精神				0.132*** (0.012)
社会重视劳动技能				0.084*** (0.016)
社会重视劳动价值观				0.200*** (0.026)
Constant	0.078*** (0.020)	0.056*** (0.020)	0.066*** (0.021)	0.085*** (0.021)
Observations	4995	4995	4995	4995

1. 个体因素

从个体因素上看，性别在1%的统计水平下显著正向影响大学生的劳动认知，即与女性相比，男性在劳动认知方面有更好的表现。原因可能在于历史不断发展演进过程中形成的性别分工，无论从思想观念上，还是从社会实践上，男性可能要承担更多的社会劳动，进而造成了男性和女性的劳动认知差异。另外，在劳动力市场上仍然存在的各种程度的性别歧视也在很大程度上打击了女性的劳动积极性，也促使女性和男性体现出不同程度、不同水平的劳动认知。年龄在1%的统计水平下显著为正，这意味着，年龄越大的大学生，其劳动认知表现越好。原因在于，随着年龄增长，大学生会接触到更多形式、更多种类的社会劳动，在劳动的过程中会逐渐锻炼大学生意志品质，深化大学生对于劳动的认识与看法，帮助大学生塑造积极的劳动认知。中共党员在1%的统计水平下显著，且回归系数符号为正。这表明具有中共党员身份的大学生比不具有中共党员身份的大学生具有更好的劳动认知，对于劳动的认识和态度更加正向。首先，在中共党员准入方面，优先发展品行端正、思想先进、业务熟练的青年力量，而劳动认知很大程度上或显性或隐性地存在于考核范围之内。另外，中共党员会不断接受党的教育，在思想境界方面会不断提升，对于劳动本身的认同感以及对于劳动意义的认识也会更加深刻。户籍在1%的统计水平下显著负向影响劳动认知，拥有城镇户籍的大学生劳动认知不及农村户籍的大学生。原因在于，城镇户籍和农村户籍很大程度上代表了家庭的社会和经济地位。具有城镇户籍的家庭在收入上往往比农村户籍的家庭更高，因而具有更好的经济条件。而农村户籍的大学生往往家庭经济条件相对较差，成长过程中的耳濡目染，会使得农村户籍的大学生与体力劳动的关系更加密切，有助于培养和形成良好的劳动认知。另外，理工科的大学生在劳动认知上显著优于人文社科类的大学生，显著性水平为95%。这是由于在不同学科的培养过程中有不同的侧重，理工科的学生在实践动手能力上更强，人文社科类的学生在理论分析能力上更突出。劳动认知是在不断的动手实践过程中培养和形成的，与人文社科类的大学生相比，理工科大学生有更多的机会和兴趣参与实践活动，从而整体来看，劳动认知的表现更加突出。而学生干部不显著。

2. 家庭因素

从家庭因素上看，父母是公务员会显著负向影响大学生的劳动认知，且显著性水平为99%。原因可能在于，父母作为国家公务人员，工作繁重、单一，在家庭生活中很大程度上无机会或无时间与体力劳动相接触，家庭中缺少劳动的氛围，不利于家庭中的大学生参与劳动实践和养成良好的劳动认知。父母是企业职工在1%的统计水平下显著负向影响大学生的劳动认知。父母是企业职工为家庭的经济来源提供了保障，家庭的经济条件越好，则家庭中的大学生参与体力劳动的机会就越少，从而不利于养成劳动的习惯和良好的劳动认知。父母收入在1%的统计水平下显著负向影响大学生的劳动认知。也就是说，父母的收入水平越高，家庭中的大学生劳动认知水平越低。原因可能在于，家庭的收入水平越高，生活条件就会更加优渥，一些劳动可能会以外包和雇佣的形式交由他人处理，家庭成员很少直接参与劳动过程，进而使大学生缺乏劳动习惯、劳动实践的能力和劳动经验，欠缺基于劳动实践和劳动经验对于劳动的思考与感悟，从而不利于良好劳动认知的养成。另外，父母的教育劳动在1%的统计水平下，显著正向影响大学生的劳动认知，即父母对大学生关于劳动方面的教育会显著影响大学生劳动认知的形成。在家庭生活中，父母对于孩子的各方面影响很大，父母对于一种事物的看法和态度会显著影响孩子的价值观。在劳动的问题上，如果父母非常重视劳动实践，具有良好的劳动认知，那么也会在日常生活中具体劳动活动中对孩子产生潜移默化的影响，促进孩子形成正确的劳动认知。

3. 学校因素

从学校因素上看，劳动教育课程的开设显著影响大学生的劳动认知，显著性水平为99%。社会存在决定社会意识。大学生劳动认知的培养和形成不是凭空而来的，它需要一定的实践基础，同时也需要正确的指引。开设劳动课程从实践和理论两个方面给大学生提供了接触劳动、体会劳动、学习劳动精神的平台，使大学生在方方面面都能接触到劳动，有助于大学生形成良好的劳动认知。劳动课程的数量也显著影响大学生的劳动认知，且显著性水平为99%，高校所开设的劳动课程数量越多，该高校大学生所表现出来的劳动认知越正向；相反，高校开设的劳动课程数量越少，则对大学生的劳动认知正向影响就越小。原因在于，劳动课程的数量越多，可供大学生选择的空间就越大，也就越能够减少因为课程容量问题而造成的劳动教育缺失问题，能够更大程度地在大学生群体中普及劳动教育，提高大学生整体的劳动教育水平，从而有助于正确的劳动认知的养成。劳动课程内容翔实与否也在1%的统计水平下显著影响大学生的劳动认知。劳动课程内容越翔实，大学生的劳动认知受到的正向影响越大；反之则越小。劳动教育与劳动课程如果仅仅是做表面工程，应付了事，那么就很难达到劳动教育的最初目标。相反，劳动教育课程内容更加丰富翔实，能够给大学生提供更多更深入的劳动思考，对于大学生形成正确的劳动认知有益。另外，劳动课程的多样性在5%的统计水平下显著影响大学生的劳动认知。劳动课程越多样，越有助于大学生培养正确的劳动认知；反之，则不利于大学生培养正确的劳动认知。高校开设的劳动课程越多样化，越能够满足不同情况的大学生具体需求，大学生可以根据自己的兴趣、能力等多方面的现实情况，选择适合自己的劳动课程，接受更有针对性的劳动教育，提高大学生参与劳动课程的满意度，使大学生真正在劳动课程上学习到劳动知识、劳动本领以及劳动精神，形成正确的劳动认知。

4. 社会因素

从社会因素上看，社会重视劳动教育对大学生劳动认知产生积极影响，显著性为99%。人是社会中的人，人的各种生产生活实践都离不开社会土壤，社会风气会显著影响一个人的行为和思想。如果社会上普遍形成重视劳动教育的风气，那么大学生劳动教育就会被予以更多的社会关注，无论从劳动力市场供需的角度，还是从社会监管的角度，都会促使大学生劳动教育蓬勃发展，而大学生也会在这一过程中实现劳动认知的飞跃。社会重视劳动精神在1%的统计水平下显著正向影响大学生的劳动认知。社会重视劳动精神、崇尚劳动和正确的劳动认知，会在社会生活的方方面面渗透到大学生的日常事务中，使大学生受到潜移默化的影响，从而跟随时代的思想洪流，树立正确的劳动认知。社会重视劳动技能在1%的统计水平下显著正向影响大学生的劳动认知，即社会越重视劳动技能，越有利于大学生培养正确的劳动认知，反之则不利。社会重视劳动技能，会通过供需的调节作用来作用于学校劳动教育和其他劳动教育上，从而使大学生接受内容更加丰富、形式更加多样的劳动教育，接受更加优质的劳动教育供给，从而实现劳动认知的优化和劳动技能的提升。社会重视劳动法律显著正向影响大学生的劳动认知，且显著性水平为99%。社会中对于劳动价值观的重视程度直接关系整体的劳动氛围，社会对于劳动价值观越关注，就越会使劳动者对劳动的认知更加深刻，减少错误的价值观念，为大学生树立起正确的职业观，也为未来的求职就业提供良好的方向和环境，有利于大学生健康劳动认知的养成。

二　高校主阵地开展劳动教育的影响因素分析

高校教师作为教育的重要主体之一，要肩负起新时代国家赋予的使命，教师的"教"不再只是教知识、教技能，培养满足社会生产需求的专业人才；更重要的是教行为规范、教思想品德，培养符合社会主义核心价值观的合格的社会人。

因此，在大学生劳动教育过程中，学校起到举足轻重的作用，但是如果学校不能足够重视大学生劳动教育，将可能直接影响大学生劳动知识的获取；同时，师资力量作为传授劳动教育知识的重要组成部分，师资力量配备与结构是否合理，直接影响传授劳动知识的水平；此外，劳动教育方案是否重理论而轻实践，也会影响大学生对劳动教育的兴趣。基于此，我们根据调查问卷，窥探学校在大学生劳动教育过程中可能存在的困境。我们先采用回归分析剖析学校发挥足够的引导作用、学校的师资配备与结构合理与学校重理论而轻社会实践对劳动教育的影响，然后采用描述统计分析分析当下劳动教育是否合理。

表5-11反映的是学校在大学生劳动教育中的作用，研究发现，相比于学校不足够重视劳动，学校足够重视劳动教育将对劳动教育（劳动实践、劳动技能、劳动价值观与劳动精神）起到积极作用；在学校师资配置合理方面，发现除了学校师资配置合理对劳动价值观的影响在10%的统计水平下显著，其他均在1%的统计水平显著，表明学校师资配置合理有助于大学生劳动教育；学校重理论轻实践对劳动教育（劳动实践、劳动技能、劳动价值观与劳动精神）的影响均在1%的统计水平显著，表明学校重理论轻实践不利于大学生劳动教育。

表 5-11 学校在 00 后大学生劳动教育中的作用分析

Variables	Panel A 劳动实践	Panel B 劳动技能	Panel C 劳动价值观	Panel D 劳动精神
学校足够重视劳动	0.075*** (0.009)	0.122*** (0.016)	0.139*** (0.009)	0.097*** (0.016)
学校师资配置合理	0.403*** (0.086)	0.428*** (0.099)	0.239* (0.132)	0.422*** (0.101)
学校重理论轻实践	-0.037*** (0.003)	-0.037*** (0.007)	-0.025*** (0.007)	-0.032*** (0.005)
个体特征	yes	yes	yes	yes
家庭特征	yes	yes	yes	yes
学校特征	yes	yes	yes	yes
社会特征	yes	yes	yes	yes
Constant	5.042*** (0.174)	6.539*** (0.313)	2.860*** (0.176)	6.776*** (0.307)
R-squared	0.166	0.161	0.21	0.173
Observations	4995	4995	4995	4995

表 5-11 的研究发现学校发挥足够的引导作用、学校的师资配备与结构合理与学校重理论而轻社会实践在大学生劳动教育过程中具有重要作用。但在现实中，学校在大学生劳动教育投入是否合理呢？表 5-12 显示的是学校在大学生劳动教育的投入，发现学校在劳动教育中没有起到足够引领作用的占比高达 38.51%，可见整体而言，学校在劳动教育过程中并未发挥足够的引领作用。在师资配备与结构合理方面，发现有 24.29% 的大学生认为在劳动教育中学校师资配备与结构不合理；有近半数大学生认为在劳动教育中学校的师资配备与结构合理。与此相对，有超过一半的大学生认为学校在劳动教育中师资配备与结构不算合理，这不利于大学生学习劳动教育知识。在学校重理论而轻社会实践方面，发现大学生普遍认为学校重理论而轻社会实践，占比高达 35.96%。可见学校很重视劳动教育，但是轻视社会实践。

表 5-12　学校在"00后"大学生劳动教育的投入情况　　　(%)

	学校发挥足够的 引领作用		学校的师资 配备与结构合理		学校重理论而 轻社会实践
不足够	38.51	不合理	24.29	不赞同	29.98
一般	21.86	一般	26.66	一般	34.07
足够	39.63	合理	49.05	赞同	35.96

事实上，目前高等学校开展劳动教育依然处于起步阶段，在理论课程、实践课程等层面都没有形成丰富、全面的体系。与之相对应的，针对大学生劳动教育的成绩考核评价等层面也没有形成明确的衡量指标。在这样的背景下，一方面会导致高校的师资力量不愿意付诸努力去积极开展劳动教育；另一方面也会导致大学生群体不愿意花费过多精力参与劳动教育。这种教育主体和教育客体之间的双向被动还未形成向双向主动和双向互动交流进行跨越，进而导致劳动教育在高校中不能很好地开展。

三　多元主体协同参与的影响因素分析

（一）家庭劳动教育方式的影响因素分析

众所周知，价值观具有代际传递性，父母的劳动价值观直接影响大学生的劳动教育。与此同时，在中国的语境下，每位家长都存在"望子成龙与望女成凤"的愿景，他们可能更注重学业而轻视劳动，进而也会影响大学生的劳动教育。基于此，本书分析了家庭在劳动教育中存在的问题。

表 5-13 反映的是家庭在大学生劳动教育中的作用，研究发现父母的价值观对劳动教育（劳动实践、劳动技能、劳动价值观与劳动精神）起到积极作用，换言之，如果父母对劳动教育具有正确的价值导向，那么将有助于劳动教育。父母重视学业轻视劳动对劳动教育（劳动实践、劳动技能、劳动价值观与劳动精神）起到消极作用，即如果父母只重视大学生的学习成绩，而不重视大学生的劳动，将不利劳动教育的成功。

表 5-13 家庭对大学生劳动教育中的作用分析

Variables	Panel A 劳动实践	Panel B 劳动技能	Panel C 劳动价值观	Panel D 劳动精神
父母价值导向	0.185*** (0.128)	0.179*** (0.116)	0.184*** (0.109)	0.180*** (0.129)
父母重学业轻劳动	-0.207*** (0.005)	-0.212*** (0.004)	-0.223*** (0.007)	-0.214*** (0.006)
个体特征	yes	yes	yes	yes
家庭特征	yes	yes	yes	yes
学校特征	yes	yes	yes	yes
社会特征	yes	yes	yes	yes
Constant	3.428*** (0.174)	3.539*** (0.113)	3.485*** (0.170)	3.528*** (0.125)
R-squared	0.107	0.109	0.114	0.126
Observations	4995	4995	4995	4995

表 5-13 的研究发现家庭在大学生劳动教育中具有重要的作用。但是，在中国的语境下，中国家庭是如何来做的呢？表 5-14 说明的是家庭在大学生劳动教育中的角色。调查发现父母价值导向劳动不足够的比重最高，约为 40%，父母价值导向劳动足够的比例次之，约占 32.60%。在父母重学业而轻劳动的调查中，发现父母重学业而轻劳动的赞同的比重近半。一些家长受到传统劳动理念的影响，将成绩作为第一要素，以成绩来衡量学生未来的发展走向。认为成绩高就能够有好前途，就能够在走向社会后拥有一份好工作。这种错误的劳动观在潜移默化中影响了学生积极劳动观的形成。还有一些家长简单地将劳动理解为家务式的体力劳动，将劳动的概念窄化，无法发挥劳动教育的重要作用。

表 5-14 家庭在大学生劳动教育的作用　　　　　　　　（%）

	父母价值导向劳动		父母重学业而轻劳动
不足够	37.16	不赞同	24.29

续表

	父母价值导向劳动		父母重学业而轻劳动
一般	30.24	一般	26.18
足够	32.60	赞同	49.53

(二) 社会价值观传播的影响因素分析

社会作为劳动教育的检验场所,其评判是影响劳动教育的重要因素。比如,如果社会崇尚劳动精神与社会重视劳动实践,就会形成良好的劳动风气,这不但会影响学校与家庭的劳动教育,而且也会影响大学生对劳动教育的认知与学习,进而实现劳动教育的良性循环。表5-15反映的是社会状况对劳动教育的影响,研究发现,无论采用何种指标衡量劳动教育,社会崇尚劳动精神与社会重视劳动实践均能够对劳动教育起到积极效应。

表5-15 社会崇尚劳动精神与社会重视劳动实践对劳动教育的影响

Variables	Panel A 劳动实践	Panel B 劳动技能	Panel C 劳动价值观	Panel D 劳动精神
社会崇尚劳动精神	0.017*** (0.003)	0.016*** (0.003)	0.246*** (0.037)	0.234*** (0.037)
社会重视劳动实践	0.250*** (0.029)	0.224*** (0.030)	0.094*** (0.032)	0.085*** (0.032)
个体特征	yes	yes	yes	yes
家庭特征	yes	yes	yes	yes
学校特征	yes	yes	yes	yes
社会特征	yes	yes	yes	yes
Constant	7.493*** (0.277)	8.281*** (0.285)	7.743*** (0.307)	7.625*** (0.310)
R-squared	0.112	0.148	0.137	0.115
Observations	4995	4995	4995	4995

上述结果表明,社会崇尚劳动精神与社会重视劳动实践对劳动教育具有重要价值。但是现实生活中,社会崇尚劳动精神与社会重视劳动实

践状况如何呢？是否真的崇尚劳动精神与重视实践呢？图5-4反映了社会崇尚劳动精神与社会重视劳动实践的现状，发现社会崇尚劳动精神与社会重视劳动实践的比重均低于50%，但是社会不崇尚劳动精神与社会不重视劳动实践的比重均超过了50%。由此可知，虽然社会崇尚劳动精神与社会重视劳动实践对劳动教育具有积极作用，但是在现实中，社会展现出来的并没有很重视劳动实践与崇尚劳动精神，这就形成了现实的困境，不利于我国劳动教育的推行与发展。

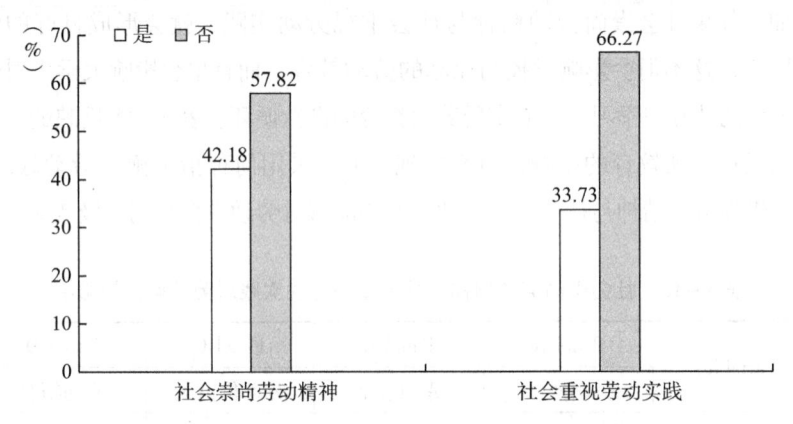

图5-4　社会崇尚劳动精神与社会重视劳动实践的比重

在中国传统文化的语境下，"劳力"与"劳心"始终是一对被割裂的概念，在传统思想的影响下，无数人对"劳心"趋之若鹜，对"劳力"却避之不及。这种分化体力劳动和脑力劳动的思想不利于学生形成正确的劳动观。同时，随着享乐主义、拜金主义思潮的不断入侵，劳动被异化。学生将劳动作为赚钱不得已而为的活动，缺少了对劳动的正确认知，意志逐渐被消磨殆尽。同时，随着"内卷""躺平""佛系"等新兴价值理念的广泛传播，许多学生将不拼搏作为一种常态，追求高薪和舒适成了很多人的目标。

四　劳动教育客体发挥自主能动性的影响因素分析

大学生作为在劳动教育中具有主体性的客体，其自身状况直接影响劳动教育的成效。首先，大学生劳动认同度是其劳动教育的先决条件，如果大学生劳动认同度高，无疑会促进劳动教育。其次，由于社会竞争，职业规划也会影响大学生劳动教育。最后，价值观是影响劳动教育的重要因素，如果一位大学生存在贪图享乐与拜金主义的错误价值观，无疑将对劳动教育产生不认同心理，也不利于劳动教育的开展。基于此，表5-16报告了大学生自身特征对劳动教育的影响。研究发现，劳动认同度对劳动教育具有积极效应，即大学生劳动认同度越高，劳动教育越可能有力地推进。职业规划对劳动教育具有正向影响，表明大学生如果有明确的职业规划，那么他们可能深知劳动教育的重要性，进而促使他们更加积极地进行劳动学习，也便于劳动教育的开展。

表5-16 大学生自身对劳动教育的影响

Variables	Panel A 劳动实践	Panel B 劳动技能	Panel C 劳动价值观	Panel D 劳动精神
劳动认同度	0.225*** (0.049)	0.163*** (0.050)	0.052** (0.024)	0.086*** (0.013)
职业规划	0.078*** (0.020)	0.056*** (0.020)	0.066*** (0.021)	0.085*** (0.021)
享乐主义	-0.018*** (0.001)	-0.024*** (0.003)	-0.020*** (0.003)	-0.008*** (0.001)
拜金主义	-0.106*** (0.008)	-0.090*** (0.016)	-0.074*** (0.017)	-0.035*** (0.003)
个体特征	yes	yes	yes	yes
家庭特征	yes	yes	yes	yes
学校特征	yes	yes	yes	yes
Variables	Panel A 劳动实践	Panel B 劳动技能	Panel C 劳动价值观	Panel D 劳动精神
社会特征	yes	yes	yes	yes
Constant	2.964*** (0.005)	3.527*** (0.054)	3.548*** (0.157)	2.911*** (0.167)
R-squared	0.112	0.148	0.137	0.115
Observations	4995	4995	4995	4995

图5-5反映的是大学生自身状况。调查结果显示，超过半数的大学生对劳动认同度很高，但有职业规划的大学生不足半数，且近半数的大学生具有享乐主义与拜金主义思想。

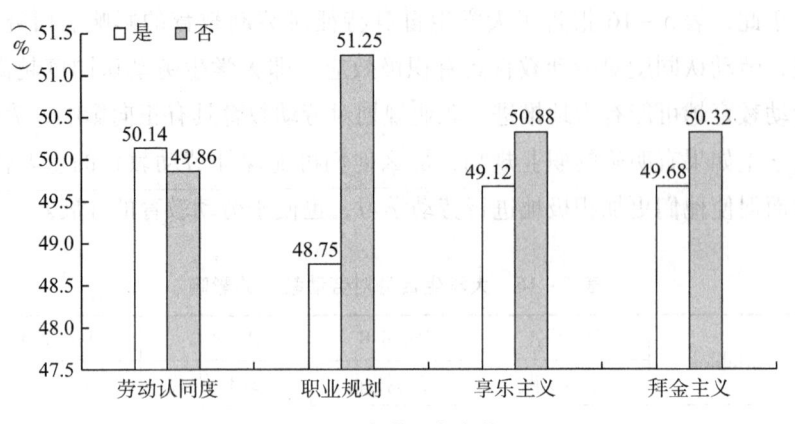

	是	否
劳动认同度	50.14	49.86
职业规划	48.75	51.25
享乐主义	49.12	50.88
拜金主义	49.68	50.32

图5-5　大学生自身状况

从学生角度来看。一些大学生的劳动观出现偏差，追求"少劳多得"的生活。此外，还有一些大学生没有树立起正确的职业观，以学校的实力或专业的实力作为骄傲的资本，想当然地认为自己能够进入好单位，取得高报酬，形成眼高手低的不良习惯。

通过新时代"00后"大学生劳动教育的实证调查和有效性评价，发现新时代大学生劳动教育在高校实施层面、家庭教育层面、社会宣传影响层面以及大学生个体主观能动性层面都存在一定问题。同时，通过影响因素分析发现，在学校、家庭、社会和个体四个层面都存在多种因素对新时代大学生劳动教育的开展具有显著的影响作用。下文将基于以上的应用研究和实证分析，结合当前存在的问题及影响因素进一步有针对性地对新时代大学生劳动教育的完善路径进行探究。

第六章　新时代大学生劳动教育的完善路径探究

2018年，习近平总书记在全国教育大会上指出，要把立德树人作为根本任务，把劳动教育纳入社会主义建设者和接班人的要求中，努力构建德智体美劳全面培养的教育体系。提出了新时代大学生劳动教育的时代要求——劳动教育从关注其本身转为了关注个体全面发展。随着数字化、智能化社会的不断进步发展，劳动本身的形式已经出现了翻天覆地的变化，呈现出多样性的特点。因此，对于大学生而言，面对多样化的发展，首先需要树立正确的、符合时代特征的劳动观。劳动形式的多样化和信息时代的飞速发展，要求在形成尊重劳动和劳动者的正确劳动观的基础上，正视体力劳动的价值。学校是大学生劳动教育的重要力量，在新时代大学生劳动教育的过程中，学校并非以唯一的教育主体出现，其作为教育主体的一部分，承担着更重的教育任务，但另一方面更需要看到当前劳动教育的主体呈现出的多元化样态，学校在承担着课程教学、实践训练、师资投入的主体责任同时，也不能忽视家庭和社会的主体作用。大学生一方面在学校这个大环境中接受教育，学习劳动技能、实践能力、实现创造性劳动；另一方面，大学生也是家庭中的一分子，在与父母的生活中，依然接受着父母的耳濡目染。因此，家庭教育也是养成劳动习惯，形成劳动观、职业观的重要途径。而大学生不同于中小学生，大学生涯是进入社会的过渡阶段，在这个阶段，大学生饱含对社会的憧憬，也受到社会各方面信息的影响。同时，大学生在劳动教育的过程中也不仅仅是客体的存在，在愈发注重个性化发展的今天，其本身也是多元化主体的一部分。在接受劳动教育的同时，大学生也拥有自己的意识和判断，会自行选择努力的方向和形式，因此有必要通过学校、家庭和社会的引导，进一步激发大学生的主体意识，使其更加自愿自觉地接受劳动教育、更加自愿自觉地去实现个人的全面发展。

习近平总书记在党的二十大报告中指出："培养造就大批德才兼备的高素质人才，是国家和民族长远发展大计。"[①] 因此，探索新时代大学生劳动教育的完善路径应把握时代特征，在教育与生产劳动和社会实践相结合的基本教育方针的引领下，以立德树人为根本任务，坚持德智体美劳五育并举，实现劳动教育与德育、智育、体育、美育的深度融合。最终为国家培养出一批又一批在各个领域都具有较高实践能力的人才以及将崇尚劳动、热爱劳动、辛勤劳动、诚实劳动的劳动精神内化于心的人才。

第一节　实现高校劳动教育的全方位发展

一　保障高校在大学生劳动教育中的引导作用

在劳动教育中，学校应引导教育学生树立正确的劳动观念，使学生在理论与实践层面都能得到良好的训练。高校在进行劳动教育的过程中，首先就要确立指导思想，并进行顶层设计。顶层设计就是要求各高校以党的各项教育方针为开展劳动教育的基础，结合各校基本情况、学科特点等因素制定大学生劳动教育的实施方案，并形成以校领导为第一责任人、各部门和院系分别负责方案内不同阶段和内容的开展、各教师负责具体劳动教育课程、劳动实践活动等的责任划分体系。通过对新时代劳动教育各项方针的解读可以看到，新时代劳动者需要更加综合、更加多元的能力去匹配时代发展对劳动者的要求，劳动教育也要转变工作重点，去培养劳动者所需要的多元综合素质。因此，大学生劳动教育的方案应以培育劳动者多元综合素质为目标进行设计。

（一）确立新时代大学生劳动教育的指导思想

首先，中华人民共和国成立以来，基于劳动教育各项教育方针的演

---

① 习近平：《高举中国特色社会主义伟大旗帜　为全面建设社会主义现代化国家而团结奋斗——在中国共产党第二十次全国代表大会上的报告》，人民出版社2022年版，第36页。

进，可以看到，劳动教育的开展一直坚持马克思主义理论的全面指导。在党的教育方针的具体实施层面，则一直坚持教育与生产劳动相结合。从初期开展劳动教育以实现国家生产建设为主要目标，同时纠正了分化脑力劳动和体力劳动的不正风气；到改革开放后，坚持教育与生产劳动相结合，并在生产劳动的基础上强调社会实践的重要性，并注重高等院校科研过程中的诚实劳动；再到如今，中国特色社会主义进入新时代，致力于培养德智体美劳全面发展的社会主义建设者和接班人。纵然在不同历史文化背景下，劳动教育的表述、内涵、形式均有差别，但其均坚持教育与生产劳动的结合，坚持脑力劳动和体力劳动的结合，坚持马克思主义理论的指导。

另外，以习近平新时代中国特色社会主义思想为指导，全面贯彻党的教育方针。进一步传承中华优秀传统文化，将中华优秀传统文化与新时代的新发展有机结合。把劳动教育纳入人才培养全过程，坚持立德树人，并为实现立德树人的根本目标加强劳动教育与德育、智育、美育、体育的结合，实现五育融合、五育并举。

（二）确立新时代大学生劳动教育的实施原则

1. 准确把握劳动教育的育人属性

劳动教育具有综合的育人属性，体现在其不仅是对学生实践能力的提升和对国家与社会建设力量的提升，还体现在对学生个人品质的提升，包括对劳动的热爱和尊重、在劳动中的拼搏精神和奋斗精神以及在劳动中的钻研精神和创新精神。通过劳动教育的育人属性，能够进一步培养学生的劳动价值观，树立马克思主义劳动观的认知导向。不同的高校应根据不同的专业设置、培养重点将劳动教育贯穿在学生不同方向的学习中，贯穿在学生从入校到毕业的全过程和全时段中。

2. 体现时代特征

根据国家发展道路和社会建设要求，各高校依据自身重点科研领域和研究特色，为大学生劳动教育提供发展方向。根据劳动工具、劳动技术、劳动形态的时代性变化，针对劳动教育的理论授课形式和实践活动开展进行丰富与创新。让学生在科技水平高速发展的当下，一方面要强化劳动品质，坚持诚实劳动；另一方面要积极提升自己的创新思维，努力实现创新性劳动。

3. 遵循劳动育人规律

准确把握新时代劳动教育创新发展内涵,以理论教育为基础,以专业实践为抓手,以公益社会实践为特色,以创新创业为拓展,实现思政劳育、专业劳育、实践劳育、学术劳育的融会贯通,提升育人实效。

4. 强化协同育人

统筹协调校内外各项资源,推进劳动教育融入学科体系、教学体系、教材体系和管理体系。借助社会各方面力量,继续丰富并发展劳动教育的各种途径,各部门的教师都要努力开发教育资源,将校内与校外、课内与课外、国内与国外、线上与线下多个维度融入劳动教育。进一步聚合家庭和社会的力量,实现多元主体的协同发展,最终形成合力,共同推动大学生劳动教育的持续性发展。

二 推动新时代大学生劳动教育的课程体系建设

(一) 完善新时代大学生劳动教育理论课的开展

进一步完善并开展新时代大学生劳动教育的理论课程应把握两个层面的要求。第一个层面,要设立劳动教育必修课,并纳入人才培养方案,同时将劳动教育融入专业教育、创新创业教育等方面。在这个过程中,可以将劳动教育必修课的形式作为劳动教育的基础性工作,在劳动教育课程开展的基础上,其他专业类课程可以融入劳动教育的内容和元素,在各学科的特点中将劳动观传导给学生,形成潜移默化的影响。第二个层面,要继续开发劳动教育的课程资源,通过进行劳动教育的教学科研,运用现代化信息技术手段,建设线上劳动教育理论讲授课程与实践观摩课程,拓展教学途径、创新教学方法,梳理劳动教育教学一线典型案例和鲜活经验,积累劳动教育课程资源。通过劳动技能竞赛、劳动教育专题报告、优秀劳动成果展示等环节,集中开展劳动教育。立足不同高校的专业特色,依托各高校的学科优势,打造一批融专业教育为一体的新时代大学生劳动教育特色实践项目,提升劳动实践的科学性、趣味性、参与率和体验感。在以上的具体实施过程中还应当遵循以下三点要求。

1. 劳动教育课程体系内容要连贯、丰富，符合大学生的特点

第一，大学生劳动教育课程体系建设不能脱离中小学生劳动教育体系。大学生经历了初等教育、中等教育，最终进入了高等教育序列，高等教育中的劳动教育不能孤立发展，它是作为劳动教育整个体系的一部分来开展的。因此，高等教育中的劳动教育必须以初等教育和中等教育阶段的劳动教育为基础，具有衔接性，其课程体系不能是无根之木、无源之水。大学劳动教育课程体系要在中小学劳动教育课程体系的基础上做好继承发展工作。劳动知识要顺承中小学劳动教育课程已经掌握的内容，在此基础上进行理论和实践层面的深化。

第二，大学生劳动教育课程内容设置上要有所丰富、有所深入。一方面，劳动教育课程的教学技能要更加丰富，兼顾学生群体兴趣爱好的多元性，同时也要具有一定程度的挑战性，激发学生群体参加劳动教育的积极性。另一方面，劳动教育课程传授的劳动观念要不同于中小学劳动教育课程，要更加深入，要具有一定的理论思想高度，鼓励学生去探索劳动、劳动观和劳动教育背后逻辑和意义，进而将思考外化于行，实现劳动教育课程设置的最终目标。

第三，大学生劳动教育课程设置要符合大学生群体的特点。一方面，大学作为个体从学校到社会的过渡阶段，在一定程度上劳动教育也有着过渡桥梁的作用。因此，劳动教育课程设置要与大学生群体特点相符合，在劳动教育课程设置时集中学校和社会的可利用资源，为大学生提供一个接触社会、了解社会的机会。另一方面，劳动教育课程设置也要兼顾大学生的年龄特点，大学生朝气蓬勃，青春向上，充满着热情与活力，因此劳动教育课程也可以为大学生提供一个展示朝气活力的平台。大学生可以在劳动教育中充分发挥自身创造力，为劳动教育课程增添光彩。

2. 劳动教育课程形式要多样、创新，提高大学生参与劳动教育的积极性

劳动教育是兼顾理论性与实践性的，劳动教育课程根据其形式不同可以分为两类，一类是劳动教育理论类课程；另一类是劳动教育实践类课程。就理论类课程而言，除了常规课堂，学校也可以开设一些劳动知

识、劳动教育有关的专题讲座，或是邀请劳动模范等具有先锋带头作用的人士进行授课。在丰富创新劳动教育理论课程、将劳动有关理论与生活实际相结合或是拓宽劳动知识范畴的同时，通过创新劳动教育理论课程形式激发学生的学习热情和学习兴趣，提高学习效率。就实践类课程而言，除去常规的实践课程，学校也可以联动校内校外组织，提供校内劳动实践活动，例如创建文明校园；校外实践活动，例如专业实习、社会实践等；公益实践活动，例如志愿服务等。给予学生更多的机会去实践学习，使学生在实践学习中领悟理论知识，提升劳动技能，养成劳动习惯，落实劳动教育课程。

3. 劳动教育课程考核要做到客观公正评价

劳动教育作为一门课程，离不开考核评价机制。完善合理的考核评价机制有助于端正学生的学习态度、提升学生的学习积极性。公平公正的劳动教育课程考核机制包括考核主体、考核客体、考核周期、考核方式以及考核结果应用五部分。劳动教育课程考核主体要多元化，老师、学生、实践基地导师等都应该纳入考核主体之中。考核客体毋庸置疑是参与劳动教育的大学生。考核周期要同时兼顾长期和短期。一方面，每学期或每学年课程结束之时，可以进行一次短期考核，但是考核结果只能反映短期学时内大学生对劳动教育各项内容的掌握和学习情况。但是劳动精神、劳动价值观等内在的品质并不是短期内的教育能够有效塑形的，观念的形成是漫长的，对于观念的考核也应该是长期的。就考核方式而言，不同形式课程考核方式也应有所变通，理论类课程侧重于学生对理论的理解和内化，可以采取撰写或分享读书报告、心得体会等方式来进行考核。实践类课程重在对劳动技能、劳动习惯的培养，对于此类课程的考核应该更加关注实践活动的参与程度和活动质量。同时，健全的课程考核体系应当将考核结果进行有效应用，促使学生对考核有所重视。在《中共中央 国务院关于全面加强新时代大中小学劳动教育的意见》中提到，将劳动素养评价结果作为一个考核标准，这个标准所针对的既是学生个人的发展水平，也是学生毕业与录取的重要指标。

（二）搭建新时代大学生劳动教育的实践平台

新时代大学生劳动教育实践平台是依托高校搭建、与校内外各单位和部门联结的一座桥梁,是培养大学生劳动技能和实践能力、打造创新型人才的重要平台。具体可以从以下四个方面开展。

1. 创新发展是新时代大学生劳动教育的必由之路

创新能力的培育不仅和个人发展息息相关,更和国家命运紧密相连,对于新技术、新领域的掌握影响了国家的发展和命运,因此创新能力的提升和创新人才的培育尤为重要。如今,创新能力和创新人才的培育已经成了大家的共识,劳动教育的目标也从最初的会劳动转化为会创新,劳动教育成为创新人才培育的重要组成部分。面对国家对于创新型、复合型人才的巨大缺口,注重创新能力培育的劳动教育引导个体认识了解时代、国家、社会需要的同时,指明了个体发展和国家发展有机结合的道路与方向,对于个体今后的发展和实现人生价值、完成时代使命有极大的助推作用。特别是对于大学生而言,大学是确立人生志向的重要阶段,接受以创新发展为导向的劳动教育无疑具有重要意义。因此,各高校可以依托创新创业平台实现劳动教育与创新创业能力的融合,这是当前劳动形式多样化发展的背景下提升劳动实践能力的一项有效措施。依托各省大学生创新创业平台,开发具有创新创业理念、精神和实践的劳动教育课程。通过各校举办的各级各类评优、竞赛活动,激励学生积极开发自己的创新性思维,实现创新性劳动。

2. 搭建社会实践的劳动体验平台

通过学期内双休日或寒暑假期组织大学生开展社会实践,这种社会实践不能局限于简单的单位实习形式,应当进一步结合本身的学科专业在真正的实践中去体验、去学习。在这种体验和学习中,使学生进一步深化对专业学习和科研的理解,在劳动实践中全面培育劳动观念、综合素养。同时,引导在校大学生积极探索国际化背景下的专业实习实践,树立正确的择业观、就业观、创业观,提升行业认知度与理解力,积累职业经验,增强就业能力。培养学生吃苦耐劳、坚韧不拔的奋斗精神,促进产学结合、学研结合、体力与脑力结合,达到学以致用的目的。

3. 打造志愿服务劳动实践平台

如果说在专业实践中可以提升劳动技能,在创新创业实践中可以培养创新精神,那么在公益性劳动实践中培养的就是大学生甘于奉献的品质。开展公益性劳动实践，可以通过节假日的空闲或纪念日等具有特殊意义的时间来进行。通过这种社会公益劳动，能够有效地提升学生对奉献精神的理解；提升学生对劳模精神等高尚品质的认同感；提升学生对各行各业劳动者的尊重。引导学生们结合专业所学参与社会治理、投身公共服务，最终在公益性劳动中发挥自身的价值、感受劳动的价值，并将这种价值投入社会生产中，形成社会发展的巨大力量。

4. 打造学习生活技能的实践平台

不论是在科研学习中的创新劳动能力，还是在社会发展中奉献自我的精神，都离不开日常生活的劳动。可以说日常生活的劳动是随时随地都可以进行的劳动。虽然这是最简单的劳动形式，却又是基础性劳动。只有在这种日常生活的劳动中，学生才能够在潜移默化的过程中形成劳动习惯。一方面，学校可以提供相关的场地或基地带领学生学习基本的生活技能；另一方面，也要引导学生在学校和家庭的日常生活中养成良好的劳动习惯，不能在课后依旧我行我素。保证在个人生活中不断强化劳动自立意识，养成良好的集体生活习惯，提升公共服务意识和劳动服务精神。

三 强化新时代大学生劳动教育的师资建设与保障措施

（一）强化师资队伍的建设与配置

学生在接受劳动教育时需要有专业的教师采用专业的方法进行专业的引导，引领学生通过劳动教育提升实践能力，树立科学正确的劳动观念，培养良好的劳动技能和劳动习惯。然而，由于前期大众对于劳动教育的忽视，我国并未形成良好完善的劳动教育体系，目前各高校开展劳动教育的师资团队力量不足，也并未受到专业的培训，其授课方式、授课内容仍有待商议。如今，随着社会各界对劳动教育重要性的认知逐步加深，劳动教育师资队伍建设成为强化劳动教育主体的重要组成部分。要"采取多种措施，建立专兼职相结合的劳动教育师资队伍"，对劳动教育人才队伍建设提出了新要求、新方向。劳动教育人才队伍建设就是要培养一批合格的劳动教育课程教师。

1. 劳动教育教师要进行自我教育

劳动教育教师作为教育主体，首先要进行自我教育，要提高自身对于劳动教育意义的认识。第一，教师要明确劳动教育的最终目的是培养学生正确的劳动价值观。要对劳动价值观有深入的认识就要真切地去参与劳动，在劳动中体悟劳动观。因此，当教师明确劳动教育的真正目的后，教师对劳动教育相关课程的安排设置就会更加合理。第二，教师要明确劳动教育的育人属性。劳动教育是高等教育体系中的一部分，是教育与生产劳动有机结合的产物，劳动教育仍然有着教育的特性。教育不是立竿见影的，教育的意义是深远的。教师在进行劳动教育时，要有教育的责任感和使命感，对于劳动教育的效果不能急于求成，要正确看待。

2. 劳动教育教师要提升自身的劳动教育技能

作为劳动教育发展的重要力量，教师同时也要提升自身的劳动教育技能。第一，教师要对劳动技能有所了解，对劳动技能的基础知识和操作有所掌握。在对学生进行劳动教育课程讲授时，能够最大限度地将劳动教育课程所蕴含的知识和理念传导给学生。第二，教师应在教学实践中形成相应的授课技巧。劳动教育不同于文化学科课程，劳动教育要兼顾知识性与实操性，这对课程设置有着更高的要求。教师只有掌握正确的教学方法和技巧后才能够通过劳动教育课程帮助学生培养劳动价值观。

3. 建立校内外协同合作的师资团队

根据高校劳动教育开展所需要的课程建设、教材编写、实践项目等内容，有针对性地建立校内外协同合作的师资团队。一方面，在校内应整合校内资源，聚合思政课教师、专业课教师、辅导员、其他相关教师的力量，以全学科、全部门的形式多维度开展劳动教育的课程，使学生通过不同教师的不同视角，多角度地了解劳动教育的内容。同时，集合这些师资力量以各自的视角形成教材编写思路，打造综合性强、涉及面广的劳动教育教材。另一方面，在校外应紧密联系各企、事业单位，聘请生产实践、创新创业实践等相关劳动实践内容的专业教师带领学生在训练场地或相关单位进行实地训练，使学生们能够在真正的实践中和操作中进一步深化各专业课和劳动教育课程的内容。同时，还可以聘请劳动模范为学生宣传劳模精神、工匠精神，使劳模精神和工匠精神进入校园，让学生在近距离的接触中得到更深层次的感悟。除了教师团队需要发挥教育者的主体作用外，还要关注其客体性，即教师团队也需要在与学生的互动中不断地学习与创新，并且需要系统化的师资培训体系，实现对劳动教育师资力量的专业化培训。

（二）新时代大学生劳动教育的保障措施

首先，建立大学生劳动教育开展的评价体系。2020年《中共中央国务院关于全面加强新时代大中小学劳动教育的意见》指出，要将学生的劳动素养评价作为一项重要的评价内容，作为毕业、录取和评优等方面的考量标准，以提高学校、家长对劳动教育课程的重视程度。

其次，教务处和研究生院要及时对各学院开展的劳动教育相关课程和内容进行方案层面的指导、进行质量层面的监督，把劳动教育的实效纳入人才培养质量总体评价进行考核评价。各相关部门要积极主动设置劳动项目、完善劳动教育平台。各学院要积极鼓励教师主动参与劳动教育，组织教师积极参加基层实践，以师德师风建设为根本，建立教师参与劳动教育的评价导向和反馈机制。进一步完善大学生综合素质评价体系，依照该意见的要求，将劳动素养评价纳入大学生综合素质评价体系中，利用综合素质教育平台实现劳动实践教育全流程管理及学分认定。

最后，落实大学生劳动教育其他环节的保障措施。第一，保障经费投入。通过加强经费保障，支持劳动教育课程建设、教材建设、教师队伍培养、实践平台的搭建，确保劳动教育实践活动的顺利开展；加快劳动教育基础设施的建设，包括教育器材、实践基地等。第二，学校各相关部门要紧密配合，加强协作，将劳动教育相关内容纳入制度建设体系，合理利用寒暑假实践、见习、实习，利用重要节日设置劳动日、劳动周和劳动月，构建可持续发展的常态化机制；相关部门要统筹必要的经费投入和器材、工具、场地等资源保障，确保劳动实践教育顺利实施推进。第三，也要针对劳动教育实践活动加强对教师和学生的安全意识和风险意识培训，形成劳动安全的保障体系。

四　探索并实现新时代大学生劳动教育与思想政治教育的耦合

劳动教育是思想政治教育不可或缺的内容和形式，实现劳动教育与思想政治教育的耦合是政策理论与现实实践的双重需求。就政策理论而言，近年来，我国就劳动教育与思想政治教育出台了许多政策文件，习近平总书记就二者也有许多重要讲话发言。2016年，习近平总书记在全国高校思想政治工作会议发言中谈道"要把思想政治工作贯穿教育教学全过程，实现全程育人、全方位育人"。2018年，习近平总书记在全国教育大会上指出，"要努力构建德智体美劳全面培养的教育体系，形成更高水平的人才培养体系"。2019年，习近平总书记在学校思想政治理论课教师座谈会中谈道，要"扎根中国大地办教育，同生产劳动和社会实践相结合"。2020年国务院出台《关于全面加强新时代大中小学劳动教育的意见》指出，要"把劳动教育纳入人才培养全过程，贯通大中小学各学段"。重要讲话发言以及有关文件的出台无不要求劳动教育与思想政治教育有机结合，进而实现我国教育事业"立德树人"的最终目标，为党和国家培育优秀的社会主义现代化建设者和接班人。为了实现立德树人的目标，首先应明确劳动教育与思想政治教育的关系，其次应在教学实践中进行紧密结合。

（一）推进思想政治教育与劳动教育的融合发展，深化教师团队的认识

1. 劳动教育和思想政治教育相辅相成，二者相互促进，相互发展

劳动教育强化了思想政治教育的实践性和针对性，延长了思想政治教育的生命力、拓宽了思想政治教育的发展路径。思想政治教育为劳动教育提供了目标方向，提高了劳动教育客体的积极性和参与度。劳动教育与思想政治教育有机结合后，思想政治教育的实践性和针对性得以有效提升。具体而言，当劳动教育融入思想政治教育后，思想政治教育的实践性得到加强。不同于以往的照本宣科，在思想政治教育中，其谈到的、学到的知识和理论都是与日常生活息息相关的，是可以运用到日常生活中去的。劳动教育与思想政治教育的结合有效地化解了说教和空泛的理论教育。同时由于劳动教育的加成，思想政治教育得以有效细化，能够侧重于劳动教育，提高了思想政治教育的针对性和聚焦能力，学生在接受知识和信息的同时也能够提高学习效率，提升学习兴趣。

2. 劳动教育与思想政治教育融合发展延长了思想政治教育的生命力、拓宽了思想政治教育的发展路径

传统的思想政治教育侧重于思想的宣传和讲解，但是在课堂上枯燥地宣传讲解思想极有可能使学生产生厌烦、厌学情绪。这就需要劳动教育在丰富多样的实践活动中提升学生的兴趣，在实践中培养学生正确的劳动观。但是对于学生而言，在实践中掌握技能和习惯养成是容易的，但是正确劳动观念的塑造是需要长期坚持才能够有所提升的。因此，当劳动教育与思想政治教育融合发展，学生在实践中掌握技能的同时，经过思想政治教育的理论指导，在真切地感受劳动的不易之后，其必然会尊重劳动、尊重劳动者。

3. 劳动教育和思想政治教育的有效链接，使劳动教育的目标方向更加清晰

如今部分大学生贪图享乐、好逸恶劳，缺乏劳动技能和劳动习惯等，其背后的真正原因是没有树立正确的劳动观。劳动教育和思想政治教育深度融合后，依托思想政治教育的导向作用，劳动教育的目标方向更加清晰——带领学生形成正确的劳动观。同时在思想政治教育的帮助下，大学生将逐步形成热爱劳动、奉献社会；尊重劳动、尊重劳动者的良好风尚，劳动教育的根本目标逐步实现。

4. 劳动教育与思想政治教育的互促发展提高了大学生对于劳动教育的积极性和参与度

当大学生参加劳动教育时，对于劳动技能和劳动习惯能够有效掌握和养成。但是对于劳动教育的重要组成部分——树立正确的劳动观念，大学生在劳动中能够明晰，但是难以做到，其背后的重要原因是大学生没有明白劳动观念的重要意义。学生们在劳动教育中仅仅明晰了劳动技能和劳动习惯的益处，但是当劳动技能和劳动习惯养成后，大学生对于劳动教育的积极性会下降，不利于更大规模劳动教育的开展。但是劳动教育与思想政治教育的互促发展有效破解了这一问题。思想政治教育能够针对大学生在劳动教育中的疑惑提出有针对性的解答和高度的理论引领，在掌握理论后进行实践，其意义和作用更加有效。因此，劳动教育与思想政治教育的互促发展能够有效提高大学生对劳动教育的积极性和参与度。

(二) 开展"课程思政"的建设,在实践中将新时代大学生劳动教育与思想政治教育深度融合

1. 创新"课程思政"建设管理模式

要在全校上下形成高度重视"课程思政"的良好氛围,建立党委统一领导、齐抓共管、层层落实、全员参与的"课程思政"建设管理模式。通过集体备课、交流研讨、示范观摩、总结案例、督导听课、教师培训、教学竞赛、表彰奖励、宣传推广等多种方式,全面推进"课程思政"建设。结合本科人才培养方案修订工作计划,探索将劳动精神与劳动价值观进一步融入专业培养目标和劳动教育课程教学大纲中。逐步将"课程思政"理念贯穿于每一门课程的教学目标、教学计划、授课过程、教学评价、质量标准等教育教学全过程。在不同类型、不同性质课程中推出一批"课程思政"教学名师和团队,发挥示范引领作用。加强教师的培训培养,培养教师的劳动教育素养和劳动教育能力,进而养成在课程教学中主动研究的能力。加强以劳育人、以劳树德的功能,提升全员育人能力。

2. 打造思想政治理论示范课程

通过思想政治理论课的示范引领作用,将马克思主义的劳动观、劳动理论进行系统的讲授,这是对大学生进行思想政治教育的主渠道,承担着树立学校马克思主义理论价值标杆的重要职责。各高校马克思主义学院应做好带头和引领作用,依托现有校级精品课程打造思想政治理论示范课程。要根据各高校的教育教学特点,紧紧围绕思想政治教育与劳动教育相结合这个主线,把握教材、教师、课堂三大关键要素,注重课堂教学、网络运用和社会实践有机融合;深化教学方法改革,以问题为导向开展专题式教学,通过课内与课外、理论与实践、线上与线下、校内与校外相结合,努力探索"课堂教学—社会实践—网上学习"三位一体的思想政治理论课多维度立体化教育教学新模式,让思想政治教育的课堂更有学术味、更有穿透力。

3. 强化劳动教育的德育功能

劳动教育课程本身富含丰厚的人文底蕴和知识资源,是价值体系和

知识体系的统一，具有重要的思想政治教育职责。教师要积极挖掘劳动教育课程中的思想政治教育资源和文化意蕴，坚持价值教育与知识教育的统一，通过第一课堂和第二课堂的衔接，探索"课程思政"的切入点，在培养学生综合人文素养的同时也要遵循马克思主义的价值取向，筑牢学生的理想信念。

第二节　形成助力新时代大学生劳动教育的良好家庭家教家风建设

新时代家庭家教家风建设是以马克思主义理论为指导，结合中国传统的优秀文化，力求将个人和家庭的发展融入国家的发展之中。自党的十八大以来，习近平总书记围绕注重家庭、注重家教、注重家风发表了一系列重要论述，为新时代家庭家教家风建设提供了理论指导，同时也为新时代大学生劳动教育提供了发展思路。

一　注重家庭建设是新时代大学生劳动教育的重要基础

家庭是一个社会和一个国家的基本单位，一个国家的发展来源于每一个家庭所付出的努力。"一小块土地，一个农民和一个家庭；旁边是另一小块土地，另一个农民和另一个家庭。一批这样的单位就形成一个村子；一批这样的村子就形成一个省。"① 从马克思对于家庭的表述可以看到，家庭就是组成国家的一个个小单位，成千上万的家庭就是国家发展的源源动力，而恩格斯从社会制度的角度阐述了家庭建设是在社会建设的整体视角下的："父亲、子女、兄弟、姊妹等称呼，并不是单纯的荣誉称号，而是代表着完全确定的、异常郑重的相互义务，这些义务的总和构成这些民族的社会制度的实质部分。"② 2015 年，习近平总书记在春节团拜会上讲话时提出要重视家庭教育，继承并发扬中华民族传统家庭美德，从而使千万家庭成为国家发展、民族进步、社会和谐

---

① 《马克思恩格斯全集》第 11 卷，人民出版社 1995 年版，第 228—229 页。
② 《马克思恩格斯全集》第 28 卷，人民出版社 2018 年版，第 44 页。

的重要基点。从中可以看到，在注重家庭家教家风建设的过程中，家庭是第一位的，只有家庭建设好，社会和国家才能发展好。人们的生活从来都离不开家庭的概念，大学生更是如此，大学生作为还未完全进入社会的一个群体，依然有很多时间都与父母生活在一起，因此家庭建设的重要性也就不言而喻。2021年10月23日，《中华人民共和国家庭教育促进法》正式公布，在该法中涉及家庭的责任、国家的支持、社会的协同作用和法律责任几个层面的内容。旨在促进家庭、家教、家风的建设，落实立德树人的根本任务，实现学生的德智体美劳全面发展。因此，通过对马克思主义家庭观和习近平总书记关于家庭教育重要论述的学习，可以看到，应将家庭放在国家和社会发展的整体视角下，明确了这一点内容，也就能够明确家庭在推动大学生劳动教育过程中的重要性。

在新时代大学生劳动教育过程中注重家庭建设，就是要为了个人的幸福而努力。家庭建设的基础就是实现个人的幸福，在幸福的氛围中，人们才有奋斗的动力和劳动的热情。在家庭建设过程中，父母不仅要经营家庭、爱护子女，更应当充当起人生的导师，在子女成长的道路上答疑解惑，逐渐树立起积极向上的人生观。成为一个心理上健康的人，这是发展新时代大学生劳动教育的重要基础和重要保障。

在新时代大学生劳动教育过程中注重家庭建设，就是要为了社会的发展而努力。家庭作为最基本的社会组织形式，从马克思主义理论的视角下来看，本质是一种社会关系。同时家庭也是从最初唯一的一种社会关系到之后成为复杂社会关系中的一部分，最终成为个人和社会之间的一条纽带。因此，家庭建设不仅是为了小家的幸福，父母也不能为了子女的一时快乐而忽视教育。人类具有社会属性，无法脱离社会生存，而大学生则面临着步入社会的挑战，因此父母有必要帮助大学生树立正确的劳动观和职业观，从而能够以一颗热爱劳动、甘于奉献的心去服务社会、充实自我。

在新时代大学生劳动教育过程中注重家庭建设，就是要为了国家的富强而努力。每个人为了实现个人的全面发展而不断努力，最终会成为社会发展的不竭动力，而整个社会的发展则会使国家不断地走向富强。

因此，家庭建设不是小事，每一个家庭都应当以实现家庭幸福为目标、以培养出具有优良价值观的人为目标。这样才能够为社会的发展和国家的富强提供源源不断的动力，才能够实现中华民族伟大复兴的中国梦。

二 注重家教建设是培育大学生劳动精神的必要途径

父母是孩子的第一任老师，家庭教育从来都是学生成长不可或缺的一个环节，之所以这么说，是因为学生在步入社会之前，主要就是身处学校与家庭这两个环境，因此不论是学校在课程上的教育还是家庭中父母的潜移默化影响，都关系到学生劳动价值观的形成和劳动精神的培育。在全国劳动模范和先进工作者表彰大会上的讲话中，习近平总书记指出："要开展以劳动创造幸福为主题的宣传教育，把劳动教育纳入人才培养全过程，贯通大中小学各学段和家庭、学校、社会各方面，教育引导青少年树立以辛勤劳动为荣、以好逸恶劳为耻的劳动观，培养一代又一代热爱劳动、勤于劳动、善于劳动的高素质劳动者。"[①] 从中我们可以看到，家庭是劳动教育的重要构成部分，因此，注重家教建设不仅是对学生进行简单的督促和要求，更重要的是让学生能够把劳动精神内化于心。

当前家庭劳动教育之所以出现种种问题，主要就是因为很多父母依然深受中国传统教育思想的影响，深信"万般皆下品，唯有读书高"。在学生成长过程中不断地灌输学习高于一切的理念，以成绩论成败，在给学生施加了沉重的学习负担的同时，也让学生形成了劳动意识淡薄、轻视劳动的思想。而大学生已经半只脚踏入社会，虽然在高考后，父母很少再在学习上施加压力，但错误的劳动观念已经在一些大学生的心中形成。同时，除了课业外还面临着就业压力，父母便转向为希望子女找到一份体面的工作，从"万般皆下品，唯有读书高"的理念到"劳心者治人，劳力者治于人"的观念，一直在影响着子女的劳动观。从期望子女能够成绩优异转向在毕业后能够找到一份在他们看来"高级"的工作，

---

① 习近平：《在全国劳动模范和先进工作者表彰大会上的讲话》，《人民日报》2020年11月25日第2版。

获得一定的权力和财富,这种对成功的定义十分不利于学生树立正确的劳动观,学生只会愈发地鄙视劳动、曲解劳动,背离劳动的本质。

因此,在家庭教育的过程中,父母必须首先转换思维,摒弃依旧陈腐、封建的旧思想,深刻认识到劳动者人人平等,体力劳动与脑力劳动都值得称赞。在大学生初入校园就已经开始进入独立生活的状态,此时父母应引导学生独立处理个人的学业与生活,不仅要形成良好的劳动习惯,还要在学习上独立、诚实。除了生活和学习过程中的劳动教育,还要注重职业观的教育,树立起正确的职业观是未来整个人生的重要导向。职业观的树立是在劳动观的基础上形成的,一旦进入一个工作岗位,就成为一名劳动者,此时在工作岗位上所进行的劳动绝不是为了财富和权力,而是为了实现个人的全面发展、实现对社会的贡献。因此,要注重家教建设,让家庭教育在新时代大学生劳动教育的发展中提供力量。通过家庭教育树立大学生尊重劳动、以辛勤劳动为荣、以好逸恶劳为耻的新时代劳动价值观,成为新时代高水平人才;通过家庭教育形成大学生甘于奉献、坚守岗位的健康职业观,为社会发展贡献力量;通过家庭教育培育大学生崇尚劳动、热爱劳动、辛勤劳动、诚实劳动的新时代劳动精神,为实现中华民族伟大复兴而不懈努力。

三 注重家风建设是实现个人劳动品质传承发展的重要保障

家风在《辞海》中的释义是:"犹门风。指一个家庭或家族的传统风尚。"[①] 家风是一个家庭或一个家族的传承,传承性是其主要特点,也是注重家风建设的重要原因。新时代大学生劳动教育是为了塑造具有良好劳动价值观和劳动精神的高水平人才,而不论是劳动价值观还是劳动精神都是内化于心的一种优秀品质,在家风建设中体现并培养优秀的劳动品质,必将会以传承的形式实现劳动教育的良性循环。

注重家风建设有利于在大学生劳动教育过程中实现人的全面发展。优秀的家风能够培养大学生的劳动习惯和劳动技能、形成大学生正确的劳动观念。首先,吃苦耐劳、勤俭持家、艰苦创业等一系列优秀的家风

---

① 《辞海》第 2 册,上海辞书出版社 2009 年版,第 1048 页。

都是新时代大学生劳动教育的宝贵精神,不仅有利于强化大学生的劳动习惯和劳动技能,还能够培育大学生正确的劳动观,更能够让大学生在劳动中感悟到无私奉献、爱岗敬业、积极进取的美好品质;能够在劳动教育中生发美好德行;能够通过自身的思考和探索完成技能的学习和习惯的获得,在思考和创造中提升智育;能够通过劳动实现身体素质的提高;劳动教育不仅能够树德、增智、健体,同时也是大学生认识美、欣赏美、创造美的过程。通过以劳树德、增智、健体、育美,不断实现大学生的全面发展。

注重家风建设有利于形成良好社会风气。不论是好的社会风气还是坏的社会风气都不是凭空产生的,"家庭是社会的基本细胞,千千万万个家庭的家风好,子女教育得好,社会风气好才有基础"①。因此,注重家风建设具有提升社会整体风气的重要意义,社会风气的提升会实现劳动教育的快速发展。要传承优良家风,就要每一位家庭成员都能够深刻认识家庭在社会和国家中的重要作用,认真践行中国传统优秀文化思想,弘扬中华民族传统美德,勤劳致富,勤俭持家。通过家风去教育和影响子女的行为和观念,让子女能够乐于劳动,甘于奉献,在劳动中实现自我的价值。正如习近平总书记所说:"一个健康向上的民族,就应该鼓励劳动、鼓励就业、鼓励靠自己的努力养活家庭,服务社会,贡献国家。"②

注重家风建设有利于落实立德树人的根本任务。这就要求各方不仅要紧抓德智体美的全面发展,还要广泛开展劳动教育,促进学生德智体美劳全面发展。因此,要通过优秀家风的教育,来引导子女从内心崇尚劳动,通过父母自身的经验与经历感化子女认同劳动,以个人的发展、社会的进步和国家的富强为目标来激励子女。同时,要以人为本,用劳动价值观和劳动精神来塑造子女、改变子女、发展子女。让大学生成长为社会主义建设者和接班人,并将优秀的家风不断传承下去。

---

① 中共中央党史和文献研究院编:《习近平关于注重家庭家教家风建设论述摘编》,中央文献出版社2021年版,第21页。
② 《习近平谈治国理政》第2卷,外文出版社2017年版,第91页。

第三节 以个人提升为动力促进新时代大学生劳动教育的发展

大学生不同于中小学生的懵懂天真，在前期的学习生活中已经基本形成了"三观"，对事物有了基础的认知能力和判断能力。对于大学生而言，劳动教育背后的原理和道理已经被了解，只有充分调动大学生参加劳动教育的积极性，发挥大学生的主观能动性，才能让劳动教育的效果真正入脑入心。同时，在劳动教育中，充分发挥大学生的主观能动性，不仅能够提升大学生在劳动教育的过程中的参与度、体验感和收获，对于劳动教育的其他重要组成部分，例如教师、父母等，也会有更加丰富的成就感，会有着事半功倍的效用。

一 从"内卷"与"躺平"中脱离

"内卷"和"躺平"是当前流行的网络热词，二者可以看作两种截然不同的人生态度，但二者之间却有着密切的联系。"内卷"是一种引申含义，是以一种玩笑的形式表达对激烈竞争的不满，而一旦陷入这种不满的情绪，就很容易走向"躺平"的状态。要从这两种状态中脱离，就必须正确认识这些观念带来的影响。

"内卷"作为当前大学生在学习、科研和求职当中的一个高频率出现的状态。一方面，从积极层面来看，当前大学生在各方面都面临着竞争的压力，这种压力带来的是努力拼搏的精神。一部分人乐在其中，在生活、学习、职业等各方面都能够发挥最大的努力，全方位地提升自我，这是一种热爱生活、热爱劳动的积极态度。在这种态度的影响下，一部分大学生会自我审视，看到自身的差距，主动地转换思维和态度，积极寻找成就个人发展的路径，这是一种良性发展的"内卷"。而另一方面，从消极层面来看，"内卷"来源于激烈的竞争，而这种激烈竞争的一部分并非一种良性的竞争，比如一些大学生在毕业后选择继续攻读学位，其本身并非因为喜欢科研，而是存在逃避工作的心理；而在求职时，日益增加的考取公职或者编制的学生，他们并非所有人都是从心底喜欢这份职业，而是为了所谓的稳定或者未来的社会地位。一部分大学生面对更加优秀的人和难度更大的问题时，会回避问题，将眼前的难题归结为"内卷"。在这种恶性发展的状态下，一些大学生不仅在学习和科研的过程中愈发消极，以得过且过甚至剽窃抄袭的行为对待自己的学习，背离了诚实劳动和创造性劳动；逐渐地，在生活中也愈发消沉，劳动习惯差，难以树立正确的职业观，最终走向"躺平"这一个极端。

"躺平"作为"内卷"形成的一个结果，不同的人也有着不同的看待方式。一部分人将"躺平"作为面对压力时的一种自嘲，其本身并非一种放弃努力的态度，而是在自嘲后继续向个人目标前进，努力实现个人价值。还有一部分人将"躺平"作为自身真正的人生态度，放弃努力、放弃拼搏。虽然当前在社会上存在多元化的理念，细细探究"躺平"理念，可以发现其本质是一种消极厌世的态度。在学习中，看到其他人起早贪黑、成绩优异，就认为别人在学习中"内卷"，于是放弃了拼搏精神和创造精神，在学习上消极应对；在求职上，看到其他人为了一份职业努力提高自我，拥有丰富的学习和实践经历、拥有优秀的实践能力，就认为别人在求职中"内卷"，于是放弃自我提升，缺乏职业规划，最终在工作岗位上也难以走长远；在生活中，看到其他人热爱生活，不仅学业开展得好，文化娱乐各方面也都有所长，就认为别人在生活中也"内卷"，于是不再去追求个人的全面发展，在生活上浑浑噩噩，连基本的劳动习惯都不愿意培养。

因此，新时代大学生应当脱离这两种状态，首先应正确认识"内卷"，真正优秀、热爱劳动、热爱生活的人，用"内卷"去形容并不恰当，因为这本身就是其人生态度，这些人在生活和学习中的努力不带有功利的目的性，完全是一种自觉自愿的行为，因此用"内卷"去形容这些人的努力是不合适也不公平的。新时代大学生必须认清"内卷"现象的本质，作为思想活跃且个人观点和理念多元化、个性化的一个群体，新时代大学生不应人云亦云，应当看到真正努力的人所展现的积极价值观，看到"内卷"中所蕴含的功利性、目的性以及消极的人生态度，这是观念和实践的双重改变。另外，必须明确"躺平"的消极内核，作为还未以"躺平"为人生态度的大学生而言，应清晰认识到

"躺平"代表的不是与世无争的豁达态度,而是一种自我放弃的消极价值观,是对所谓"内卷"的一种回避和无奈,因此应当积极地回避这种消极的价值观。而作为已经践行"躺平"的大学生而言,除了要正确认识之外,有必要深刻审视自身的不足之处,脱离盲从,逐渐让自己热爱生活、热爱劳动。当然,观念上的转变不是真正的转变,付诸实践才是转变的真正开端,因此新时代大学生应当进一步树立起正确的劳动观和职业观,努力在劳动教育中发挥自己的主观能动性,在劳动教育的多元主体环境中发挥自己主体作用,努力提升自我。

二 积极树立正确的劳动观念

首先,新时代大学生劳动教育要塑造大学生正确的劳动观念。具体而言,大学生要热爱劳动、以劳动为荣;尊重他人劳动,珍惜劳动成果。劳动观念建立在对劳动的正确认知之上,只有对劳动的认知正确才能够做到热爱劳动、以劳动为荣;尊重他人劳动,珍惜劳动成果。就劳动教育的价值而言,马克思指出:"未来教育——这种教育对一切已满一定年龄的儿童来说,都是生产劳动同智育和体育相结合,它不仅是增进社会生产的一个方法,并且是唯一的生产一个全面发展的人的方法。"[1] 历史是由劳动创造的,劳动是创造物质世界和人类历史的根本动力,劳动和劳动教育能够造就出全面发展的人。就劳动形式与劳动内容而言,随着时代的飞速发展,劳动形式和劳动内容逐步丰富,然而内在的劳动价值和劳动成果仍然值得尊重珍惜。要正视各种劳动形式和劳动内容的劳动价值,尊重各行各业的劳动者及其劳动成果。因此,大学生劳动教育要牢牢把握人自由全面的发展方向,只有这样才能培育出优秀的社会主义建设者和接班人。

此外,新时代大学生劳动教育要树立正确的职业观。正确的职业观有助于大学生形成良好的职业规划和职业精神。大学生踏入社会后,首先要面对的就是一份职业,想要从事什么职业、想要如何在这份职业中实现自己的价值,都会受到职业观的影响,职业观的重要性不言而喻。

---

[1] 《资本论》第 1 卷,人民出版社 2004 年版,第 522 页。

职业观是伴随劳动观形成的，在塑造大学生正确劳动观的基础上，才能着手树立大学生的职业观。因此，在深刻认识到劳动的本质、劳动价值观、劳动精神后，崇尚劳动、热爱劳动、辛勤劳动、诚实劳动的观念便能够转化到职业理念中；同时，积极的职业观也将进一步促进大学生劳动教育的发展。可以说，职业观的形成不仅是为了大学生的未来职业发展，其本质是促进大学生劳动观发展的动力，也是新时代大学生劳动教育发展的动力。

三 充分发挥新时代大学生在劳动教育中的主观能动性

充分发挥大学生参与劳动教育的主观能动性，首先要充分发挥高校的引领作用。高校既是劳动教育的重要主体，也是劳动教育的主阵地。当学生进入大学校园后，学生评价体系多元化发展。许多学生在面对多元评价体系时，失去了前进的方向。面对如此境况，学校要充分发挥主阵地作用，引导学生在多元评价体系中找到自己的发展方向。对于劳动教育同样如此，学校要充分发挥引领作用，引导带领学生完成劳动教育课程，培育正确的劳动观。只有学校做好劳动教育引领工作，大学生的主观能动性才能够有充分发挥的平台。

充分发挥大学生参与劳动教育的主观能动性，要让学生充分认识到劳动教育的价值。大学生积极发挥主观能动性，积极参加劳动教育的前提是大学生对于劳动和劳动教育有着充分正确的认知。充分正确的认知催生参加劳动教育的动力，进而开展行动。第一，要引导大学生明白劳动对于个人发展和社会进步的重要价值。对于个人而言，劳动是实现个体人生价值的必要途径。个体在劳动的过程中，通过自己的努力完成具有价值的事项，自身的人生价值得以实现。同时在劳动的过程中不仅会获得参与感、价值感，更重要的是会有成就感和激励感。在成就感和激励感的加持下，劳动过程和实现个人价值良性循环，生生不息。对于社会而言，社会的发展运行离不开劳动。如今社会人人劳动、人人参与、人人共享。如果大家都不劳动，都持有不劳而获的想法，社会将会紊乱，正常运行都难以维持，社会发展更是无稽之谈。而社会发展是在社会正常运行的基础上，人们怀着对更加美好社会的向往，发明创造劳动工具、提高劳动效率达到的。总之，劳动对于个人和社会而言，都是促进发展、实现价值的重要途径。第二，要引导大学生明确劳动与中华民族伟大复兴中国梦的重要关系。劳动创造幸福，实干成就伟业。习近平总书记指出："人世间的美好梦想，只有通过诚实劳动才能实现；发展中的各种难题，只有通过诚实劳动才能破解；生命里的一切辉煌，只有通过诚实劳动才能铸就。"[①] 中华民族伟大复兴中国梦的背后是劳动者们的辛勤付出、是劳动者们的智慧结晶。中国梦的实现与劳动息息相关，紧紧相连。大学生们明晰中华民族伟大复兴中国梦与劳动的关系，生发出历史使命感与责任感，才能够真正充分发挥主观能动性，投身于劳动教育学习中去。

充分发挥大学生参与劳动教育的主观能动性，要将劳动教育与学生未来发展方向有效衔接，从学生学习动机入手，搭建劳动教育与职业教育的桥梁。大学不同于中小学，大学毕业后，大学生要对自己的职业发展、职业生涯有所规划。然而许多同学进入大学后，对自己未来的发展方向、发展目标并不清晰；而劳动教育正是解决这一重要问题的有效途径。具体而言，大学生劳动教育课程体系设置时，在充分利用学校资源的同时，也要充分链接社会资源，让劳动教育成为学生探索社会、规划未来的一扇窗。例如，劳动教育可以采用实习实践的方式，让大学生在劳动教育的过程中，真切了解、切身体会自己感兴趣的职业，深入自己感兴趣的行业内部，为自己完成学业后步入社会奠定基础。对于学校而言，将劳动教育课程与学生职业发展相结合，在彰显劳动教育的"教育"作用的同时，最大限度地激发学生进行劳动学习，同时也给予了学生充分发展自己主观能动性的机会和平台。

第四节　打造良好外部环境助力新时代大学生劳动教育发展

新时代大学生劳动教育的发展不仅需要学校和家庭的力量，还离不

---

① 习近平：《在同全国劳动模范代表座谈时的讲话》，《人民日报》2013年4月29日第2版。

开社会环境的推动。要摒除并纠正不良社会风气，扫清劳动教育发展过程中遇到的各种阻碍，就要努力营造崇尚劳动和创造的社会氛围；实现学校家庭和社会协同化发展的良好局面，最终实现新时代大学生劳动教育的继承与发展。

一 营造崇尚劳动与创造的浓厚社会氛围

社会是学校家庭社会协同化发展理想图景中的重要一环，崇尚劳动与创造的浓厚社会氛围有助于大学生树立更加端正的劳动观念，营造崇尚劳动与创造的浓厚社会氛围也是提升大学生劳动教育效果的重要组成部分。营造崇尚劳动与创造的浓厚社会氛围，首先要从社会现实入手，坚持完善公平合理的收入分配制度。社会现实是对社会氛围的直接反映，公平合理的收入分配制度能够直接激发个体参与劳动的积极性，促进个体树立正确的劳动观念。

首先，"要坚持多劳多得，增加劳动者特别是一线劳动者劳动报酬"[1]。一线劳动者是创造社会财富和社会价值的重要组成部分，收入分配向一线劳动者倾斜，一方面能够有效提高一线劳动者的工作积极性、提高一线劳动者的社会地位，形成尊重一线劳动者的良好社会风尚。另一方面，大学生是就业主力军，收入分配向一线劳动者倾斜能够有效促进大学生积极投身于一线工作，有效改善一线工作从业人员结构。另外，要做到奖罚分明，对取得成绩、有重要贡献的个体或集体给予奖励和鼓励；对于权益受到损害的个体或集体要进行帮扶、保护；对不合法、不合规的行为进行处罚。对于在劳动创新活动中表现突出的个体或集体要给予物质和精神奖励，鼓励倡导崇尚劳动和创造的行为，切实营造崇尚劳动与创造的浓厚社会氛围。同时要保障个体或集体在劳动创新活动中的权益，完善相关法律法规，鼓励受到侵犯的个体或集体运用法律武器维护自身合法权益，有效减少拖欠工资等损害劳动者权益的行为，被偷用盗用产品等损害创作者权益的行为。此外，严厉打击例如

---

[1] 中共中央文献研究室编：《十九大以来重要文献选编》中册，中央文献出版社2020年版，第281页。

偷税漏税等违法违规行为,"清理规范隐性收入,取缔非法收入",最大限度地保障公平合理,鼓励勤劳致富,诚实劳动,从根本上营造崇尚劳动与创造的浓厚社会氛围。

其次,要充分使用好宣传媒介力量,充分发挥先锋模范带头作用。崇尚劳动与创造的浓厚社会氛围离不开媒体宣传的力量,如今生活中传播媒体无处不在,通过媒体宣传助力于良好社会氛围的营造,对于帮助大学生树立良好的劳动观念具有事半功倍的作用。媒体宣传要构建在崇尚劳动和创造、尊重劳动者和劳动成果的主旋律之上。一方面,要大力宣传先锋模范劳动者们,大到科学家、小到普通劳动者,对于他们身上的闪光事迹进行有效宣传宣讲,形成正向的文艺作品,让大学生们对劳动者和创造者的认知具象化、形象化,在日常生活中才能够真正做到尊重劳动者和劳动成果。另一方面,大学生在复杂的舆论环境中很容易受到消费主义和享乐主义的侵蚀,在进行媒体宣传时要同不良文化作斗争。一是减少对于不劳而获等负向事件的宣传,对此类事件持负面态度;二是对劳动模范的先进事迹进行积极传播和有效发扬,帮助大学生形成正确的劳动观和劳动价值观。

最后,要构建崇尚劳动与创造的浓厚网络氛围,在虚拟网络中占据劳动教育阵地。崇尚劳动与创造的浓厚社会氛围不仅要充盈在现实世界中,网络世界中也有有效构建。对于大学生而言,网络是日常学习、生活、娱乐的重要场所,在网络世界中占据劳动教育阵地,进行劳动教育是必不可少的。一方面,要充分利用网络平台力量,通过网络平台和网络技术来进行劳动教育,例如勤劳致富、劳动创造美好生活等主题的影片展览。同时也可以鼓励同学们进行有关主题作品的创作,在创作过程中增进对先进人物、先进事迹的了解、体悟劳动和创造的美好价值。另一方面,要加强网络监管,肃清网络环境。网络世界中每个个体都戴有面纱,许多人在自由的网络世界中往往会产生消极负面思想,发表某些错误或激进的言论。大学生身处网络社会之中,网络社会真假难辨,大学生辨别网络信息真假的能力有待提升,其难免会轻信不实言论。同时由于大学生世界观、人生观、价值观尚未完全形成,难免会受到网络中的某些言论和语言的影响,不利于大学生正确世界观、人生观、价值观、劳动观的塑造。因此，要重视网络环境监管，在对网络中的一些错误言论、不当言论坚决抵制的同时采取措施，通过法律手段维护劳动和劳动者的地位；肃清网络环境，通过官方媒体发布积极向上、色彩鲜明的信息来占领网络劳动教育主阵地，为构建崇尚劳动与创造的浓厚网络氛围添砖加瓦。

二　形成学校家庭社会协同化发展的理想图景

劳动教育是终身教育、是需要贯穿人的一生发展的教育。终身教育不仅需要学校的助力，家庭和社会也是不可或缺的部分。同时，学校、家庭、社会的协同化发展对劳动教育具有重要意义。

对学生劳动观念塑造、劳动技能培养、劳动习惯养成的责任在家庭、在学校也在社会。父母是孩子的第一任老师，孩子对许多事物的认知和技能习惯的养成都来自父母。更为重要的是，许多知识的习得和观念的养成是潜移默化的，父母要以身作则，营造良好家庭环境，为孩子塑造良好的劳动环境、劳动氛围，从小为正确的劳动观——热爱劳动、尊重劳动、尊重劳动者奠定基础。同时，随着孩子的成长，父母也应该锻炼孩子的独立自主能力，让孩子去做一些力所能及的事情，从小养成自己的事情自己干的良好劳动习惯，培养孩子从劳动中获得自信、从劳动中获得成长，进而对劳动持有积极态度，为后期从学校和社会中接受劳动教育做好积极准备。学校是劳动教育中的重要一环，劳动教育贯穿小中大学，对于学校而言，劳动教育课程设置、课程讲授与劳动教育效果密不可分。首先，在学校中设置的劳动教育课程要符合学生的年龄特点，因地制宜，打造具有鲜明特点的劳动教育课程。劳动教育要兼顾挑战性和特色性，通过各色各样的劳动教育让学生真真切切地去感受劳动者的辛苦和劳动背后的不易，进而在学习生活等方面形成尊重劳动、尊重劳动者的良好风尚。社会是劳动教育不可或缺的组成部分。一方面，社会是劳动教育的重要场所，许多学生的劳动教育都是借助社会支持完成的，通过在社会中真切感受体验劳动，学生对劳动和劳动教育的认知更加真切、切近生活。另一方面，社会各界形成热爱劳动、尊重劳动者的和谐氛围，此和谐氛围有助于学生形成正确的劳动观念，选择适合自己的职业，促进此氛围的良性发展，进而使得学生良性择业和良好劳动氛围良性互动，继而促进社会进步发展。

为了更好地发挥家庭劳动教育的积极作用，有必要将学校、家庭与社会联结在一起。首先，实现学校与家庭的信息共享和交流，将父母的诉求和学校所掌握的各方面信息相结合，促进父母对劳动和劳动教育的深刻认识，让更多的父母将培育重心转移到品德培养，不再用简单的成绩、财富与地位来进行评价。通过家庭家教家风建设，使家庭参与到大学生劳动教育的进程中，同时，劳动教育也将对家庭家教家风建设形成促进作用，二者相辅相成。其次，实现学校与社会的劳动教育平台共同搭建，高校充分整合和统筹校内资源与校外资源，依托社会不同的企业、事业单位，为学生搭建劳动教育的实践平台，使学生在更加接近社会的环境中学习劳动的技能、感受劳动的艰辛、体会劳动的快乐。同时，还可以让学生在校内或实践单位中零距离与劳动模范、劳动先进人物、一线工作者接触与交流，真正学习到何为劳模精神、何为工匠精神，并在实践中进一步践行这种高尚精神。最后，实现家庭与社会的价值观融合发展，通过家庭家教家风建设，学生在社区、单位积极参与优秀家庭的共同建设，可使学生们体会到在日常劳动中也能够体现出优秀的劳动价值观和高尚的劳动精神，劳动不分高低贵贱，重要的是参加劳动的热情和对待劳动的认真态度。通过社会层面的激励与褒奖，进一步激发学生参与劳动的积极性。因此，新时代大学生劳动教育可以在学校、家庭和社会的相互联结中，进一步强化学校、家庭、社会的协同化发展。首先，学校、家庭、社会协同发展有助于学生形成系统的劳动观念。其次，学校、家庭、社会的协同化发展是时代要求，也是现实要求。最后，在劳动教育中坚持学校、家庭、社会协同发展是经过历史检验的。一方面，在我国历来的劳动教育中，家庭、学校、社会协同是劳动教育的基本途径和渠道。另一方面，在其他国家中，家庭、学校、社会都是劳动教育的重要途径，劳动教育是家庭、学校、社会三者最大程度的融合。

学生是在学校、家庭、社会的共同作用下成长的。无论其中哪个环节出现差错都会对学生劳动观念的形成造成负面影响。在家庭中，父母对孩子的生活大包大揽，孩子没有培养好独立自主、自立自强的劳动习惯，那么孩子在融入学校生活、社会生活中就会遇到困难。在学校中，学生没有获得劳动技能、没有养成劳动习惯，那么在离开学校后，学生就难以在社会中生存。如果在前期学生没有树立正确的劳动观念，那么在社会中学生不仅难以生存，更有可能被消费主义和享乐主义侵蚀，被好逸恶劳、轻视劳动等不良风气入侵。纵观中华人民共和国成立以来的劳动教育发展，学校一直都是劳动教育的责任主体，但我们应该看到，学生不仅仅在学校中学习与生活，在学校他们是学生、在家庭他们是子女、在社会他们是公民，因此在强调学校的劳动教育主体地位时还应当看到家庭和社会在劳动教育中时常缺位。2020年国务院出台《关于全面加强新时代大中小学劳动教育的意见》指出，"要把劳动教育纳入人才培养全过程，贯通大中小学各学段，家庭、学校、社会各方面"，为家庭、学校、社会协同发展提出了指导，学校、家庭和社会的协同化发展是时代要求也是现实要求。因此，在劳动教育中要锲而不舍地坚持学校、家庭、社会协同发展，进而构建劳动教育的理想图景。

三 实现新时代大学生劳动教育的继承发展

实现新时代大学生劳动教育的继承发展要从三方面入手，首先要正视如今大学生劳动教育所面临的困难与挑战，其次要明确新时代大学生劳动教育的发展动态，最后探索实现大学生劳动教育蓬勃发展的实现路径。

如今大学生劳动教育的阻力来自两方面——文化和技术。首先，从文化层面上来说，文化对人、对社会的影响是悄无声息的。在我国的传统文化中，"劳动"在无形中被认为是低人一等的。古往今来，接受教育是指接受文化教育，学子及其家庭希望通过考试晋升获得逃离劳动的机会，摆脱劳动的命运。乃至今天，我国传统文化对于劳动的偏见和偏激解读仍未完全消除。在我国如今的教育体系中，职业教育总是被人认为低人一等，就业市场和大众仍然难以同样对待进入职业学校学习的孩子与进入普通高校学习的孩子。此外，随着人们的物质条件和生活水平逐渐富足，消费主义和享乐主义逐步侵蚀人们的生活。许多具有丰富社会经验的人在其中都无法掌控自己、逐步迷失，明辨是非能力较弱的大学生在其中更是难以避免地受到消费文化和享乐文化的侵蚀，甚至会造成难以挽回的悲剧。消费主义和享乐主义不仅扭曲了大学生的消费观念、金钱观念，更为重要的是其对大学生劳动观的冲击。一边是不劳而获、少劳多得所获得的欲望上的满足；另一边是勤恳工作、学习知识的艰辛付出，对于人生观、世界观、价值观还未完全成型的大学生而言，沉溺于消费享乐主义的风险大大增加，劳动观念的淡化和萎缩也难以避免，劳动教育的推行更备受阻碍。其次，如果说文化的渗透是悄无声息的，那么技术的影响则是显而易见的。伴随着科技的飞速进步和丰富多样的科技手段开展应用，人们的生活发生了天翻地覆的变化。一方面，科学技术改变了人们的生活，将很多人从繁重简单的体力劳动中解放出来，但是与此同时，科技的进步更加剧了人们对文化教育的重视与对职业教育的轻视，而其背后是对智力劳动的承认和对体力劳动的否认。对于体力劳动的不认可将导致对于体力劳动者的不尊重及其劳动成果的轻视，而这恰好与劳动教育和正确劳动观念所提倡的观念背道而驰。另一方面，科学技术的飞速发展也导致了人们对其过度依赖。工作中，科技发展加快了工作效率，解决了许多需要大量人力物力去完成的任务，同时人们因为科学技术的进步而放弃对于一些技能的掌握和学习。生活中，科技的进步带来了丰富的娱乐产品，对于科技产品的过度依赖和沉迷导致了人们对于生活本身关注的减少和对于大自然的忽视，更遑论人们对于劳动教育的重视和接受了。

新时代大学生劳动教育的发展方向离不开劳动教育的价值要求和时代要求。首先，劳动教育的价值要求紧紧围绕于劳动教育的教育目标和教育价值。具体而言分为三个方面：第一，在思想上正确认识劳动，要认识到劳动对于个人发展和社会发展的重要意义，形成正确的劳动观。第二，在情感上尊重劳动与劳动成果。无论劳动形式、劳动内容如何，每个人都要尊重劳动者及其劳动成果，劳动不分贵贱，我们美好的生活都来自劳动者的劳动。第三，在行动中创造劳动成果，这也是劳动教育中非常重要的一部分。劳动教育要求知行合一，不仅要对劳动有正确的认知，更为重要的是要通过自己的行为创造劳动成果。另外，劳动教育的时代要求分为两部分：一是将劳动教育的价值要求与新时代发展有机结合，将劳动教育的培育目标与新时代中国特色社会主义有机结合，培育出符合时代要求和中国特色社会主义的接班人和建设者。二是正确对待新时代劳动教育所面临的困难与挑战，在时代背景下重构劳动教育理念。我们要正视科技和文化的发展，构建新型劳动教育理念，在劳动教育中更加注重创造开发，注重身体和智力的双重教育，构建劳动为了幸福、为了美好生活的正确理念，让人们在劳动中通过个体的创造和发展得到真正的快乐。

新时代大学生劳动教育美好图景的实践路径要兼顾劳动教育的教育目标和时代目标，在新时代对劳动教育进行继承发展。首先，针对教育目标，要在马克思主义理论、习近平新时代中国特色社会主义思想的全面指导下，传承优秀的中国传统文化，形成独具特色的劳动教育内容。坚持教育与生产劳动与社会实践相结合的基本教育方针，形成新时代大学生劳动教育的顶层设计。在思想指导和顶层设计的基础上，形成五育融合和五育并举的基本目标，坚持落实立德树人的根本任务，以实现学生具备良好劳动习惯、过硬劳动本领、正确劳动价值观和高尚劳动精神为目标，向实现人的全面发展不断努力。其次，针对时代目标，要使新时代大学生劳动教育与时俱进、创新发展。具体可以从两个层面来看：第一个层面是紧紧围绕新时代中国特色社会主义的发展方向为目标，根据中华人民共和国成立以来劳动教育在党的教育方针中发展的规律，劳动教育的发展是伴随着时代的发展而不断演进的，因此，新时代大学生劳动教育的开展必须把握当前的时代发展目标，以实现中华民族伟大复兴为己任，通过劳动教育以及劳动教育与德智体美等教育方向的融合发展，形成劳动教育与时代共同发展进步的局面。第二个层面是在劳动教育中形成"劳力"与"劳心"融合发展的"身心合一"的劳动教育。在中华人民共和国成立以来劳动教育在党的教育方针中的发展中，破除脑力劳动与体力劳动的分化一直都是发展核心，但基于不同的时代发展特征和情况，对于脑力劳动和体力劳动各有侧重。当前，中国特色社会主义进入新时代，脑力劳动与体力劳动逐渐走向平衡发展，"去心化"的单纯体力劳动不能够与时代发展同频共振，"去身化"的单纯脑力劳动也不能够与个体全面发展有效结合。因此新时代大学生劳动教育要向"身心合一"方向发展，兼顾时代和个体的共同发展方向，个体要在劳动教育中通过劳动实践增强体质、提高劳动能力，同时进一步培养创新创造思维，提高创新创造能力，在时代发展中不断设立更高的人生目标与学习目标。同时，劳动创造历史、劳动创造社会，时代的发展也会在个体的辛勤劳动中、创新创造中不断地蓬勃发展。

结　　论

本书以马克思主义理论为基础，以新时代大学生劳动教育发展现状为研究对象，借助哲学、教育学、思想政治教育学、统计学等学科的理论，通过构建新时代大学生劳动教育评级指标体系，并进行当前新时代大学生劳动教育的实证分析，分析了当前大学生劳动教育存在的问题和影响因素，提出了新时代大学生劳动教育的发展路径。通过研究，可以得出以下结论。

第一，对新时代大学生劳动教育的概念进行了界定。新时代大学生劳动教育是一项针对大学生开展的具有时代性、创新性、覆盖性、实践性的教育活动，是属于新时代高水平人才培养体系的重要部分。同时，新时代大学生劳动教育致力于实现以下几个目标：使大学生培养出良好的劳动习惯，加强大学生劳动技能的培育，打造创新型人才，树立正确的劳动观念，培养德智体美劳全面发展的时代新人，培育新时代大学生的劳动精神，最终实现立德树人。

第二，对劳动教育的概念进行了界定。对于劳动教育的概念可以从以下几方面进行阐释。首先，劳动教育具有一般的教育属性，是发挥劳动的育人功能，对学生进行劳动能力、劳动品质的综合素质教育活动。其次，劳动教育具有时代属性。比较不同时期劳动教育的方针政策和发展方向，可以看到劳动教育都具有一定的时代属性，都是以当时的社会环境和社会发展目标而定。从只注重劳动技术、以体力劳动为主的教育氛围，到重视脑力劳动、重视创新水平和智慧劳动的教育方式，证明劳动教育是发展的，不是一成不变的。在新时期发展劳动教育，我们要以马克思主义劳动观为基础，以实现中华民族伟大复兴的中国梦为目标，积极投身劳动，成为德智体美劳全面发展的人。最后，劳动教育是一种价值观教育。劳动教育不仅要进行技术教育，包括劳动工具的掌握、劳动技能的学习等，其最核心的目标是养成良好的劳动习惯并培养正确的劳动价值观。不仅要会劳动，还要乐于劳动、享受劳动，在劳动中实现个人的价值，通过劳动实现个人的全面发展。

第三，对中华人民共和国成立以来劳动教育的发展历程进行了梳理。研究发现，中国劳动教育经历了三个历史时期的发展，劳动教育的开展以马克思主义理论为基础，呈现出从以教育与生产劳动相结合的方针到以教育与生产劳动和社会实践相结合的方针的发展和转变，从脱离社会现实的实践到结合实际发展水平的实践，从力求实现体力劳动和脑力劳动共同发展到以实现人的全面发展为目标，从简单的生产劳动和教育相结合到融合进德智体美劳五育并举。这个历程体现了中华人民共和国成立以来劳动教育的理论和实践不断走向成熟，不断为了更高目标而发展，同时也凸显了当前新时代大学生劳动教育所面临的问题。

第四，构建了新时代大学劳动教育评价指标体系。基于中华人民共和国成立以来关于劳动教育的各项教育方针在劳动教育评价指标体系中的缺失，进行评价指标体系的构建。评价指标体系由四部分构成：劳动实践、劳动技能、劳动价值观和劳动精神。通过劳动实践考量大学生在学校和社会的实践现状，通过劳动技能考量大学生对技能的掌握和认知，通过劳动价值观考量大学生对崇高劳动价值观的树立和对错误劳动价值观的辨析，通过劳动精神考量大学生能否弘扬积极的劳动精神并抵制消极的劳动精神。

第五，对新时代大学生劳动教育的现状进行了实证分析。以"00后"在校大学生为调研对象，通过评价指标体系对调查现状进行打分，并在大量问卷调研的基础上，从劳动实践、劳动技能、劳动价值观、劳动精神四个维度对新时代大学生劳动教育的现状进行了分析。从中发现了学校、家庭、学生和社会四个层面存在的问题，应从这四个层面去寻找解决路径。

第六，坚持以协同发展理念实现新时代大学生劳动教育的发展。新时代大学生劳动教育受到学校、家庭、学生和社会四个层面的因素影响，在劳动实践、劳动技能、劳动价值观和劳动精神等维度存在一定的问题。因此，针对存在的问题一一给出解决途径，并力图实现学校、家庭和社会的协同化发展，通过学生发挥自身的主观能动性，实现新时代大学生劳动教育的良性循环。

  由于笔者的研究能力、研究时间和条件有限，本书的研究还较为粗浅，存在不少不足之处。关于新时代大学生评价指标体系的构建，指标的选取还是有疏漏之处，新时代大学生劳动教育的评价指标是复杂的、多元的，本书中所呈现的只是较有代表性的一部分。另外，在数据调研中，因时间、精力和疫情等各方面因素的影响，没有办法获得数量更为庞大的样本。

参考文献

经典著作或典籍：

（宋）陈师道、（宋）朱彧：《后山丛谈萍州可谈》，中华书局2007年点校本。

《邓小平文选》第二卷，人民出版社1994年版。

《邓小平文选》第三卷，人民出版社1994年版。

《邓小平文选》第一卷，人民出版社1994年版。

顾明远主编：《教育大辞典》第10卷，上海教育出版社1991年版。

顾明远主编：《中国教育大系·马克思主义与中国教育》（上），湖北教育出版社1994年版。

何东昌主编：《中华人民共和国重要教育文献（1949—1975）》，海南出版社1998年版。

何东昌主编：《中华人民共和国重要教育文献（1976—1990）》，海南出版社1998年版。

何东昌主编：《中华人民共和国重要教育文献（1998—2002）》，海南出版社2003年版。

何东昌主编：《中华人民共和国重要教育文献（1991—1997）》，海南出版社1998年版。

《胡锦涛文选》第二卷，人民出版社2016年版。

《胡锦涛文选》第三卷，人民出版社2016年版。

《胡锦涛文选》第一卷，人民出版社2016年版。

《江泽民文选》第二卷，人民出版社2006年版。

《江泽民文选》第三卷，人民出版社2006年版。

《江泽民文选》第一卷，人民出版社2006年版。

教育部社会科学司组编：《普通高校思想政治理论课文献选编》，中国人民大学出版社2008年版。

（春秋）孔丘：《论语》，张燕婴译注，中华书局2006年版。

（春秋）李聃：《老子道德经注校释》，中华书局2008年校释本。

《列宁全集》第38卷，人民出版社2017年版。

《列宁全集》第39卷，人民出版社2017年版。

《列宁全集》第39卷，人民出版社2017年版。

《列宁全集》第40卷，人民出版社2017年版。

《列宁全集》第2卷，人民出版社2013年版。

刘少奇：《刘少奇选集》下册，人民出版社2018年版。

《马克思恩格斯全集》第30卷，人民出版社1995年版。

《马克思恩格斯全集》第3卷，人民出版社2002年版。

《马克思恩格斯全集》第31卷，人民出版社1998年版。

《马克思恩格斯全集》第44卷，人民出版社2001年版。

《马克思恩格斯全集》第26卷，人民出版社2014年版。

《马克思恩格斯全集》第6卷，人民出版社1961年版。

《马克思恩格斯全集》第28卷，人民出版社2018年版。

《马克思恩格斯全集》第11卷，人民出版社1995年版。

《马克思恩格斯文集》第10卷，人民出版社2009年版。

《马克思恩格斯文集》第3卷，人民出版社2009年版。

《马克思恩格斯文集》第4卷，人民出版社2009年版。

《马克思恩格斯文集》第5卷，人民出版社2009年版。

《马克思恩格斯文集》第2卷，人民出版社2009年版。

《马克思恩格斯文集》第1卷，人民出版社2009年版。

《马克思恩格斯选集》第3卷，人民出版社2012年版。

《马克思恩格斯选集》第2卷，人民出版社2012年版。

《马克思恩格斯选集》第1卷，人民出版社2012年版。

毛泽东：《关于正确处理人民内部矛盾的问题》，人民出版社1960年版。

《毛泽东文集》第八卷，人民出版社1999年版。

《毛泽东文集》第六卷，人民出版社1999年版。

《毛泽东文集》第七卷，人民出版社1999年版。

《毛泽东选集》第一卷，人民出版社1991年版。

（战国）孟轲：《孟子》，万丽华、蓝旭译注，中华书局2012年版。

（春秋）墨翟：《墨子译注》，张永祥、肖霞译注，上海古籍出版社2015年版。

清华大学中共党史教研组：《赴法勤工俭学运动史料》第1册，北京出版社1979年版。

人民教育出版社编：《毛泽东论教育工作》，人民教育出版社1992年版。

人民教育出版社编辑：《教育改革重要文献选编》，人民教育出版社1988年版。

《诗经》，王秀梅译注，中华书局2012年版。

习近平：《高举中国特色社会主义伟大旗帜 为全面建设社会主义现代化国家而团结奋斗——在中国共产党第二十次全国代表大会上的报告》，人民出版社2022年版。

习近平：《决胜全面建成小康社会 夺取新时代中国特色社会主义伟大胜利——在中国共产党第十九次全国代表大会上的报告》，人民出版社2017年版。

习近平：《论党的宣传思想工作》，中央文献出版社2020年版。

习近平：《青年要自觉践行社会主义核心价值观——在北京大学师生座谈会上的讲话》，人民出版社2014年版。

习近平：《在党的群众路线教育实践活动总结大会上的讲话》，人民出版社2014年版。

习近平：《在纪念马克思诞辰200周年大会上的讲话》，人民出版社2018年版。

习近平：《在哲学社会科学工作座谈会上的讲话》，人民出版社2016年版。

习近平：《在知识分子、劳动模范、青年代表座谈会上的讲话》，人民出版社2016年版。

习近平：《做焦裕禄式的县委书记》，中央文献出版社2015年版。

《习近平谈治国理政》第二卷，外文出版社2017年版。
《习近平谈治国理政》第三卷，外文出版社2020年版。
《习近平谈治国理政》第四卷，外文出版社2022年版。
《习近平谈治国理政》第一卷，外文出版社2014年版。
夏征农、陈至立等编：《辞海》第2册，上海辞书出版社2009年版。
（战国）荀况：《荀子》，上海古籍出版社2014年标校本。
中国大百科全书总编委会：《中国大百科全书·教育》，中国大百科全书出版社1985年版。
中共中央文献研究室、中央档案馆编：《建党以来重要文献选编（1921—1949）》，中央文献出版社2011年版。
中共中央文献研究室编：《建国以来毛泽东文稿》第11册，中央文献出版社1996年版。
中共中央文献研究室编：《建国以来重要文献选编》第一——二十册，中央文献出版社2011年版。
中共中央文献研究室编：《十八大以来重要文献选编》上册，中央文献出版社2014年版。
中共中央文献研究室编：《十八大以来重要文献选编》下册，中央文献出版社2016年版。
中共中央文献研究室编：《十八大以来重要文献选编》中册，中央文献出版社2015年版。
中共中央文献研究室编：《十二大以来重要文献选编》中册，中央文献出版社2011年版。
中共中央文献研究室编：《十九大以来重要文献选编》上册，中央文献出版社2019年版。
中共中央文献研究室编：《十九大以来重要文献选编》中册，中央文献出版社2020年版。
中共中央文献研究室编：《十六大以来重要文献选编》上册，中央文献出版社2011年版。
中共中央文献研究室编：《十七大以来重要文献选编》中册，中央文献出版社2011年版。

中共中央文献研究室编：《十四大以来重要文献选编》上册，中央文献出版社 2011 年版。

中共中央文献研究室编：《习近平关于科技创新论述摘编》，中央文献出版社 2016 年版。

中共中央文献研究室编：《习近平关于实现中华民族伟大复兴的中国梦论述摘编》，中央文献出版社 2013 年版。

中央教育科学研究所：《中华人民共和国教育大事记（1949—1982）》，教育科学出版社 1984 年版。

中央宣传部办公厅编：《党的宣传工作会议概况和文献（1951—1952年）》，中共中央党校出版社 1994 年版。

（战国）庄周：《庄子》，刘枫主编，阳光出版社 2016 年版。

（战国）庄周：《庄子》，孙通海译注，中华书局 2007 年版。

《资本论》第三卷，人民出版社 2004 年版。

《资本论》第一卷，人民出版社 2004 年版。

（战国）左丘明：《国语》，上海古籍出版社 2015 年校点本。

中文著作：

本书编写组：《马克思主义基本原理》，高等教育出版社 2021 年版。

蔡元培：《大学教育》，北京出版社 2018 年版。

曹亚雄：《马克思的劳动观的历史嬗变》，中国社会科学出版社 2008 年版。

陈万柏、张耀灿：《思想政治教育学原理》，高等教育出版社 2007 年版。

傅葆琛著，陈侠、傅启群编：《傅葆琛教育论著选》，人民教育出版社 1994 年版。

高平叔：《蔡元培教育论集》，湖南教育出版社 1987 年版。

高平叔：《蔡元培全集》第二卷，中华书局 1984 年版。

顾海良、张雷声：《马克思劳动价值论的历史与现实》，人民出版社 2002 年版。

郭伶俐：《当代西方劳动理论批判》，中国社会科学出版社 2011 年版。

胡晓风等主编：《陶行知教育文集》，四川教育出版社 2007 年版。

李珂：《嬗变与审视：劳动教育的历史逻辑与现实重构》，社会科学文献出版社 2019 年版。

刘向兵：《劳动的名义》，工人出版社 2018 年版。

刘向兵等：《新时代高校劳动教育论纲》，社会科学文献出版社 2019 年版。

陶行知：《陶行知文集》，江苏教育出版社 2008 年版。

田正平：《留学生与中国教育近代化》，广东教育出版社 1996 年版。

田正平、李笑贤编：《黄炎培教育论著选》，人民教育出版社 2018 年版。

汪子嵩、范明生、陈村富、姚介厚编：《希腊哲学史》第二卷，人民出版社 1993 年版。

王江松：《劳动哲学》，人民出版社 2012 年版。

王学俭：《现代思想政治教育前沿问题研究》，人民出版社 2009 年版。

吴学东：《马克思的劳动思想研究》，中国社会科学出版社 2018 年版。

徐国庆：《劳动教育》，高等教育出版社 2020 年版。

阎树声、胡民新等编著：《毛泽东与延安教育》，陕西人民出版社 1993 年版。

晏阳初著，马秋帆、熊明安主编：《晏阳初教育论著选》，人民教育出版社 1993 年版。

仰海峰：《走向后马克思：从生产之镜到符号之镜》，中央编译出版社 2004 年版。

袁贵仁：《价值观的理论与实践 价值观若干问题的思考》，北京师范大学出版社 2013 年版。

袁国、徐颖、张功：《新时代劳动教育教程》，航空工业出版社 2020 年版。

张耀灿、郑永廷、吴潜涛、骆郁廷：《现代思想政治教育学》，人民出版社 2007 年版。

张允侯、殷叙彝等：《五四时期的社团》（二），生活·读书·新知三联书店 1979 年版。

中华职业教育社编：《黄炎培教育文选》，上海教育出版社 1985 年版。

中译著作

［法］阿尔都塞：《保卫马克思》，顾良译，商务印书馆 2016 年版。

［法］鲍德里亚：《生产之镜》，仰海峰译，中央编译出版社 2005 年版。

［英］戴维·麦克莱伦：《马克思传》，王珍译，中国人民大学出版社 2010 年版。

［美］杜威：《杜威教育文集》第二卷，吕达、刘立德、邹海燕主编，王承绪译，人民教育出版社 2008 年版。

［英］傅立叶：《傅立叶选集》第三卷，汪耀三、庞龙、冀甫译，商务印书馆 1982 年版。

［德］于尔根·哈贝马斯：《现代性的哲学话语》，曹卫东译，译林出版社 2004 年版。

［美］汉娜·阿伦特：《人的境况》，王寅丽译，上海人民出版社 2009 年版。

［德］黑格尔：《法哲学原理》，范扬、张企泰译，商务印书馆 2014 年版。

［德］黑格尔：《精神现象学》上卷，贺麟、王玖兴译，上海人民出版社 2013 年版。

［意］康帕内拉：《太阳城》，陈大维、黎思复、黎廷弼译，商务印书馆 1997 年版。

［捷］夸美纽斯：《大教学论》，傅任敢译，教育科学出版社 2011 年版。

［匈］卢卡奇：《关于社会存在的本体论》上卷，白锡堃、张西平、李秋零等译，重庆出版社 1993 年版。

［匈］卢卡奇：《历史与阶级意识》，杜章智、任立、燕宏远译，商务印书馆 1999 年版。

［法］卢梭：《爱弥儿》上卷，李平沤译，商务印书馆 2017 年版。

［法］卢梭：《山中来信》，李平沤译，商务印书馆 2016 年版。

［法］卢梭：《社会契约论》，何兆武译，商务印书馆 2017 年版。

［英］罗素：《西方哲学史》上册，何兆武、李约瑟译，商务印书馆 1963 年版。

［美］赫伯特马尔库塞：《爱欲与文明——对弗洛伊德思想的哲学探讨》，黄勇、薛民译，上海世纪出版集团 2008 年版。

［美］马尔库塞：《理性和革命——黑格尔和社会理论的兴起》，程志民

等译，重庆出版社 1993 年版。

［苏］马卡连柯、"马卡连柯全集"编辑委员会编辑，耿济安、高天浪、王云和译：《马卡连柯全集》第四卷，人民教育出版社 1957 年版。

［苏］马卡连柯：《马卡连柯全集》第五卷，刘长松、杨慕之、李子卓译，人民教育出版社 1956 年版。

［苏］马卡连柯、吴式颖等编：《马卡连柯教育文集》下卷，人民教育出版社 2004 年版。

［英］莫尔：《乌托邦》，胡凤飞编译，北京出版社 2007 年版。

［苏］苏霍姆林斯基：《论劳动教育》，基肖勇、杜殿坤译，湖南教育出版社 1987 年版。

［苏］苏霍姆林斯基：《帕夫雷什中学》，赵玮、王义高、蔡兴文译，教育科学出版社 1983 年版。

［苏］苏霍姆林斯基：《苏霍姆林斯基选集》第 3 卷，蔡汀、王义高、祖晶主编，教育科学出版社 2001 年版。

［苏］苏霍姆林斯基：《苏霍姆林斯基选集》第 4 卷，蔡汀、王义高、祖晶主编，教育科学出版社 2001 年版。

［苏］苏霍姆林斯基：《苏霍姆林斯基选集》第 5 卷，蔡汀、王义高、祖晶主编，教育科学出版社 2001 年版。

［英］托马斯·曼：《英国得自对外贸易的财富》，袁南宇译，商务印书馆 1959 年版。

［英］威廉·配第：《赋税论献给英明人士货币略论》，陈冬野等译，商务印书馆 1978 年版。

［英］亚当·斯密：《国民财富的性质和原因的研究》，郭大力、王亚南译，商务印书馆 1972 年版。

［古希腊］亚里士多德：《尼各马可伦理学》，廖申白译，商务印书馆 2003 年版。

报纸：

本报评论员：《牢牢把握教育改革发展的"九个坚持"——论学习贯彻习近平总书记全国教育大会重要讲话》，《人民日报》2018 年 9 月

14日第2版。

《关于建国以来党的若干历史问题的决议》,《文汇报》1981年7月1日第1版。

李涛:《习近平在北京大学考察时强调抓住培养社会主义建设者和接班人根本任务 努力建设中国特色世界一流大学》,《人民日报》2018年5月3日第1版。

刘一:《深刻把握"劳动最美丽"的时代意蕴》,《中国社会科学报》2020年4月30日第1版。

习近平:《坚持中国特色社会主义教育发展道路 培养德智体美劳全面发展的社会主义建设者和接班人》,《人民日报》2018年9月11日第1版。

习近平:《在二〇一五年春节团拜会上的讲话》,《人民日报》2015年2月18日第1版。

习近平:《在庆祝"五一"国际劳动节暨表彰全国劳动模范和先进工作者大会上的讲话》,《人民日报》2015年4月29日第2版。

习近平:《在全国劳动模范和先进工作者表彰大会上的讲话》,《人民日报》2020年11月25日第2版。

习近平:《在同全国劳动模范代表座谈时的讲话》,《人民日报》2013年4月29日第2版。

习近平:《在知识分子、劳动模范、青年代表座谈会上的讲话》,《人民日报》2016年4月30日第2版。

习近平:《在中央党校建校80周年庆祝大会暨2013年春季学期开学典礼上的讲话》,《人民日报》2013年3月3日第2版。

《习近平在纪念马克思诞辰200周年大会上的讲话》,《人民日报》2018年5月5日第2版。

《习近平在同全国劳动模范代表座谈时的讲话》,《人民日报》2013年4月29日第2版。

《中共中央国务院发出〈关于进一步加强和改进大学生思想政治教育的意见〉》,《人民日报》2004年10月15日第1版。

《中华人民共和国教育部关于执行〈小学教学计划〉的指示》,《文汇报》1955 年 9 月 8 日第 5 版。

方针政策：

教育部：《关于印发〈中小学德育工作指南〉的通知》，2017 年 8 月 22 日。

《中共中央 国务院关于全面加强新时代大中小学劳动教育的意见》，2019 年 11 月 26 日。

中华人民共和国教育部：《基础教育课程改革纲要（试行）》，2001 年 6 月 8 日。

中共中央国务院：《关于深化教育改革全面推进素质教育的决定》，1999 年 6 月 13 日。

中文论文：

白显良、崔建西：《新时代立德树人的价值定位、时代内涵与实践要旨》，《思想理论教育》2018 年第 11 期。

班建武：《"新"劳动教育的内涵特征与实践路径》，《教育研究》2019 年第 1 期。

陈丹雄：《论高校立德树人根本任务的实现困境及其破解》，《高等农业教育》2014 年第 3 期。

陈理宣：《论知识教育、劳动教育与审美教育及其整合》，《教育学术月刊》2017 年第 3 期。

陈理宣、刘炎欣：《劳动教育与德智体美教育的基础关联和价值彰显》，《中国教育学刊》2017 年第 11 期。

褚宏启：《21 世纪劳动教育要有更高立意和站位》，《中小学管理》2019 年第 9 期。

戴锐、曹红玲：《"立德树人"的理论内涵与实践方略》，《思想教育研究》2017 年第 6 期。

丁建安：《简论劳模精神与大学生思想政治教育》，《中国劳动关系学院学报》2014 年第 1 期。

丁相丽：《"立德树人"与"四个全面"的统一之关系辩证》，《学校党建与思想教育》2019 年第 10 期。

董纯才：《加强思想教育、劳动教育 提倡群众办学、勤俭办学 教育部副部长董纯才在第一届全国人民代表大会第五次会议上的发言》，《江苏教育》1958 年第 6 期。

杜作润：《劳动教育——这是一个值得思考的问题》，《现代大学教育》2016 年第 3 期。

方晓珍：《高校"立德树人"的理论指导与实践路径》，《思想理论教育导刊》2013 年第 6 期。

房广顺、李鸿凯：《推进以立德树人为中心的思想政治教育融合发展——学习习近平总书记在全国高校思想政治工作会议上的重要讲话》，《思想教育研究》2017 年第 2 期。

冯刚、刘文博：《新时代加强大学生劳动教育的时代价值与实践路径》，《中国高等教育》2019 年第 12 期。

冯刚、严帅：《改革开放 40 年高校思想政治教育管理的发展历程》，《北京师范大学学报》（社会科学版）2019 年第 1 期。

冯建军：《构建立德树人的系统化落实机制》，《国家教育行政学院学报》2019 年第 4 期。

高地：《立德树人：文化基因、世界经验与中国道路》，《东北师大学报》（哲学社会科学版）2018 年第 1 期。

高宛玉：《回归与进化：劳动教育再发展与社区教育治理体系构建的互动逻辑》，《现代远距离教育》2019 年第 5 期。

顾明远：《新时代教育发展的指导思想——学习习近平总书记在全国教育大会上的讲话》，《中国教育学刊》2018 年第 10 期。

《关于制定和实验中学德育大纲的问题——国家教委副主任彭珮云同志在中学德育大纲研讨会上的讲话（摘要）》，《中学政治课教学》1986 年第 12 期。

郭长义：《人的全面发展视域下的新时代高校劳动教育研究》，《辽宁大学学报》（哲学社会科学版）2019 年第 4 期。

郭海龙、刘莹：《邓小平劳动价值观的渊源、内涵及启示》，《毛泽东思想研究》2016 年第 4 期。

郭忠华：《马克思的历史观与"创造历史"》，《马克思主义研究》2009年第12期。

《国务院关于深化考试招生制度改革的实施意见》，《人民教育》2014年第18期。

《国务院批转教育部〈国家教育事业发展"十一五"规划纲要〉的通知》，《时政文献辑览》2008年第00期。

韩丽颖：《立德树人：生成逻辑·精神实质·实践进路》，《东北师大学报》（哲学社会科学版）2016年第6期。

郝平：《以"中国梦"激扬"青春梦"——传承五四精神 落实立德树人》，《学校党建与思想教育》2017年第15期。

何云峰、王绍梁：《"让劳动本身成为享受"何以可能》，《探索与争鸣》2019年第7期。

胡君进、檀传宝：《劳动、劳动集体与劳动教育——重思马卡连柯、苏霍姆林斯基劳动教育思想的内容与特点》，《国家教育行政学院学报》2018年第12期。

胡君进、檀传宝：《马克思主义的劳动价值观与劳动教育观——经典文献的研析》，《教育研究》2018年第5期。

胡睿：《在家庭教育中有机融入劳动教育》，《中国教育学刊》2019年第1期。

胡树祥：《党的十九大与新时代高校立德树人的新要求》，《学校党建与思想教育》2018年第3期。

黄济：《关于劳动教育的认识和建议》，《江苏教育学院学报》（社会科学版）2004年第5期。

黄蓉生、崔健：《坚持把立德树人作为中心环节》，《国家教育行政学院学报》2017年第1期。

《基础教育课程改革纲要（试行）》，《人民教育》2001年第9期。

冀晓萍、魏永生：《立新实小：劳动为教育开新路》，《人民教育》2015年第22期。

姜朝晖：《新时代高校立德树人的新方向和新路径——兼论大学思想政治理论课改革》，《重庆高研究》2019年第4期。

蒋笃君：《新时代高校立德树人范式探究》，《学校党建与思想教育》2019 年第 23 期。

蒋丽君：《高职院校劳动教育理念辨析与实践刍议》，《中国高教研究》2019 年第 2 期。

《教育部 共青团中央 全国少工委关于加强中小学劳动教育的意见》，《中国德育》2015 年第 16 期。

《教育部关于印发〈大中小学劳动教育指导纲要（试行）〉的通知》，《中华人民共和国教育部公报》2020 年第 Z2 期。

鞠玉翠：《追寻劳动的教育美学意蕴》，《教育学报》2018 年第 5 期。

李洁：《用劳动精神培育新时代青年》，《人民论坛》2019 年第 26 期。

李金杰、陈树文：《实现"立德树人"根本任务的有效机制研究》，《思想教育研究》2013 年第 7 期。

李珂：《习近平新时代中国特色社会主义劳动思想探析》，《思想教育研究》2018 年第 1 期。

李珂：《行胜于言：论劳动教育对立德树人的功能支撑》，《教学与研究》2019 年第 5 期。

李珂、蔡元帅：《陶行知劳动教育思想对新时代加强大学生劳动教育的启示》，《思想教育研究》2019 年第 1 期。

李珂、曲霞：《1949 年以来劳动教育在党的教育方针中的历史演变与省思》，《教育学报》2018 年第 5 期。

李岚清：《美育是整个教育不可缺少的重要组成部分》，《人民教育》1994 年第 10 期。

李力、金昕：《新时代高校立德树人的内涵、难点及实现路径》，《东北师大学报》（哲学社会科学版）2019 年第 2 期。

李鹏：《关于〈中华人民共和国义务教育法（草案）〉的说明》，《中华人民共和国国务院公报》1986 年第 12 期。

李汝贤：《毛泽东教育与生产劳动相结合思想及其现实意义》，《山西大学学报》（哲学社会科学版）2009 年第 3 期。

李石纯、王弘扬：《深入学习贯彻习近平总书记关于教育的重要论述座谈会综述》，《中国高等教育》2019 年第 19 期。

李习文、于小雷、付文博：《论以劳育人在高校立德树人中的价值定位》，《学校党建与思想教育》2019年第19期。

梁士朋：《美国创业教育的研究及启示——以美国斯坦福大学和百森商学院的创业教育为例》，《医学教育探索》2006年第6期。

林梦泉等：《以立德树人为核心的中国特色人才培养成效评价初探》，《学位与研究生教育》2019年第4期。

凌有江：《加强大学生的劳动教育》，《高校理论战线》1998年第8期。

刘东菊、吴荣：《论教育劳动的创新本质》，《上海师范大学学报》（哲学社会科学版）2019年第4期。

刘佳：《中国语境下"立德树人"思想发展管窥》，《苏州大学学报》（教育科学版）2019年第1期。

刘黎明：《马克思劳动教育思想的现代阐释》，《中国教育科学》2018年第1期。

刘向兵：《新时代高校劳动教育的新内涵与新要求——基于习近平关于劳动的重要论述的探析》，《中国高教研究》2018年第11期。

刘向兵、李珂：《论当代大学生劳动情怀的培养》，《教学与研究》2017年第4期。

刘向兵、李珂、彭维锋：《深刻理解新时代加强劳动教育的重大意义与现实针对性》，《中国高等教育》2018年第21期。

柳汐浪：《全面准确地把握劳动教育内涵》，《教育研究与实验》2019年第4期。

鲁洁：《试论德育之个体享用性功能》，《教育研究》1994年第6期。

鲁满新：《论新时代弘扬劳动精神的重大意义与实践路径》，《思想理论教育导刊》2019年第4期。

陆定一：《教育必须与生产劳动相结合》，《湖南教育》1958年第11期。

吕小亮：《体力劳动是培育社会主义时代新人的重要实践环节》，《毛泽东邓小平理论研究》2019年第11期。

吕玉刚：《构建立德树人落实机制全面提高基础教育育人质量》，《人民教育》2018年第20期。

骆郁廷、郭莉：《"立德树人"的实现路径及有效机制》，《思想教育研究》2013 年第 7 期。

孟国忠：《高校劳动教育价值实现的机理研究》，《学校党建与思想教育》2019 年第 14 期。

糜海波：《"三个塑造"：立德树人的价值诉求》，《理论导刊》2019 年第 5 期。

苗小燕、张冲：《"劳动树人"的科学性与先进性——基于知识图谱的具身德育核心观点可视化研究》，《中国特殊教育》2018 年第 3 期。

欧阳修俊，谭天美：《乡村学校劳动教育课程变革的挑战与方向》，《中国教育学刊》2019 年第 8 期。

《普通中小学校督导评估工作指导纲要（修订稿）》，《人民教育》1997 年第 6 期。

瞿葆奎：《劳动教育应与体育、智育、德育、美育并列？——答黄济教授》，《华东师范大学学报》（教育科学版）2005 年第 3 期。

戚如强：《习近平立德树人思想的理论渊源与精神实质》，《马克思主义研究》2018 年第 7 期。

祁占勇：《新中国成立 70 年来我国劳动教育政策的价值选择及其变迁》，《国家教育行政学院学报》2019 年第 6 期。

钱俊瑞：《当前教育建设的方针》，《天津教育》1950 年第 3 期。

秦书生、李毅：《习近平高校立德树人思想的逻辑阐释》，《现代教育管理》2018 年第 8 期。

卿中全：《新加坡职业教育发展述评：探索、改革与经验》，《高等工程教育研究》2018 年第 2 期。

邱水平：《坚持立德树人 铸魂育人 深入推进思想政治理论课改革创新》，《人民论坛》2019 年第 18 期。

曲霞、刘向兵：《新时代高校劳动教育的内涵辨析与体系建构》，《中国高教研究》2019 年第 2 期。

《全国普通中学劳动技术教育、职业指导研讨会会议纪要》，《学科教育》1996 年第 2 期。

《全日制普通高级中学劳动技术课教学大纲（供试验用）》，《学科教育》1997 年第 11 期。

《全日制中学暂行工作条例（试行草案）》，《安徽教育》1978年第12期。

人民日报社论：《继续动员初中和高小毕业生从事生产劳动》，《山西政报》1955年第11期。

任琳：《关于劳动范畴是历史唯物主义逻辑起点的省思》，《甘肃理论学刊》2013年第4期。

任平、贺阳：《当代德国学校劳动教育课程构建的经验与启示》，《中国教育学刊》2020年第8期。

余双好：《大学生代际特征对思想政治教育的影响及发展趋向》，《思想教育研究》2014年第9期。

申文昊：《高校青年学生群体劳动精神教育的时代价值与现实路径》，《马克思主义理论学科研究》2019年第5期。

生蕾、何云峰：《从劳动功利主义走向劳动幸福——人工智能时代人类劳动价值观的变革》，《财经问题研究》2021年第12期。

石中英：《努力培养德智体美劳全面发展的社会主义建设者和接班人》，《中国高校社会科学》2018年第6期。

石中英：《"培养什么人"问题的70年探索》，《中国教育学刊》2019年第1期。

司图南：《劳动教育的定位及意义》，《教育科学研究》2018年第9期。

宋敏娟：《教育与生产劳动相结合的时代内涵及其实现途径》，《毛泽东邓小平理论研究》2019年第1期。

苏博悦、孙芳：《中国共产党百年职业教育政策：历史追溯、伟大成就与未来展望》，《继续教育研究》2022年第2期。

苏国红、李卫华、吴超：《习近平"立德树人"教育思想的主要内涵及其实践要求》，《思想理论教育导刊》2018年第3期。

孙进、陈囡：《跨学科与实践性：德国劳动教育教师培养模式探析》，《比较教育研究》2021年第9期。

孙宇：《马克思劳动价值观在高校思想政治教育中的启示》，《中国教育学刊》2015年第S2期。

谭秀森：《论高校立德树人根本任务的实现机制》，《思想教育研究》2013年第11期。

檀传宝：《劳动教育的概念理解——如何认识劳动教育概念的基本内涵与基本特征》，《中国教育学刊》2019年第2期。

唐正东：《马克思与"劳动崇拜"——兼评当代西方学界关于马克思劳动概念的两种代表性观点》，《南京社会科学》2005年第4期。

王定华：《新时代我国教育改革发展的新方向新要求——学习习近平总书记在全国教育大会上的重要讲话》，《教育研究》2018年第10期。

王飞：《劳动与技术教育的价值取向偏差与回归》，《中国教育学刊》2017年第11期。

王凤兰、黎延年：《论知识经济条件下劳动的内涵和外延》，《社会科学论坛》2003年第5期。

王连照：《论劳动教育的特征与实施》，《中国教育学刊》2016年第7期。

王强、田备、方正泉：《新时代高校后勤的劳动教育功能探索》，《中国高等教育》2019年第19期。

王树荫：《立德树人70年——中国共产党"培养什么人"的战略抉择》，《教学与研究》2019年第10期。

王晓莉：《"立德树人"何以可能——从道德教育角度的审思与建议》，《全球教育展望》2014年第2期。

王学俭、杨昌华：《立德树人：中国特色社会主义高校的立身之本》，《新疆师范大学学报》（哲学社会科学版）2018年第1期。

王琰：《将社会主义核心价值观融入高校立德树人全过程的五个维度》，《思想理论教育导刊》2015年第1期。

韦丽银，刘远杰：《新时代我国农村寄宿制学校劳动教育的内涵、问题与对策》，《教育发展研究》2019年第10期。

《温家宝主持召开国务院常务会议 研究部署深入推进义务教育均衡发展和规范农村义务教育学校布局调整工作审议通过〈教育督导条例（草案）〉》，《人民教育》2012年第18期。

文新华：《论以新时代马克思主义劳动观为指导深入推进劳动教育》，《中国高等教育》2018年第21期。

吴朝晖：《努力构建以立德树人、全面发展为导向的人才培养体系》，

《中国高教研究》2019 年第 3 期。

吴立保、杨欣烨、焦磊：《大学生非正规就业的体面劳动问题研究》，《江苏高教》2016 年第 5 期。

吴鹏：《论黑格尔的劳动概念及其困境》，《中南大学学报》（社会科学版）2017 年第 3 期。

吴潜涛、吴俊：《坚持"三个面向"与"立德树人"的统一》，《思想理论教育导刊》2014 年第 4 期。

习近平：《坚持历史唯物主义不断开辟当代中国马克思主义发展新境界》，《求是》2020 年第 2 期。

夏巍：《论哈贝马斯对马克思实践意义域中的劳动概念的批判》，《南京社会科学》2009 年第 8 期。

肖绍明、扈中平：《新时代劳动教育何以必要和可能》，《教育研究》2019 年第 8 期。

谢安国：《习近平立德树人思想的科学内涵和重大意义》，《国家教育行政学院学报》2018 年第 8 期。

徐长发：《我国劳动技术教育的发展》，《教育研究》2004 年第 12 期。

徐长发：《新时代劳动教育再发展的逻辑》，《教育研究》2018 年第 11 期。

徐海娇：《劳动教育的价值危机及其出路探析》，《国家教育行政学院学报》2018 年第 10 期。

徐海娇：《意义生活的完整性：人工智能时代劳动教育何以必要与何以可为》，《国家教育行政学院学报》2019 年第 11 期。

徐海娇：《重构劳动教育的价值空间》，《中国教育学刊》2019 年第 6 期。

徐海娇、柳海民：《历史之轨与时代之鉴：我国劳动教育研究的回顾与省思》，《教育科学研究》2018 年第 3 期。

徐海娇、柳海民：《遮蔽与祛蔽：劳动的教育意蕴——基于马克思劳动概念的价值澄明》，《湖北社会科学》2017 年第 6 期。

徐特立：《论国民公德》（中），《人民教育》1950 年第 4 期。

徐晓宁、王玮：《高校奋斗幸福观教育的时代价值与现实内涵》，《中国高等教育》2019 年第 8 期。

闫彩虹、孙迎光：《立德树人：我国主体性教育的深化和升华》，《广西社会科学》2019 年第 5 期。

杨云霞：《新时代大学生劳动教育实施的制度性体系研究》，《海派经济学》2022 年第 3 期。

姚顺良：《鲍德里亚对马克思劳动概念的误读及其方法论根源》，《现代哲学》2007 年第 2 期。

易臻真、王洋：《以社会实践承载新时代劳动教育的价值与使命——以上海市曹杨第二中学劳动教育课程链为例》，《教育发展研究》2019 年第 10 期。

尹者金：《新时代高校劳动教育的特征与实现》，《江苏高教》2019 年第 11 期。

于春玲：《马克思劳动观视域下的社会主义核心价值观认同》，《思想教育研究》2017 年第 12 期。

于向东：《聚焦立德树人，健全高校大思政工作格局》，《红旗文稿》2018 年第 6 期。

宇文利：《全身心立德下功夫树人——学习习近平总书记关于立德树人"六个下功夫"的论述》，《思想理论教育导刊》2018 年第 11 期。

袁芳：《新时代立德树人的生成逻辑》，《思想理论教育》2019 年第 5 期。

岳海洋：《新时代加强高校劳动教育的价值意蕴与实践路径》，《思想理论教育》2019 年第 3 期。

张德伟：《日本中小学"体验性学习"和"体验性活动"政策的发端、主要特征和历史意义》，《外国教育研究》2019 年第 10 期。

张磊、倪胜利：《身体视域下的劳动教育：文化内涵、价值意蕴与实践路向》，《国家教育行政学院学报》2019 年第 10 期。

张利明：《立德树人与中华优秀传统文化关系述论》，《社会科学研究》2016 年第 6 期。

张玲、廖钰：《促进新时代大学生确立正确劳动观刍议》，《思想理论教育导刊》2019 年第 9 期。

张世豪、罗建文：《论劳动教育与新时代人的全面发展》，《思想理论教育导刊》2019 年第 11 期。

张澍军、苏醒：《论"立德树人"根本任务与思想政治教育学科建设使命》，《思想教育研究》2013年第7期。

张雨强、张书宁：《新中国成立70年劳动教育的历史演变——基于教育政策学的视角》，《中国教育学刊》2019年第10期。

张运霞：《论功利主义的当代价值》，《中南民族大学学报》（人文社会科学版）2008年第4期。

张志勇：《立德树人是党的教育方针的重大理论创新》，《教育研究》2019年第3期。

张智光：《概念内涵和外延的辩证法》，《华南师范大学学报》（社会科学版）1993年第1期。

赵长林：《新中国成立70年我国劳动教育思想的演进与劳动课程的变迁》，《国家教育行政学院学报》2019年第6期。

赵荣辉：《论劳动教育的实践取向》，《教育学报》2017年第1期。

赵伟：《试论劳动、劳动教育和职业教育的关系》，《中国高教研究》2019年第11期。

赵云伟：《论劳动正义的逻辑框架——基于政治经济学的分析视角》，《学术论坛》2013年第9期。

郑银凤、林伯海：《"90后"大学生劳动观教育目标确立的三个维度》，《学校党建与思想教育》2015年第5期。

郑银凤、林伯海：《劳动认同视角下"90后"大学生敬业价值观的培育》，《思想教育研究》2015年第5期。

《中共中央 国务院印发 国家中长期教育改革和发展规划纲要（2010—2020年）》，《人民教育》2010年第17期。

《中央人民政府教育部关于实施高等学校课程改革的决定》，《福建政报》1950年第8期。

钟玮：《关于大学生劳动意识淡薄现象的思考》，《西华师范大学学报》（哲学社会科学版）2005年第6期。

周如东、李淑娜：《立德树人运行机制的理论研究与建构》，《黑龙江高教研究》2014年第2期。

朱磊、孙杰远：《崇尚劳动是社会主义核心价值观的基石》，《毛泽东邓小平理论研究》2017 年第 11 期。

邹树梁：《略论劳动教育在思想政治教育中的作用》，《思想理论教育导刊》2000 年第 5 期。

外文文献

Abbott A., *Chaos of Disciplines*, Chicago: The University of Chicago Press, 2001.

Catherine Gewertz, "What is career and technical education, anyway?" *Education Week*（2018-07-31）［2021-05-21］. https：//www.edweek.org/ew/issues/career-technical-education/index.html.

Cho, B., "Study of the Effective Entrepreneurship Education Method and Its Process", *Business Education Research*, Vol. 2, No. 1, 1998.

Faltin G. Creating, "Culture of Innovative Entrepreneurship", *Journal of International Business and Economy*, Vol. 2, No. 1, 2001.

Geertz Clifford, *Agricultural Involution: The Process of Ecological Change in Indonesia*, Berkeley, CA: University of California Press, 1963. Gerald C. Hayward, Charles S. Benson, *Vocational-Technical Education: Major Reforms and Debates* 1917 - Present（1993-07-30）［2007-02-08］. http：//eric.ed.gov/? id=ED369959: 24.

N. Varaprasad, *50 Years of Technical Education Singapore: How to Build a World Class TVET System*, Singapore: World Scientific, 2016.

Scott Shane, "Ageneral Theory of Entrepreneurship—the Environment Context of Entrepreneurship", 2003.

Secretary's Commission on Achieving Necessary Skills, *What Work Requires of Schools*（1991-06-28）［2014-03-25］. http：//tech.worlded.org/docs/maththing/ny1p9.htm.

Universities, *Innovation and Entrepreneurship—Criteria and Examples of Good Practice*, http：//www.oecd.org/cfe/leed/43201452.pdf: 42.

附录：我国"'00后'大学生劳动教育现状研究"调查问卷

亲爱的同学：

您好！我们是"'00后'大学生劳动教育现状研究"课题组的访问员。

劳动教育是国民教育体系中的重要内容是，学生成长的必要途径，具有树德、增智、强体、育美的综合育人价值。为了全面了解、及时反映该群体的劳动教育问题，为有关部门制定有针对性的政策提供数据资料，我们专门开展本次调查。

问卷不涉及个人隐私，所有问题没有对错之分，您只要根据平时的想法和实际情况，实事求是地回答就行。对于您的回答，我们将按照《统计法》的规定，严格保密，并且只用于学术研究，请您不要有任何顾虑。

课题组全体成员衷心感谢您的协助与配合！

本课题调研组
2022 年 6 月

一　被访者基本情况

1. 性别：［单选题］*
   ○男　　　　○女

2. 您的出生年份是：＿＿＿＿＿＿年　［填空题］*

3. 您现在的年级：［单选题］*
   ○大一　　　○大二　　　○大三

○大四　　　　○大五

4. 您的政治面貌：[单选题]*

　　○共产党员　　　　　○民主党派

　　○共青团员　　　　　○群众

5. 您的家庭在：[单选题]*

　　○城市　　　○县城　　　○乡镇

6. 您的专业？[单选题]*

　　○理科　　　○工科　　　○文科

7. 您担任学生干部的情况：[单选题]*

　　○校学生会干部　　　　○院系学生会干部

　　○班级学生干部　　　　○社团干部

　　○未担任学生干部　　　○其他＿＿＿＿＿*

二　劳动教育相关内容调研

1. 劳动知识和技能的基本情况，下列说法您是否同意：[矩阵单选题]*

	很不同意	不太同意	一般同意	比较同意	很同意
a. 劳动知识与技能很重要	○	○	○	○	○
b. 通过学习能够获得劳动知识与技能	○	○	○	○	○
c. 通过实践能够获得劳动知识与技能	○	○	○	○	○
d. 劳动知识与技能能够提高学习能力	○	○	○	○	○
e. 劳动知识与技能应符合时代发展	○	○	○	○	○

2. 劳动精神的基本情况，下列说法您是否同意：[矩阵单选题]*

	很不同意	不太同意	一般同意	比较同意	很同意
a. 劳动是每个人都要参与的	○	○	○	○	○
b. 劳动最光荣	○	○	○	○	○
c. 劳动是实现人生价值的根本途径	○	○	○	○	○
d. 劳动是自发的	○	○	○	○	○
e. 劳动推动着时代发展	○	○	○	○	○
f. 能避免的劳动就避免	○	○	○	○	○
g. 劳动需要在强制下才能进行	○	○	○	○	○
h. 安于现状，无须付出过多劳动	○	○	○	○	○
i. 享受生活更加快乐	○	○	○	○	○
j. 上学阶段劳动很浪费时间	○	○	○	○	○

3. 您对下列关于劳动的相关论述进行评价：[矩阵单选题]*

	很不同意	不太同意	一般同意	比较同意	很同意
a. 我的劳动是自由的生命表现，因此是生活的乐趣	○	○	○	○	○
b. 劳动已经不仅是谋生手段，而且本身成了生活的第一需要	○	○	○	○	○
c. 任何一个民族，如果停止劳动，不用说一年，就是几个星期，也要灭亡，这是每一个小孩子都知道的	○	○	○	○	○

续表

	很不同意	不太同意	一般同意	比较同意	很同意
d. 临渊羡鱼，不如退而结网	○	○	○	○	○
e. 万般皆下品，唯有读书高	○	○	○	○	○
f. 学而优则仕	○	○	○	○	○
g. 劳动是一切幸福的源泉	○	○	○	○	○

4. 劳动价值观的基本情况，下列说法您是否同意：[矩阵单选题]*

	很不同意	不太同意	一般同意	比较同意	很同意
a. 时刻保持着积极的劳动态度	○	○	○	○	○
b. 每个人都应拥有良好的劳动习惯	○	○	○	○	○
c. 尊重他人的劳动成果	○	○	○	○	○
d. 劳动不分高低贵贱	○	○	○	○	○
e. 赚钱是劳动的动力	○	○	○	○	○
f. 体力劳动很低级	○	○	○	○	○
g. 希望父母能把生活的方方面面都安排好	○	○	○	○	○
h. 校园环境与宿舍卫生不是学生应该操心的	○	○	○	○	○

5. 放假回家时，平均每天参与＿＿＿分钟家务劳动。[填空题]*

6. 日常在校时，平均每天进行如整理宿舍、打扫教室与实验室等体力劳动＿＿＿分钟。[填空题]*

7. 面对日常的课程作业、实验和结课考试时，您持有怎样的态度：[单选题]*

○是对日常学习成果的检验，都要认真对待

○都是机械地重复，只不过是完成任务

○差不多合格就行，不需要花过多精力

○临时抱佛脚，到跟前再说

○一点时间与精力也不想花费，无所谓

8. 您平时都会参与哪些实践活动：［多选题］*

□跟随老师进行社会实践、田野调查

□在校勤工助学

□在社会上参与志愿服务

□课余时间兼职打工

□假期在专业相关单位实习

□其他_____*

9. 您本科毕业后有什么打算：［单选题］*

○就业（请跳至第18题）

○继续深造

○自主创业（请跳至第18题）

○赋闲在家（请跳至第18题）

○目前没有想法（请跳至第18题）

○其他_____*（请跳至第18题）

10. 您选择继续深造最主要的原因是什么：［单选题］

○热爱科研，希望继续以严谨的学术态度在深造过程中取得成果

○期望的工作门槛高，不得不继续深造

○不想工作，再缓冲一下

○父母的期望

○其他_____*

11. 不论毕业后就业与否，您在未来想进入什么单位工作？［单选题］*

○公务员　　○事业单位　　○国有企业

○民营企业　○外资企业　　○自主创业

○不工作　　○其他_____*

12. 您选择这个单位最主要的原因是什么？[单选题]*
   ○热爱这份工作，期望能够做出好成绩
   ○能赚钱，报酬才是最重要的
   ○有很大的升职空间，希望拥有更大的职权
   ○希望在这份工作中拥有更高的社会地位
   ○单位的福利待遇好
   ○工作强度小
   ○时间自由
   ○自己没什么想法，主要是家人朋友觉得好
   ○其他_____*

13. 您未来就业选择在以下哪一个地区：[多选题]*

□一线城市

□新一线城市

□二线城市

□三线城市

□四线城市

□五线城市

□其他城市　　　□乡镇　　　□村　　　□国外

14. 您希望到这个地区工作最主要的原因是什么？[单选题]*

○工作机会多　○薪酬水平高　○整体氛围相对轻松

○自己的家乡

○不论在哪里都想要在岗位上创造价值

○其他_____*

15. 您认为劳动教育对未来就业影响大吗？[单选题]*

○没有影响　　○有一些影响　　○有影响

○比较有影响　○非常有影响

16. 总的来说，您觉得您目前的生活幸福吗？[单选题]*

○非常不幸福　○比较不幸福　○说不上幸福也说不上不幸福

○比较幸福　　○非常幸福

17. 您认为幸福的条件是什么？［单选题］*
○在学习、工作和生活中，只要付出劳动就能收获幸福
○有地位、关注度高就很幸福
○拥有大量的财富才感到幸福
○自由自在的就很幸福
○吃喝玩乐最幸福　　　　　○其他_____ *

18. 您对自己劳动观念的满意程度？［单选题］*
○非常满意　　○比较满意　　○一般
○不满意　　　○非常不满意

19. 您所在的学校是否开设了劳动教育课程？［单选题］*
○是　　　　○否

20. 您认为有必要开设劳动教育课程吗？［单选题］*
○非常不必要　○比较不必要　○说不上必要也说不上不必要
○比较必要　　○非常必要

21. 您认为学校劳动教育课程设置足够吗？［单选题］*
○足够　　　○不足够　　　○一般

22. 您的课程中有关于劳动价值观的讲解内容吗？［单选题］*
○有很详细的内容　　　　○涉及得不多
○完全没有

23. 您认为劳动教育是辅导员的工作还是专业教师的工作？［单选题］*
○辅导员　　○专业老师　　○二者均有

24. 您认为学校劳动教育开展形式多样吗？［单选题］*
○没有　　　○单一化　　　○多样化

25. 您赞同学校的劳动教育课师资配备与结构合理吗？［单选题］*
○非常不赞同　　　　　○比较不赞同
○一般　　　　　　　　○比较赞同
○非常赞同

26. 在家时，父母会让您参与家庭劳动吗？［单选题］*
○经常　　　○偶尔　　　○从不

27. 父母平时经常教育劳动的重要性吗？［单选题］*
    ○没有　　　　　○偶尔　　　　　○经常

28. 您认为父母对您的劳动价值观影响大吗？［单选题］*
    ○没有影响　　○有一些影响　　○一般
    ○有影响　　　○非常有影响

29. 父母平时是如何对您进行劳动教育的［单选题］*
    ○不论是学习、工作还是生活，都要乐于付出，做好每件事
    ○学生的任务就是学习，学习不好，其他事情做得再好都没用
    ○想干什么就干什么，孩子高兴就行
    ○工作繁忙，疏于关心
    ○其他_____*

30. 您认为劳动教育在社会上受到重视吗？［单选题］*
    ○非常重视　　○比较重视　　○一般
    ○比较不重视　○非常不重视

31. 劳动模范是民族的英雄、人民的楷模，是共和国的功臣。您在日常生活中是否觉得有必要践行劳模精神？［单选题］*
    ○有必要，劳模精神树立了我们正确的劳动价值观
    ○一般，可以学习一下，不必事事身体力行
    ○没必要，我只想过好自己的生活

32. 技术工人是支撑中国制造、中国创造的重要基础。您认为工匠精神对您的学习和工作是否重要？［单选题］*
    ○很重要，这种精神激励我在学习生活中精益求精
    ○一般，可以学习，但还是按照自己的节奏来
    ○不重要，大国工匠和学生没有可比性

33. 针对当前大力弘扬的劳模精神、工匠精神，您认为：［单选题］*
    ○值得每一个人学习并付诸实践
    ○仅仅是一个口号，了解即可
    ○与我无关

34. 您在闲暇时间都会观看哪些节目？［多选题］*
    □新媒体视频博主发布的旅游、美食或奢华生活视频

□娱乐综艺

□历史正剧

□其他电影或电视剧

□中央电视台播出的如《大国工匠》《我在故宫修文物》等宣传纪录片

□不看任何节目

□其他_____*

35. 您认为当前社会的价值观导向是怎样的？［多选题］*

□尊重劳动者，每一个付出劳动的人都值得肯定

□每个人都要努力拼搏，创造自己的价值

□不论在何岗位，勤恳、认真就值得每个人学习

□拥有一定的社会地位才是人人敬仰的

□拥有可观财富的人是成功者

□普通人只能一辈子为生活奔波

□其他*

36. 您认为以下哪些劳动教育的形式会更好地被身为大学生的您所接纳：［多选题］*

□根据自己的喜好参加各类劳动实践活动

□有机会进入自己感兴趣的单位实习工作

□学校组织观看宣扬劳动精神的影视剧和宣传片

□跟随老师进行社会实践、田野调查等实践活动

□父母起带头作用，正确地教导，对自己潜移默化的影响

□在社会中多接收正能量的宣传，对劳动形成更好的认知

□其他*

37. 关于"00后"大学生的劳动教育问题，您的补充建议或意见是：_____。［填空题］*

三　了解下您父母基本情况

1. 下面我们想了解下您父母的情况【注意：将选项前的数字代码填在相应表格中】：最主要的职业：1. 农民；2. 工人；3. 公务员；

4. 事业单位工作人员；5. 企业工作人员；6. 个体户；7. 其他（请注明）。[矩阵文本题]*

　　父亲_____

　　母亲_____

2. 下面我们想了解下您父母的情况【注意：将选项前的数字代码填在相应表格中】：是否依然在工作或劳动：1. 是；2. 否。[矩阵文本题]*

　　父亲_____

　　母亲_____

3. 过去的一年，您的父母月平均收入是：[单选题]*

　　○2000 元及以下　　○2001—4500 元　　○4501—8000 元

　　○8001—10000 元　　○10000—20000 元　　○20000 元以上

问卷到此结束，非常感谢您的配合，再次向您表达感谢！